Literatura e outras linguagens

Conselho Acadêmico
Ataliba Teixeira de Castilho
Carlos Eduardo Lins da Silva
José Luiz Fiorin
Magda Soares
Pedro Paulo Funari
Rosângela Doin de Almeida
Tania Regina de Luca

Proibida a reprodução total ou parcial em qualquer mídia
sem a autorização escrita da editora.
Os infratores estão sujeitos às penas da lei.

A Editora não é responsável pelo conteúdo dos capítulos deste livro.
A Organizadora e os Autores conhecem os fatos narrados, pelos quais são responsáveis,
assim como se responsabilizam pelos juízos emitidos.

Consulte nosso catálogo completo e últimos lançamentos em **www.editoracontexto.com.br**.

Literatura e outras linguagens

Beth Brait

Copyright © 2010 Beth Brait

Todos os direitos desta edição reservados à
Editora Contexto (Editora Pinsky Ltda.)

Foto de capa
Jaime Pinsky

Montagem de capa e diagramação
Gustavo S. Vilas Boas

Preparação de textos
Lilian Aquino

Revisão
Flávia Portellada

Dados Internacionais de Catalogação na Publicação (CIP)
Andreia de Almeida CRB-8/7889

Literatura e outras linguagens / Beth Brait. –
1. ed., 2ª reimpressão. – São Paulo : Contexto, 2020.

Vários autores.
ISBN 978-85-7244-489-7

1. Educação 2. Linguagem e línguas – Estudo e ensino
3. Linguística 4. Literatura – Estudo e ensino I. Brait, Beth.

10-09449   CDD-407

Índices para catálogo sistemático:
1. Língua e literatura : Estudo e ensino   407
2. Literatura e língua : Estudo e ensino   407

2020

EDITORA CONTEXTO
Diretor editorial: *Jaime Pinsky*

Rua Dr. José Elias, 520 – Alto da Lapa
05083-030 – São Paulo – SP
PABX: (11) 3832 5838
contexto@editoracontexto.com.br
www.editoracontexto.com.br

*Dedico este livro a todos que, na lida
com a linguagem, descortinam mundos.*

Sumário

Apresentação **11**
Como se arranjam língua e literatura nas estantes da vida?

Língua e literatura: saber e sabor **15**
Roman Jakobson: o poeta da linguística 16
Voloshinov: diálogo entre língua e literatura 19
Língua e literatura: uma das articulações
fundadoras do pensamento bakhtiniano 27
Depoimentos

- ■ O linguista e o discurso literário 28
  Dominique Maingueneau

- ■ Um linguista e a literatura... 31
  Carlos Alberto Faraco

- ■ Por que leio literatura 33
  Sírio Possenti

- ■ Da infância à ciência: língua e literatura 36
  Luiz Carlos Travaglia

Escritores enfrentam e mostram a língua **41**

Escrever, argumentar, seduzir 42

Tropeços e trapaças 46

Criação *versus* purismo 50

O escritor escuta os índios 53

O Mutum de Miguilim 56

Depoimento

- Quem nos levou ao paraíso 60
  Roberto Gomes

Língua, literatura, identidades **65**

A identidade pelo idioma falado e escrito 67

A língua no Brasil 68

Não quis criar língua nenhuma 70

Qué apanhá sordado? 72

Fica ligado no *link* 74

Os pés ficavam amarelinho de laranja 76

Identidades restabelecidas em prosa e verso 77

A linguagem do inferno 80

Depoimento

- Os trilhos e o trem 83
  Mirna Pinsky

Mestre não é quem sempre ensina, mas quem de repente aprende 86

Depoimentos

- A literatura como registro: uma visão linguística 88
  Francisco da Silva Borba

- O texto literário como documento linguístico 94
  Dino Preti

Na biblioteca da vida: entrecruzar de língua e literatura......99

A gramática pelo método Leminski 101

Isso é português? 104

Palavras na vida, na poesia, na ciência 108

Depoimento

- Palavra de poeta 111
  Carlos Vogt

Leitura e construção de sujeitos 113

Depoimento

- Quanteo. E resquinar? 117
  Ignácio de Loyola Brandão

Mulheres entrevistas no espelho da gramática e da literatura 120

Depoimentos

- Literatura: a reinvenção da linha da vida 121
  Maria Helena de Moura Neves

- Valeu, dona Célia! 126
  Marisa Lajolo

- Meu melhor professor de gramática 129
  Regina Zilberman

Na fronteira dos sentidos 133

Tênues limites entre vida e ficção 135

Depoimento

- Memória 138
  Cristovão Tezza

Linguagem, identidade, memórias 142

Silêncio e revelação 145

Fronteiras: condições de sentido 148

Não ler pode ser fatal.. 153

Depoimentos

- Minha relação com a literatura................................... 157
José Luiz Fiorin

- Eu e a literatura... 160
Ingedore Villaça Koch

Cantando língua e literatura.................................**167**

É língua portuguesa? Com certeza! 168

Capitu: www.poderosa.ponto.com.................................. 174

Artes com a gramática 178

Língua e cultura: as singularidades do plural................... 182

Depoimento

- Da língua que se fala à língua que se sonha
(*autocomentários em quatro andamentos*) 186
Ondjaki

Tramas verbo-visuais da linguagem.......................... 193

Doce sabor de Brasil antigo 196

Letramento verbo-visual: subvertendo a ordem................ 209

Um autor constrói sua assinatura nas tramas da linguagem.... 215

Placa-poema: interdições sinalizadas 220

O poema-retrato.. 224

A autora..**229**

Os colaboradores **231**

Apresentação

COMO SE ARRANJAM LÍNGUA E LITERATURA NAS ESTANTES DA VIDA?

Este livro, motivado pela pergunta formulada acima, procura respondê-la a partir de uma seleção de textos, cuja leitura, análise, discussão é complementada por depoimentos inéditos de prosadores, poetas, linguistas, analistas de discurso, poetaslinguistas, professores de língua, teóricos da literatura, gente de lida constante nas frentes que abarcam linguagem, criação, ensino. O conjunto explicita relações existentes entre língua e literatura, revelando, pelo caminho aqui escolhido, ângulos convergentes pelos quais é possível observar a linguagem – verbal, visual, verbo-visual –, bem como os sujeitos com ela envolvidos e por ela constituídos.

O todo resultante, e a maneira como cada unidade foi concebida, interessa diretamente aos professores empenhados em despertar o gosto pela leitura, assim como desenvolver competências e habilidades envolvidas nas dimensões socioculturais participantes da produtiva convergência leitura/escrita. Mas diz respeito também aos que, independentemente de atuação dentro de uma sala de aula voltada ao ensino de língua e/ou literatura, consideram o texto uma forma de conhecimento, fonte de prazer, maneira de observar e usufruir a infinidade de usos e frutos implicados na língua, na literatura, na vida, na linguagem em constante movimento.

Ao menos dois pontos justificam e sustentam a empreitada. Por um lado, a convicção de que línguas e literaturas formam uma parceria inquestionável, nata, atestada pela cumplicidade firmada entre criadores, criações e diferentes estudos da linguagem. Por outro, mas não menos importante, a ideia de que só lê e escreve quem, de alguma maneira, for despertado, seduzido, induzido a esses gestos instauradores de autorias, de intervenções individuais e/ou coletivas e que, de forma muito especial, combinam letramentos não formais, reconhecimento de vivências e capacidades pessoais, abertura para as diferentes linguagens que participam do dia a dia dos cidadãos.

As sete unidades, que procuram levar a cabo a tarefa, foram elaboradas a partir de longa experiência no trato com textos, adquirida na vivência pessoal, na sala de aula, no ensino, na elaboração de livros – didáticos, paradidáticos e teóricos –, e de artigos destinados a periódicos especializados e à imprensa, alguns dos quais, ao menos em parte, são revisitados para compor as discussões em torno de língua, literatura, linguagens. Há sempre um eixo condutor das discussões e, com exceção da última unidade, o fio complementa-se com o testemunho de escritores e estudiosos da linguagem que expõem a dimensão existencial e profissional que os envolve com língua e/ou literatura. Quase que invariavelmente, ao puxar o fio das lembranças, aparecem, por diferentes veredas, pais, mães e professores, figuras marcantes que inocularam o prazer da leitura e da escrita.

A primeira unidade, intitulada "Língua e literatura: saber e sabor", inicia a caminhada pela parceria, observando e *ouvindo* seis importantes linguistas: Roman Jakobson, Valentim Voloshinov, Dominique Maingueneau, Carlos Alberto Faraco, Sírio Possenti e Luiz Carlos Travaglia. Os dois primeiros são entrevistos a partir de trabalhos que testemunham o papel da literatura na formação de suas ideias e teorias. Os quatro outros escreveram, especialmente para esta obra, de que maneira a literatura atuou e atua em suas vidas de linguistas. Sem dúvida, um conjunto impecável para demonstrar o quanto a linguística, os estudos da língua podem ser positivamente afetados pela literatura.

A segunda unidade, "Escritores enfrentam e mostram a língua", dá continuidade à primeira concedendo a palavra a criadores. Se o leitor conheceu a perspectiva de linguistas diante da literatura, é a vez de perceber como escritores brasileiros discutem questões linguísticas em suas produções, contribuindo decisivamente para o tema aqui colocado, ou seja: como a articulação língua-literatura pode ser concretamente percebida via criação literária. Dos escolhidos, Graciliano Ramos e João Guimarães Rosa são flagrados às voltas com acabamento de textos e maneiras de expor os poderes e os mistérios da língua. O terceiro, Roberto Gomes, deixa um testemunho inédito sobre as turras com o aprendizado de língua e a sedução pela literatura. Eles não deixam dúvidas sobre o olhar linguístico, mais ou menos explícito, que os atravessa e se faz presente em seus textos.

"Língua, literatura, identidades", terceira unidade, envereda pela questão do papel da língua e suas variantes na unidade identidade-nacional. E aí, os escritores – Machado de Assis, Mario de Andrade, Oswald de Andrade, Luiz Alfredo Garcia-Rosa, Manuel Bandeira, Patrícia Melo, Mirna Pinsky –, a estudiosa e poeta Edith Pimentel Pinto, o compositor Zeca Baleiro, expressam pelo fazer artístico e pela reflexão sobre ele, as identidades da língua portuguesa em seus variados diálogos. Os depoimentos inéditos dão voz à escritora e jornalista Mirna Pinsky, que tem na literatura uma forma de existência e resistência, e aos linguistas Francisco da Silva Borba e Dino Preti, para quem a literatura representa registro e documento linguístico. A mescla de profissionais de língua e de literatura oferece aos leitores um leque de visões, vivências e práticas que concretizam o tema dessa unidade e ampliam as respostas ao tema proposto por este livro.

A quarta unidade, "Na biblioteca da vida: entrecruzar de língua e literatura", procura mostrar, pelas firmes mãos de dois poetas/prosadores – Paulo Leminski e Lewis Carroll –, um poetalinguista – Carlos Vogt –, um escritor – Ignácio de Loyola Brandão –, uma linguista/gramática – Maria Helena de Moura Neves – e duas estudiosas/teóricas de literatura e leitura – Marisa Lajolo e Regina Zilberman –, arranjos possíveis de língua e literatura nas estantes da existência. Se Paulo Leminski e Lewis Carroll ajudam o professor e o interessado em textos a explorar a *gramática*, que ambos tematizam, Carlos Vogt concretiza poeticamente a relação língua/literatura no poema que se oferece para a análise e no que foi feito especialmente para esta obra. Ignácio de Loyola Brandão, por sua vez, conduz com maestria, em trecho escolhido para análise e também em depoimento inédito, a gênese da construção de um leitor que, pela força dos exemplos (e do talento), se torna também escritor. As autoras não deixam dúvidas: quer nas trilhas da literatura, quer da língua, as confluências são inevitáveis.

Literatura e outras linguagens

"Na fronteira dos sentidos", quinta unidade, busca encontrar, entre escritores – Cristovão Tezza, Chico Buarque, Milton Hatoum, Bernardo de Carvalho, Rubem Fonseca – e linguistas – José Luiz Fiorin e Ingedore Villaça Koch –, a memória, suas costuras e descosturas, como lugar privilegiado para instaurar as relações língua, literatura, vida. Os textos escolhidos e comentados, assim como os depoimentos inéditos, concedidos por Cristovão Tezza, José Luiz Fiorin e Ingedore Koch, atestam o papel da leitura, da literatura e da língua na vida de um grande escritor e de renomados linguistas.

A sexta unidade, "Cantando língua e literatura", organiza-se a partir de letras de canções brasileiras que, acolhendo língua e literatura em sua temática, permitem ao professor e aos demais leitores enxergar e usufruir jogos intra e interlínguas, intra e intertextos, formas criativas de encarar e entender a gramática e, ainda, a variante caipira, ironicamente articulada por meio do imaginário estereotipado. Para tanto, foram convocados os compositores Caetano Veloso, Luiz Tatit, que é também semioticista, Sandra Peres e Juraides Cruz. O testemunho poético vem de um escritor angolano, Ondjaki, e de sua quase canção sobre a língua e seu papel na vida e nos sonhos.

Para finalizar o percurso empreendido por esta obra, "Tramas verbo-visuais da linguagem" encontra em receitas antigas, artigo de jornal, romance a respeito de pintura e dois poemas *visuais*, mais um caminho para o acesso a estilo, memória, autoria, dentre muitas outras coisas, pela mão dupla representada pela *verbo-visualidade*. As receitas vêm de um belíssimo livro realizado por pesquisadores; o artigo vem de uma articulação de gêneros jornalísticos; o romance vem da perseguição verbal da identidade visual de uma pintura; os poemas são de José Paulo Paes, que usa a citação visual e verbal para construir sua assinatura, e de Mario Quintana, em um de seus momentos *poeta/pintor*.

Possibilitar a compreensão de como se arranjam língua e literatura nas estantes da vida é o objetivo maior desta obra, dedicada a professores de todos os níveis e aos demais interessados em promover a leitura e o ensino criativo e eficiente de língua.

As pesquisas que resultaram neste livro, foram desenvolvidas com o apoio do CNPq.

Língua e literatura:
saber e sabor

De fato, as leituras da juventude podem ser pouco profícuas pela impaciência, distração, inexperiência das instruções para uso, inexperiência da vida. Podem ser (talvez ao mesmo tempo) formativas no sentido de que dão uma forma às experiências futuras, fornecendo modelos, recipientes, termos de comparação, esquemas de classificação, escalas de valores, paradigmas de beleza: todas, coisas que continuam a valer mesmo que nos recordemos pouco ou nada do livro lido na juventude.
Ítalo Calvino

Mesmo parecendo óbvio que línguas e literaturas formam uma parceria inquestionável, nata, atestada pela cumplicidade firmada entre criadores, criações e diferentes estudos da linguagem, muitas vezes opera-se uma dicotomia, por força de contingências institucionais, que dissimula a natureza dessa confluência incontornável. Há, entretanto, inúmeros trabalhos enunciados por gramáticos, linguistas, teóricos da linguagem literária ou cotidiana, poetas, ficcionistas, em que se pode observar o quanto é artificial a dicotomia imputada aos pares língua-literatura, linguagem-vida, uso-criatividade, gramática-estilística.

Não me refiro a produções que utilizam trechos de prosadores e poetas para, de forma autoritária, mostrar a soberania da linguagem literária em relação à linguagem cotidiana. Essas recortam palavras, frases ou versos para exemplificar categorias gramaticais, modos originais e expressivos de bem falar e bem escrever, ou demonstrar curiosidades e criatividades linguísticas. Também não imagino que os especialistas, aqueles que se dedicam a um dos dois termos da articulação, possam desaparecer, fundindo-se numa única categoria. Não dariam conta de universo tão complexo.

Penso em textos que tematizam a relação constitutiva língua-literatura, estudos e criações literárias em que a confluência é surpreendida, exposta, caracterizando a cumplicidade de expressão e conhecimento dessas faces da linguagem humana. Ou, ainda, textos artísticos ou não que, pela organização textual e discursiva – sintática, semântica, sonora, visual etc. –, exploram e expõem a língua de maneira a chamar a atenção do leitor para a linguagem como janela para os mundos internos e externos.

Dessa perspectiva, e para iniciar um agradável passeio pela parceria língua-literatura, recorro a cinco importantes linguistas: dois russos, do século xx, um francês e três brasileiros, do século xxi: Roman Jakobson (1896-1982), que mereceu do poeta, tradutor e crítico brasileiro, Haroldo de Campos (1929-2003), o título de "poeta da linguística", Valentin Voloshinov (1895-1936), pensador considerado o linguista do Círculo bakhtiniano,[1] Dominique Maingueneau, Carlos Alberto Faraco, Sírio Possenti e Luiz Carlos Travaglia, estudiosos, leitores, autores de inúmeras obras que garantem acesso à linguagem e que, aqui, comentam, em textos produzidos exclusivamente para este livro, as paixões literárias que despertaram e alimentam suas reflexões linguísticas.

O objetivo dessa seleção é mostrar de que forma uma certa linguística, assim como a teoria análise dialógica do discurso, de extração russa (ADD), fundamentada no pensamento bakhtiniano, ou francesa (AD) encaminham os estudos dessa indissolúvel articulação língua-literatura.

ROMAN JAKOBSON: O POETA DA LINGUÍSTICA

Roman Jakobson, russo como os componentes do Círculo, nascido um ano depois de Bakhtin e Voloshinov, é sem dúvida um dos mais importantes linguistas do século xx, teórico da arte, da poesia, da linguagem em diferentes manifestações, estudioso que participou, juntamente com Nikolay Sergeyevich Trubtezkoy (1890-1938), da consolidação da fonologia e que escreveu inúmeros trabalhos fundamentais para a renovação dos estudos linguísticos e poéticos, dos quais se pode destacar a concepção enunciativa de linguagem. Portanto, um linguista para ninguém botar defeito. Como afirmou Roland Barthes,

> Jakobson deu um belíssimo presente à literatura: deu-lhe a linguística [...] Na origem da linguística generalizada que ele traçou houve um gesto decisivo de abertura das classificações, das castas, das disciplinas: tais palavras perderam com ele o seu ranço separatista, penal, racista: não mais existem proprietários (da Literatura, da Linguística), os cães de guarda foram de novo presos em seus cercados.[2]

Da extensa produção de Jakobson, composta de textos escritos durante mais de meio século, sendo o primeiro de 1919, coincidentemente a mesma data do texto inaugural de Mikhail Bakhtin,[3] o livro *Diálogos*[4] traz uma longa entrevista feita por Kristina Pomorska, publicado na França em 1980 e no Brasil em 1985. Essa obra possibilita uma viagem por seus trabalhos e pelos temas que o interessaram durante sua vida e sua longa peregrinação por vários países e várias dimensões da língua, da poesia, da linguagem. Dessa belíssima entrevista, com vários momentos em que a articulação língua-literatura é tematizada e mostrada como fundadora de reflexões e avanços nos estudos linguísticos e poéticos, alguns excertos são destacados a seguir.

O primeiro diz respeito ao momento em que ele fala de sua formação, quando em 1914 entra para a Faculdade de História e Filologia da Universidade de Moscou, que tinha esse nome, segundo ele explica, porque na Rússia ainda era proibida a expressão ocidental "de filosofia". Esse aspecto circunstancial importa na medida em que aponta para a proximidade filologia/filosofia, duas disciplinas voltadas para reflexões que incluem a linguagem. Ele afirma, também, que, naquela época, passou a frequentar o departamento de eslavística.

> A análise da língua parecia-me, com efeito, essencial à assimilação tanto da literatura quanto do folclore e da cultura em geral. A ligação entre língua e literatura estava fortemente enraizada na Universidade de Moscou desde o século XVIII, uma verdadeira tradição, e foi particularmente cultivada por um dos maiores eslavistas do século passado, Fiódor Ivanovitch (1818-1897), que havia herdado do romantismo a correlação entre a linguística e a literatura sob seus dois aspectos, escrito e oral. O termo *"sloviesnost"* [N.T.: *sloviesnost* deriva de *slovo*, "palavra"], que ainda hoje é empregado para designar a literatura enquanto objeto de estudo e que a situa em firme laço etimológico com a *palavra*, caracteriza claramente essa tendência.[5]

Esse trecho ajuda a entender a formação de Jakobson, a maneira como ela vai influenciar seus trabalhos pioneiros na linguística e na poética, oferecendo pistas para o conhecimento de uma tradição russa sob a qual estiveram Bakhtin e o Círculo. Essa tradição está marcada pela parceria língua-literatura, presente nos estudos dos jovens russos do começo do século xx, assinalada até mesmo pela perspectiva etimológica, conforme destaca Jakobson: "O termo *sloviesnost* [N.T.: *sloviesnost* deriva de *slovo, palavra*] [...] empregado para designar a literatura enquanto objeto de estudo e que a situa em firme laço etimológico com a *palavra*".

O segundo excerto está estreitamente ligado a discussões a respeito do caráter imanente das mudanças na literatura, à ligação com o sistema de valores literários e, especialmente para linguistas e analistas de discursos, à discussão em torno dos princípios de sincronia e de diacronia que marcaram e marcam os estudos da língua e da linguagem. Essas questões, em pauta no início do século xx, foram destacadas no importante manifesto "Problemas do estudo da literatura e da língua", datado de 1928, que sai na revista *Novyj Lef/A Nova Frente da Esquerda*,[6] assinado por Roman Jakobson e Yury Nikolaevich Tynyanov (1894-1943), cujo conteúdo passou a constituir um debate internacional. Jakobson afirma a respeito desse trabalho:

> Estudo comparativo da língua e da literatura – era justamente essa a sua importância – dava destaque à comunidade dos problemas e mencionava, de maneira oportuna, a existência de uma relação mútua entre literatura (e também a língua) e as diferentes séries contíguas do contexto cultural.[7]

Esse texto de Jakobson e Tynyanov, em que a defesa da relação literatura-língua-contexto cultural é uma das tônicas, data de 1928. Também para Bakhtin e os membros do Círculo os anos 1928 e 1929 são marcos de importantes publicações elaboradas na década de 1920, aí incluída *Marxismo e filosofia da linguagem: problemas fundamentais do método sociológico na ciência da linguagem*.

Num outro momento da entrevista, Kristina traz para a discussão questões literárias relacionadas a algumas afirmações de Saussure sobre a língua, afirmando que Jakobson salientou mais de uma vez que a força essencial da língua e, consequentemente, o privilégio do sujeito falante, consiste em ser a língua suscetível de nos transportar no tempo e no espaço. Em sua resposta, Jakobson afirma: "É difícil encontrar domínio em que os conceitos de coexistência e de sucessão no tempo se entrelaçam tanto como na vida da língua e da literatura".[8]

Um pouco mais adiante, refere-se ao tempo do enunciado e ao tempo da enunciação, outro assunto que tratou de forma inovadora:

As duas imagens do tempo, ou seja, o tempo da enunciação e o tempo do enunciado, entram em muitas espécies de conflito. O choque desses dois aspectos é particularmente claro na arte literária [...]. Estou seguro de que o verso é mais apto a fazer-nos viver o tempo verbal, e isso é verdadeiro para o verso oral, folclórico, como o verso escrito literário, pois o verso, quer o estritamente métrico, quer o livre, traz, em si, simultaneamente, as duas variedades linguísticas do tempo, o tempo da enunciação e o tempo enunciado.[9]

A incursão pelo poeta da linguística, que reconheceu e explorou a articulação constitutiva entre língua e literatura termina aqui, deixando ao leitor o prazer de voltar às obras de Roman Jakobson e confirmar as pistas apresentadas.

Na mesma trilha, ganha a cena outro russo, Valentin Voloshinov, nascido em 1895, um dos expoentes do chamado pensamento bakhtiniano, que também articulou língua e literatura.

VOLOSHINOV: DIÁLOGO ENTRE LÍNGUA E LITERATURA

Para compreender o pensamento bakhtiniano, não se pode ignorar as bases de uma postura inovadora em relação à linguagem, desenvolvida pela contribuição dos diferentes membros do Círculo, em diferentes momentos históricos. Esse é o caso da filosofia, por exemplo, ou das filosofias que influenciaram não somente os escritos de Bakhtin, um incontestável filósofo da linguagem, mas também os trabalhos dos demais membros. A filosofia foi motivo de reflexão, levada a cabo por todos eles ao longo de vários anos.

Juntamente com o embasamento filosófico que deixa traços nos escritos de todos os participantes do Círculo, circunscrevendo posturas bastante marcadas diante das questões de linguagem, a articulação língua-literatura vai aparecer como um dos elementos fundadores da epistemologia bakhtiniana, considerada a produção de todos os envolvidos e não somente os textos de Bakhtin dedicados a grandes escritores, caso Rabelais e Dostoievski.

Sob essa óptica, é necessário reler os trabalhos do Círculo, refletindo sobre o papel dessa relação no conjunto dos escritos e na maneira como essa dimensão vai introduzindo questões centrais sobre a concepção de linguagem. No Brasil, há algumas décadas, grande parte de linguistas e analistas do discurso perseguem os meandros do pensamento bakhtiniano tendo em vista as contribuições que ele oferece, dentre muitas outras, para o que se denomina *análise dialógica do discurso*.[10]

Nesse percurso, e a cada leitura, o olhar concentra-se em tudo que diz respeito à linguagem, considerando, muito frequentemente, os excertos literários, que abundam na maioria dos textos, como simples pretextos para chegar à linguagem que interessa aos linguistas e analistas de discurso, ou seja, a do dia a dia. Atribui-se aos excertos a condição de resquícios de um tempo em que o estudo da linguagem acabava sempre tomando a literatura como exemplo. Ou, ainda, essas citações são consideradas uma espécie de aceno aos teóricos da literatura que também se interessam pelos estudos bakhtinianos.

A maioria desses leitores, é preciso reconhecer, saltava (e alguns continuam saltando) os excertos literários, como se eles não se destinassem aos linguistas ou aos analistas de discurso, ao menos aos verdadeiramente convictos de seu papel de estudiosos da língua, das línguas, da linguagem, das linguagens. Sempre pareceu aos *saltadores conscientes dos trechos literários* que esses eram exemplos descartáveis, na medida em que serviam unicamente de degrau para os estudos da linguagem do dia a dia, da comunicação cotidiana. Entretanto, com o tempo e com uma leitura mais cuidadosa do conjunto dos trabalhos do Círculo, é possível perceber que, longe de simples e descartáveis exemplos, esses excertos constituem metonímias de uma das fontes em que o conceito bakhtiniano de linguagem está fundado, ou seja, a articulação língua-literatura.

Assumir essa postura implica reconhecer que conceitos centrais do pensamento bakhtiniano, como é o caso de *signo ideológico, enunciado concreto/ enunciação, gêneros, polifonia, dialogismo, responsividade,* surgem não apenas da formação filosófica e linguística, mas também da formação literária dos diversos membros do Círculo e da maneira como eles, a partir dessa tradição que vincula língua e literatura, construíram os pilares da concepção bakhtiniana de linguagem. A questão da formação, mesmo não se recorrendo a outras importantes fontes, fica patente no depoimento de Roman Jakobson destacado neste livro.

É impossível compreender *polifonia,* no sentido bakhtiniano, sem ter lido Dostoievski, ou *carnavalização,* sem ter lido Rabelais, para citar apenas dois trabalhos em que Bakhtin tem como ponto de partida a literatura. Da mesma forma, é impensável compreender o conceito de *linguagem, enunciado concreto-enunciação, entonação, signo ideológico, palavra* em textos assinados Voloshinov (Bakhtin),[11] se as referências literárias neles existentes forem saltadas.

Para compreender a parceria língua-literatura como um dos elementos fundadores do pensamento bakhtiniano, ficam descartados os textos assinados exclusivamente por Mikhail Bakhtin, em que a relação língua-literatura é eloquente. A articulação será focalizada em três artigos assinados Valentin Voloshinov, o linguista do Círculo: "O que é linguagem", "A construção do enunciado" e "A função social da palavra".

Os dois primeiros foram publicados em Leningrado, em 1930, nos números 2 e 3 da revista *Literatúrnaia uchoba*. A data é importante porque demonstra que eles estão muito próximos da publicação de *Marxismo e filosofia da linguagem: problemas fundamentais do método sociológico na ciência da linguagem* (MFL), 1929. Isso se percebe, também, pelo fato de muitos dos conceitos aí presentes estarem tratados em MFL. A edição espanhola desses textos, que é de 1993, traz as datas de 1929, mas nenhuma outra fonte confirma essa informação. Além do russo, eles podem ser encontrados em espanhol, francês, italiano e inglês. O terceiro, "A função social da palavra", também de 1930, pode ser encontrado em italiano e em inglês.

Os três artigos assinados Voloshinov, embora pouco conhecidos no Brasil, têm duas coisas em comum.

A primeira, como os títulos anunciam, é que tratam, de maneira bastante didática e sob uma perspectiva explicitamente marxista, de questões centrais para a arquitetura do pensamento bakhtiniano. Esse é o caso, olhando o conjunto e selecionando alguns tópicos, das reflexões sobre *função social da linguagem; interação verbal; relações linguagem-sociedade; entonação; enunciado concreto-enunciação; discurso monológico e discurso dialógico; dimensão extraverbal do enunciado concreto-enunciação; estilística do enunciado; palavra-signo ideológico; situação e formas de enunciados concretos-enunciação; ideologia; ideologia do cotidiano.*

Os leitores da obra de Bakhtin e do Círculo, mesmo não tendo lido os artigos aqui focalizados, reconhecem esses conceitos, especialmente trabalhados em MFL. Essa obra é uma das mais lidas pelos linguistas porque a perspectiva dialógica parece estar centrada especialmente em estudos linguísticos e não literários.

A segunda é o fato de que, ao contrário do que se poderia esperar, Voloshinov toma como ponto forte de sua reflexão a literatura.

No primeiro, "O que é linguagem?",[12] destinado a esclarecer a natureza social da linguagem, Voloshinov discute, entre outras coisas, a origem da linguagem, sua função na vida social, a relação entre linguagem e classe, entre linguagem e consciência, entre sensação e expressão, ideologia cotidiana, criação artística e linguagem interior. A reflexão inicia-se com a imagem de um jovem escritor sentado diante de folhas em branco e não, como se esperaria, com conceitos teóricos previamente esboçados e que poderiam ter na literatura a sua exemplificação. O personagem, candidato a autor, dispõe-se a escrever sua primeira obra de ficção e defronta-se, de imediato, com problemas de diferentes níveis, como afirma Voloshinov, aí incluídos aqueles ligados à linguagem, tais como escolha e colocação das palavras e também redação da obra. O excerto selecionado mostra como Voloshinov encaminha a questão.[13]

> Antes de começar a refletir sobre a linguagem, tudo parecia simples e linear. Entretanto, nem bem imaginou escrever uma obra literária e a linguagem se afigurou uma massa pesada, informe, com a qual é muito difícil construir uma frase bela, elegante e, sobretudo, que transmita aquilo que o autor quer realmente expressar. A linguagem parece ter se transformado num gigantesco bloco de mármore, no qual é necessário esculpir a figura desejada. A linguagem se transformou no material da criatividade artística.[14]

A partir dessa imagem, Voloshinov discorre sobre o fato de que o escritor, ao contrário de outros artistas, não trabalha com o material físico bruto. Ele trabalha com elementos linguísticos previamente elaborados, preparados, com os quais só poderá construir uma totalidade se tiver presentes as regras e leis que ele não poderá *transgredir* ao organizar o material verbal. Essa relação entre língua e literatura, que aparece pela via da confrontação entre coerções linguísticas e criatividade, motiva as seguintes questões, por parte de Voloshinov: "Não poderia o escritor, de alguma maneira, modificar as regras e as leis linguísticas e criar novas?" Ele mesmo responde que não e exemplifica a impossibilidade com tentativas frustradas de alguns poetas russos da época czarista.

Desenvolvendo essa linha de raciocínio, afirma que todo bom escritor deve "compreender o que é a linguagem, esse material tão característico e particular da criatividade artística"[15] e que se os estudiosos não compreenderem a essência da linguagem, seu lugar e destino na vida social, não poderão conceber o estudo da estilística da arte verbal, ou seja, das técnicas da construção da obra literária.

E é a partir dessa reflexão que recoloca a questão "O que é linguagem?" E passa a desenvolver seus argumentos para, no final, retomando a relação língua-literatura fazer as seguintes afirmações:

> Normalmente não deveria haver aqui uma fratura, não deveria haver um salto. O mesmo grupo social que deu a uma pessoa a língua, que orientou suas ideias, gostos, juízos, que, em uma palavra, determinou *o tom e o caráter* de sua vida interior, agora se coloca como ambiente exterior, como massa de leitores, como grupo de amadores e críticos de sua obra artística.[16]

Portanto, para definir linguagem, Voloshinov funda sua reflexão na relação língua-literatura. Tratando-se de uma concepção que ultrapassa a ideia de língua em estado de dicionário para pensar a linguagem em uso, a ideia de grupo social, ideologia, tom e ambiente estão materializados no sujeito produtor do discurso artístico. Não como simples exemplo, mas como dado constitutivo da definição de linguagem.

No segundo e no terceiro artigos, "A construção do enunciado"[17] e "A palavra e sua função social",[18] é principalmente a obra *Almas mortas*, de Gogol[19] – mas não somente, porque há outras obras de escritores russos que aparecem aí de modo muito significativo – que suscita e sustenta os estudos feitos por Voloshinov no que se refere a *enunciado concreto-enunciação*, estabelecimento da *função social da palavra*, conceito de *palavra como signo ideológico*. Sendo *Almas mortas* o mais significativo dos textos motivadores das reflexões linguístico-enunciativo-discursivas de Voloshinov, alguém poderia perguntar de que trata esse romance para frequentar os artigos de Voloshinov de modo tão expressivo?

A resposta deveria ser simplesmente: leia e descubra! Mas, vale informar: essa narrativa, intitulada *poema* por Gogol, teve sua primeira parte escrita em 1835, submetida em novembro de 1941 ao comitê de censura de Moscou, que a proíbe inicialmente, mas libera sua publicação em março de 1942. Em abril desse mesmo ano, o escritor recebe os originais, com cortes e correções e os envia ao prelo. Em 1948, depois de viagens pela Europa Ocidental e pelo Oriente, retorna à Rússia e retoma *Almas mortas*, cuja segunda parte só sai em 1855, três anos após sua morte. É uma produção fundamental de Gogol, considerada por Boris Schnaiderman uma epopeia satírica, distanciada do romance psicológico e social, proposto como modelo na época.[20]

O romance chama a atenção para as difíceis condições do povo russo, estabelecendo um jogo fino de linguagem, de musicalidade, de forma a aproximar prosa e poesia, trabalho linguístico e realidade russa. Sem dúvida, Gogol e seus romances, aí incluído *Almas mortas*, fizeram parte da formação dos membros do Círculo. A escolha dessa obra, portanto, não se deve ao acaso, simples *exemplo* que confirmaria uma posição diante da linguagem. Alguém poderia perguntar: E o que vem desse magnífico texto literário russo para as páginas de Voloshinov, demonstrando que a reflexão linguística tem sua gênese nos saborosos ensinamentos contidos na prosa poética de Nicolai Gogol?

O início do artigo sobre "A construção do enunciado concreto-enunciação" explicita que se trata da continuidade da reflexão contida em "O que é linguagem?". De imediato, Voloshinov afirma estar convencido de que a linguagem humana é "um fenômeno *de duas caras*: todo enunciado exige, para sua realização, a existência não só de um falante mas também de um ouvinte"[21] e que "cada expressão linguística [...] está sempre orientada para outro, para um ouvinte, mesmo quando este não existe como pessoa real".[22] Na sequência, afirma que, considerando mais esse aspecto, poderá "dar uma definição de linguagem, e fazer um exame mais detalhado da estrutura do enunciado na vida cotidiana e, em seguida, na literatura".[23]

Dessa perspectiva, Voloshinov empreende a investigação das formas e tipos de enunciados, dos vários tipos de *troca comunicativo-social,* que são por ele definidos como unidade real da linguagem. Dentre os vários tipos, afirma que sua atenção particular estará voltada para a *troca comunicativa artística.* Nesse artigo, cita *Marxismo e filosofia da linguagem,* no momento em que se refere aos gêneros da vida cotidiana, ou gêneros cotidianos e, a partir daí, retomando vários aspectos do artigo anterior ("O que é linguagem?"), discute *intercâmbio comunicativo social e interação verbal, discurso monológico e discurso dialógico, dialogicidade da linguagem interior, orientação social do enunciado, parte extraverbal-sobreentendida, situação e forma do enunciado, escolha e disposição das palavras, estilística do enunciado e da vida cotidiana.*

Para refletir sobre esses temas, introduz questões ligadas à literatura russa, trazidas por Dostoievski; à dialogicidade, ao discurso *dialógico* e procura mostrar os conceitos de entonação, situação, auditório e mudança de auditório, presentes em MFL. Nesse caminho, *Almas mortas* aparece como enunciado concreto, um todo de sentido que realiza os conceitos que Voloshinov tenta apresentar como fundamentais para uma definição dialógica da linguagem.

Considera que, no primeiro excerto por ele destacado, o escritor russo pintou com enorme agudeza a mudança brutal de *entonação* produzida no momento em que a *situação* e o *auditório* do enunciado *se modificam.*[24] E que no segundo, o escritor representa de forma precisa o processo de *escolha da palavra* mais adequada à *correlação social existente entre o falante e o ouvinte,* palavra que tem em conta todos os detalhes da persona social do interlocutor, seu estado econômico, sua classe, sua posição social etc.

> É preciso dizer que aqui na Rússia, se ainda não alcançamos os estrangeiros em alguma coisa, pelo menos no saber tratar já os ultrapassamos de muito. Não é possível enumerar todos os matizes e sutilezas do nosso tratamento. Um francês ou um alemão jamais conseguirá distinguir ou compreender todas as suas peculiaridades

e diferenças; ele falara quase no mesmo tom tanto com um milionário como com um vendedor de tabaco, embora, no íntimo, curve-se bem baixo diante do primeiro. Entre nós já não é assim: nós temos sabichões consumados, que conversam com um proprietário rural dono de duzentas almas de um modo totalmente diverso daquele com que falam com um possuidor de trezentas, e com aquele que tem trezentas, falarão diferentemente de como falam com aquele que tem quinhentas, e, por sua vez, sua fala com o dono de quinhentas almas não será igual àquela que usarão com o proprietário de oitocentas – numa palavra, encontrarão matizes diferentes mesmo que cheguemos a um milhão de almas. Suponhamos, por exemplo, que exista uma repartição, não aqui, mas nos confins do mundo; e nessa repartição, suponhamos, existe o chefe da repartição. Peço que reparem nele, quando está sentado entre os seus subordinados – o temor não os deixará articular uma palavra! Orgulho e nobreza, e sei lá o que mais, estão expressos no seu semblante. É só lançar mão de um pincel e pintá-lo: é um Prometeu, nada menos que um Prometeu! Olhar de águia, andar sereno: solene. Mas essa mesma águia, assim que sai de sua sala e se aproxima do escritório de seu superior, corre apressada, com passinhos de perdiz, com os papéis debaixo do sovaco, tão prestimosa que chega até a perder o fôlego. Em sociedade e nas recepções, em que nem todos ocupam cargos muito altos, o Prometeu permanece o mesmo Prometeu, mas, assim que aparece alguém mais graduado do que ele, o Prometeu sofre uma transformação tamanha, que nem o próprio Ovídio seria capaz de inventar: vira mosca, menos do que mosca, encolhe até ficar do tamanho de um grão de areia! "Mas este não é o Ivan Petrovich", dirão, ao vê-lo. "O Ivan Petrovich é mais alto de porte, este aqui é baixote e magricela: aquele tem a fala sonora e a voz de baixo e nunca ri, mas este aqui é uma coisa incrível, fala em trinados como um pássaro e não para de rir". Mas, chegando mais perto, constatarão: é de fato Ivan Petrovich! "Sim, senhor, que coisa!"[25]

[...]

Pliuchkin já estava lá parado havia vários minutos sem pronunciar uma palavra, mas Tchitchicov ainda não conseguira iniciar a conversa, desconcertado tanto pelo aspecto próprio do dono como de tudo aquilo que havia no seu aposento. Durante muito tempo, não conseguiu encontrar uma maneira de abordar o assunto que motivara a sua visita, e já ia enveredando pela explicação de que, impressionado com a fama das raras virtudes e qualidades de caráter do anfitrião, sentia-se no dever de trazer-lhe pessoalmente os protestos do seu respeito, mas caiu em si, sentindo que assim já era demais. Relanceando mais um olhar de soslaio sobre tudo que enchia o quarto, Tchitchicov sentiu que as palavras "virtudes" e "raras qualidades de caráter" podiam ser vantajosamente substituídas pelas palavras "economia" e "ordem"; e por isso, modificando nesse sentido o seu discurso, acabou dizendo que, impressionado pela sua fama de homem econômico e extraordinário administrador de suas propriedades, considerou seu dever fazer-lhe essa visita, para conhecê-lo e trazer-lhe pessoalmente os protestos de seu respeito.[26]

Ainda nesse artigo, no item intitulado "Estilística do enunciado da vida cotidiana", Voloshinov continua concretizando seus conceitos a partir de outro trecho da obra de Gogol. É o momento em que a personagem Chichikov, a mesma do trecho anterior, "se encontra não apenas diante da escolha de palavras, mas também da disposição das mesmas, de toda a construção estilística de seu enunciado".[27]

> Inclinando respeitosamente a cabeça para um lado e abrindo os braços e as mãos, como se fosse apresentar uma bandeja cheia de xícaras, ele fez uma reverência de corpo inteiro com extraordinária agilidade e disse:
>
> – Considerei meu dever apresentar meus respeitos a Vossa Excelência. Nutrindo respeito para com as virtudes dos varões que salvaram a pátria no campo de batalha, considerei meu dever apresentar-me pessoalmente a Vossa Excelência.
>
> Obviamente, este preâmbulo não desagradou o general. Com um movimento de cabeça assaz benevolente, ele falou:
>
> – Muito prazer em conhecê-lo. Queira sentar-se. Onde foi que o senhor serviu?
>
> – A minha carreira no serviço público – disse Tchitchicov, sentando-se não no meio da poltrona, mas de viés, agarrando-se com a mão ao braço da poltrona – começou num departamento do Tesouro, Excelência. Seu transcurso subsequente, porém, deu-se em diversos postos: trabalhei no Tribunal de Justiça, numa comissão de construções e na Alfândega. Minha vida pode ser comparada a uma embarcação ao sabor das ondas, Excelência. A paciência tem sido, por assim dizer, minha eterna companheira, e eu mesmo sou, por assim dizer, a própria encarnação da paciência... E o que sofri às mãos de inimigos, que chegaram a atentar contra a minha própria vida, não existem palavras, nem tintas, nem, por assim dizer, pincéis de artistas que possam descrevê-lo, de maneira que agora, no declínio da vida, procuro apenas um recanto onde possa passar meus derradeiros dias.[28]

Centrado nesses trechos e na totalidade de *Almas mortas*, Voloshinov dá conta das características fundamentais da construção de qualquer enunciado, como se o enunciado concreto de *Almas mortas* fosse "a vida mesma", como ele afirma, reconhecendo a semelhança entre essa realidade artística e a vida russa dos anos 20 e 30 do século XIX. Até o final do artigo, prende-se à realidade do mundo ficcional de Gogol em que, pelas personagens, pelas interações de que participam, são colocadas diante do leitor não apenas a Rússia daquele momento, mas a linguagem enfrentada em sua dimensão dialógica.

No último artigo escolhido para a discussão central deste livro, "A palavra e sua função social", o autor procura definir palavra dentro da perspectiva ideológica-dialógica, destacando os conceitos de *classe ideológica, estilo do enunciado* e *palavra como signo ideológico*. Mais uma vez ele se refere à personagem

Chichikov, de *Almas mortas*, indicando também outros autores russos, caso de Maiakovski, que tem dois versos mencionados, para retomar a ideia de que os trechos literários devem ser encarados não como ficção, mas como uma espécie de *gravação* dos enunciados construídos/trocados por pessoas reais. Com esse argumento, toma a fala das personagens em diferentes situações e estabelece o conceito de *palavra, estilo do enunciado, relações entre classes sociais, linguagem, ideologia, valores e tensões.*

LÍNGUA E LITERATURA: UMA DAS ARTICULAÇÕES FUNDADORAS DO PENSAMENTO BAKHTINIANO

Se uma das pedras de toque do que hoje se estuda e explora dentro do pensamento bakhtiniano é o conceito de linguagem, construído pelo fôlego filosófico, literário e linguístico dos participantes do Círculo, não apenas os três artigos de Voloshinov aqui recuperados, mas também os trabalhos de Pavel Medvedev e de Mikhail Bakhtin, para citar os três expoentes da arquitetura bakhtiniana, articulam sem álibi língua e literatura.

Saltar os exemplos literários presentes nos textos do Círculo, cujo interesse recai na perspectiva dialógica da linguagem, significa perder a oportunidade de reconhecer a formação ampla desses pensadores e a maneira como a literatura pode antecipar as relações de língua, linguagem, vida, história, sociedade. Além disso, saltar desperdiça a ideia de que, precisamente por sua formação, os componentes do Círculo, e não apenas Bakhtin, tomam textos literários como essenciais à compreensão da humanidade, ou de um dado momento histórico. Eles articulam língua e literatura para arquitetar a percepção dialógica da linguagem e os pilares de seu estudo.

Portanto, não apenas os saltos serão mortais, de uma perspectiva individual, mas a falta de conhecimento das obras literárias evocadas nos diferentes textos empobrecerá o conhecimento dos conceitos que vão sendo construídos e do pensamento dialógico como um todo. Imagine-se a seguinte afirmação, citada num texto de estudos linguísticos:

> O povo que chupa o caju, a manga, o cambucá e a jabuticaba, pode falar uma língua com igual pronúncia e o mesmo espírito do povo que sorve o figo, a pera, o damasco e a nêspera?[29]

Desconhecendo-se que essa afirmação foi feita no século XIX, por José de Alencar no prefácio de *Sonhos d'ouro*, e que esse escritor brasileiro empenhou-se na identidade da língua nacional, corre-se o risco de achar que se trata da expressão politicamente incorreta de um nutricionista racista e não de uma reflexão fundamental para as questões da língua e da identidade brasileiras.

É hora de dar a palavra aos linguistas. De maneira exemplar, eles não deixam dúvidas sobre o papel da literatura na formação de estudiosos da linguagem.

■ O linguista e o discurso literário

Dominique Maingueneau

Como muita gente, gosto muito de ler literatura. Tenho alguns autores que são meus prediletos e outros de que gosto menos ou simplesmente não gosto. Todavia, não me qualifico como alguém habilitado para falar de literatura. Se você me convidou para falar de literatura neste livro, imagino que seja porque sou linguista e minhas pesquisas me fizeram encontrar frequentemente a literatura.

Não estou certo de que todos os linguistas têm uma relação privilegiada com a literatura. No entanto, pode-se afirmar que é impossível uma reflexão refinada sobre linguagem ignorando a literatura. Devemos levar em conta que nossa gramática, a gramática ocidental, foi criada no século III d.C. com a preocupação de analisar e de preservar as grandes obras da literatura grega. Nessa perspectiva, a gramática era, sobretudo, uma arte de ler textos. Em contrapartida, quando a linguística moderna irrompeu entre o final do século XIX e início do século XX, os linguistas procuraram mostrar de todas as maneiras que sua disciplina não tinha nada a ver com a literatura e, em particular, que a linguística se recusava terminantemente a considerar os textos literários como dados linguísticos confiáveis: a *verdadeira* língua para os linguistas seria a oral.

A desconfiança em relação ao olhar da literatura tem raízes bem profundas entre os linguistas. Por natureza, o linguista é esse estranho locutor que possui a pretensão de ser neutro, de não ter relação afetiva privilegiada com qualquer língua, inclusive e, sobretudo, com sua língua materna. Citarei a esse propósito uma passagem de um psicótico, chamado Louis Wolfson, que, em seu livro *Le schizo et les langues*,[30] afirma que havia qualquer coisa de comum entre o *esquizofrênico*, que era, e o linguista:

> um desejo, quiçá vago ou então subconsciente e recalcado, de não dever sentir sua língua natural como uma entidade conforme a sentem os outros, mas, ao contrário, de poder senti-la bem diferentemente, como algo além, como exótica, como mistura, como conjunto de diversos idiomas.[31]

Essa atitude de raiva em relação à sua língua é evidentemente antípoda a do escritor, que só pode escrever com uma intimidade profunda com uma língua.

Hoje as relações entre linguística e literatura parecem ter tomado um caminho mais pacífico. Por meio de uma disciplina como a Estilística, procura-se utilizar o saber linguístico para analisar obras literárias. Não raro, os linguistas colocam à prova seus modelos, aplicando-os a enunciados retirados da literatura. Nesse sentido, penso, por exemplo, nos trabalhos do linguista francês Oswald Ducrot, que testou a sua análise do conector *mas* estudando fragmentos de romances e peças de teatro. No entanto, esse tipo de abordagem não chega a afetar o prejulgamento de que a literatura é propriamente exterior à linguística.

Ora, as coisas não são assim tão simples. Na representação comum, a língua é considerada um conjunto de materiais à disposição de todos, inclusive dos escritores; a literatura aparece como um ornamento adicionado a uma língua, que é por natureza dedicada às tarefas de comunicação mais elementares. Essa representação cômoda é, no entanto, inadequada: longe de ser um *ornamento* contingente, a literatura participa da construção da língua. De fato, existe uma relação essencial entre a construção da identidade de uma língua e a existência de uma literatura, de um *corpus* de enunciados estabilizados e valorizados esteticamente: a produção de *enunciados de qualidade* dá *qualidade de língua*. Há verdadeiramente língua a partir do momento em que a comunidade linguística é associada a uma comunidade de ausentes, os grandes escritores, a um tesouro de palavras mortas e belas. Paradoxalmente, o que permite que haja uma língua é, pois, um uso limitado, cujo pertencimento a essa língua é problemático e do qual os linguistas desconfiam.

De minha parte, se me esforço para colocar um ponto na dissociação entre o estudo da língua e o da literatura é, sobretudo, por intermédio de meus trabalhos em análise do discurso. Em vez de opor os dois termos, língua e literatura, o analista do discurso introduz um terceiro, o discurso literário, que, ao mesmo tempo, mobiliza intensamente os recursos da língua e está submetido às coerções institucionais específicas.

Mas quando se quer desenvolver uma análise do discurso literário, encontramos resistências. Muitos especialistas em literatura julgam essa abordagem

Literatura e outras linguagens

ilegítima e ineficiente. Um pressuposto forte, no centro da estética dominante, separa a literatura do resto dos enunciados de uma sociedade: haveria, de uma parte, os enunciados *comuns, transitivos,* que têm sua finalidade fora deles mesmos, e, de outra, as obras verdadeiras, *intransitivas,* as da literatura, que não poderiam ser abordadas com as mesmas ferramentas conceituais que os outros tipos de discurso. Caso aceitemos esse pressuposto, a análise do discurso aparecerá claramente como um domínio de estudos ilegítimo, que teria como efeito trazer para o comum da comunicação algo que excede tudo que é corriqueiro e toda a comunicação.

Mas, mantendo a literatura numa postura divergente da análise do discurso, os estudiosos tradicionais consolidam a distinção entre as Faculdades de Letras, que teriam como encargo o estudo das obras verdadeiras, e as de Ciências Humanas e Sociais, naturalmente dedicadas ao estudo dos *discursos sociais.* Até os anos 1960, antes da emergência da análise do discurso, as Faculdades de Letras dedicavam-se ao estudo de textos prestigiosos, dando especial atenção ao *estilo.* Por seu lado, os departamentos de Ciências Humanas ou Sociais abordavam textos de pouco prestígio, os *documentos* que não eram considerados dignos de uma abordagem estilística e que somente eram estudados porque davam acesso a realidades psicológicas e sociais. É essa separação de trabalho entre obras verdadeiras e discursos sociais que a análise do discurso contesta, pois pressupõe o trânsito, ao mesmo tempo, pelo universo das letras e das ciências humanas e sociais.

Tenho me esforçado para desenvolver, sobretudo depois dos anos 1990, uma análise discursiva do discurso literário que seja um ramo de pleno direito da análise do discurso. Entretanto, essa integração da literatura ao campo do discurso não deve ser feita sem levar em conta sua especificidade: uma boa teoria do discurso é uma teoria da sua diversidade irredutível. É com este espírito que me parece produtivo integrar a literatura ao que chamo de *discursos constituintes,* ao lado da religião, da filosofia ou da ciência, ou mesmo de discursos que têm elevada autoridade numa sociedade, na medida em que se autorizam a partir de uma instância transcendente.

Finalizarei com um destaque importante. Não podemos ignorar que o objeto que nos preocupa aqui, a literatura, está profundamente inscrito na história. Ora, a literatura neste momento passa por uma transformação profunda, em particular por conta do desenvolvimento das novas tecnologias de comunicação de massa. Assistimos, ao mesmo tempo, ao recuo da edição tradicional, relacionada ao livro, e à proliferação de modos de expressão de si, como mostra o fenômeno dos blogs. O analista do discurso literário vê, assim, abrir-se diante de si um novo e imenso campo de investigação.

Tradução de Roberto Leiser Baronas

■ Um linguista e a literatura

Carlos Alberto Faraco

Aos 6 anos, fui alfabetizado em casa por minha mãe porque a escola em que ela queria me matricular só aceitava, no primeiro ano, alunos que já conhecessem as letras. Alfabetizado, ganhei um livrinho que se tornou meu galardão e o "orgulho" da família: não houve visita que não me ouvisse fazer sua leitura em voz alta, prova inconteste que eu, tão novinho, era já leitor.

Tanta era a fanfarra ao cabo de cada uma dessas performances que devo ter achado que ler era mesmo algo muito importante. Contudo, nada além da revista *O Cruzeiro* e dos quadrinhos do Pato Donald me chegou às mãos de fato até a segunda série do ginásio. Foi nesse tempo que a escola franqueou a alguns (sim, só a alguns) alunos (já não me lembro dos critérios. Talvez aos que usavam óculos) os livros de sua "biblioteca" (na verdade, uns poucos livros em umas poucas prateleiras).

Ali encontrei *Dois garotos ao redor do mundo* (o título é aproximado, pois a memória já está sombreada. Nunca mais vi esse livro, nem sequer sei o nome de seu autor). Li devagar, mas sem conseguir largar. E nunca mais parei de ler: as aventuras mirabolantes daqueles dois garotos franceses ao redor do mundo foram suficientes para desatar uma vontade perene de ler e ler. O livro me conquistou. Me tornei leitor.

Um dia alguém me disse que *Miguel Strogoff, o correio do czar* era legal. E era. Descobri, então, o mundo maravilhoso de Júlio Verne. E, em seguida, Karl May com *Winnetou* I, II, III foi pouco; percorri também, com sofreguidão, todas as trilhas do Curdistão bravio e todos os caminhos de Bagdá a Istambul. E não apenas uma vez, mas várias.

Já adulto, encontrei num sebo a coleção dos livros de Karl May. Fiquei excitadíssimo. Mas ela já estava reservada por outro leitor. Continuo inconsolável por não ter podido comprá-la.

No meu aniversário de 14 anos, um tio, que não completara o ginásio, mas que era um leitor incansável, me deu de presente *Inocência*, de Taunay. Foi meu primeiro contato efetivo com a literatura brasileira. E que contato! Fiquei deslumbrado com a história e principalmente com a beleza cristalina da linguagem do autor, deslumbramento que se confirmou, anos depois, quando li *A retirada da Laguna*, também presente do velho tio (devo confessar que ainda me emociono com a linguagem de Taunay, em especial com suas sóbrias e belas descrições).

No ensino médio, encontrei, pela primeira vez, um professor de Português que tinha a leitura como prioridade didática. Sob seu estímulo e orientação, desenvolvi, na primeira série, um plano de leitura que incluía romances de Manuel Antônio de Almeida, José de Alencar, Bernardo Guimarães e Graciliano Ramos.

Como ele foi meu professor durante todo o Colegial, esse programa se ampliou nas demais séries de tal modo que, quando terminei a escola, conhecia razoavelmente a literatura brasileira. Mais tarde, fui professor de literatura no ensino médio e sempre me pergunto se consegui com algum aluno o mesmo que aquele professor conseguiu comigo.

No curso de Letras, fui apresentado a autores europeus e norte-americanos dos séculos XIX e XX. Valeu por isso. As literaturas de língua portuguesa foram, paradoxalmente, muito mal trabalhadas. Mas, sob certos aspectos, isso não era um problema: eu já era um leitor que traçava autonomamente meu próprio caminho.

Encontrei, porém, naquele fim da década de 1960 e começo da de 1970, quem ardorosamente defendesse uma tal de "ciência" da literatura, coisa que me pareceu totalmente inusitada (como fazer ciência com um objeto tão singular e tão diverso?). No entanto, a busca pelas "invariâncias", aquela pseudoálgebra do texto, teve seus momentâneos efeitos de sedução. Diziam esses professores: nada de subjetivismo, nada de análise impressionista, nada de referências biográficas, históricas, sociais, culturais. Só o texto e nele só os esquemas invariantes.

Apesar da sedução inicial, aquilo tudo logo começou a dizer cada vez menos: minha relação com a literatura tinha sido, desde o início, essencialmente "subjetiva". O limite se deu quando foi preciso analisar Kafka sem qualquer referência ao mundo contemporâneo. Era demais! Daí em diante, os formalismos que me fascinaram foram os da fonologia e da sintaxe. Me tornei linguista. Continuei, porém, fiel companheiro da literatura, mas preferi manter com ela as relações atadas na tenra juventude.

O mergulho na linguística me educou os sentidos e as razões para o estudo sistemático da linguagem verbal. Mas, o melhor de tudo, acabou por me mostrar o tamanho dos mistérios da linguagem. E, aí, a literatura, em especial a poesia, se tornou uma morada cada vez mais cálida e aconchegante.

■ Por que leio literatura

Sírio Possenti

Leio de tudo: artigos, teses, projetos, relatórios, jornais, pedaços de papel perdidos, *outdoors*, *slogans*, piadas.

Mas, por razões mais ou menos misteriosas, consideradas as condições culturais de minha infância, eu me tornei um leitor de livros assim que eles estiveram a meu alcance. Desde sempre, o que mais me fascina são as narrativas (detesto manuais...), as histórias bem contadas – ainda me lembro de um tio que era uma espécie de mestre do suspense, contando histórias que tiravam meu sono, porque em geral envolviam fantasmas ou animais selvagens, mas que eu ouvia embasbacado. Até aprecio jogos de linguagem (não à toa estudo piadas...), mas, de longe, prefiro histórias com cenas de tirar o fôlego, como acontece em *Os três mosqueteiros*, *O guarani*, *Os dias do demônio* ou *Crônica de uma morte anunciada*. Li diversas vezes *Grande sertão: veredas*, mas não é a inventividade linguística que me atrai (embora goste muito de frases como "Diadorim era mulher como o sol não acende a águas do rio Urucuia, como eu solucei meu desespero"), e sim a impressionante narrativa de eventos mais ou menos épicos (ah, o julgamento de Zé Bebelo!) e o suspense em torno das relações entre Riobaldo e Diadorim.

Acho que gosto desses romances e de biografias (e de filmes em que há personagens que enfrentam situações limite) porque tratam frequentemente de sujeitos que ultrapassam a normalidade – a mediocridade típica da espécie humana –, estejam de que lado estiverem. Talvez por isso não goste tanto das teorias que falam do sujeito assujeitado. Medo de que sejam verdadeiras? Pode ser.

Mais recentemente, descobri – ou a coisa ficou mais ou menos clara – que prefiro textos marcados fortemente pelo ritmo (sei hoje que é por isso que não gosto dos livros de Paulo Coelho, e não por qualquer outro fato, especialmente porque são populares). Seria evidentemente impossível citar as passagens que me impressionaram por essa razão – seu ritmo –, mas sempre lembro do começo de "Relatório de Carlos" ("Gostaria de ser factual e cronologicamente exato") quando se fala disso, assim como do alucinante início, de cortes cinematográficos, que se estendem por todo o texto, de "O cobrador" ("NA PORTA da rua uma dentadura grande, embaixo escrito Dr. Carvalho, Dentista. Na sala de espera vazia uma placa, *Espere o Doutor, ele está atendendo um cliente*. Esperei meia hora, o dente doendo, a porta se abriu e surgiu uma mulher acompanhada de um sujeito grande, uns 40 anos, de jaleco branco"), ambos contos de Rubem Fonseca.

Lembro-me de uma entrevista com Gabriel García Márquez que ouvi num hotel, logo ao acordar, em que ele dizia exatamente isso, se a memória não me trai: pessoas às vezes acham que há um adjetivo sobrando na frase, mas, dizia ele, literatura é uma questão de ritmo, não de informação ou de redundância.

Nem todos os ritmos são iguais, claro. É por isso, eu acho, que posso gostar de *D. Quixote* e de *Os sertões*, de *Vidas secas* e de *O tempo e o vento*, de *O deserto dos tártaros* e de *Madame Bovary*. Não há só um critério para definir boas histórias, embora haja alguns, eu acho, para caracterizar as ruins. Enfim, eis meu vício secreto: em última instância, o que me interessa mesmo é uma boa história, que pode ser tanto um policial de terceira categoria quanto um livro de espionagem de quarta, desde que haja personagens interessantes e que nem tudo seja chavão, mesmo que haja muitos ou que se possa rir deles. Há livros ruins muito bons...

A variedade da literatura é claramente grande, e meu gosto abrange quase tudo do pouco que pude ler (e espero ler muitas boas histórias quando me aposentar). Como curtir narrativas e não gostar de Dostoievski, seja pelo texto, seja pelos tipos e pelos discursos, ou ter alguma fissura por linguagem e não ficar meio possuído lendo Nelson Rodrigues, com suas repetições obsessivas e figuras que se parecem com os vizinhos, quando não são iguais a você? (E suas crônicas sobre futebol? Que inveja!). Como gostar de coisas bem feitas, de qualquer coisa bem feita, e não frequentar Borges pelo menos um pouco, para relembrar os problemas que seus narradores formulam a partir de tipos originalíssimos como Pierre Menard e Funes? E as histórias baseadas em livros que não existem?

Alguns livros eu li só por ter sido desafiado, como *Os sertões*, que não consegui deixar de lado, embora tivesse que ler escondido lá no meu Seminário, e *Memórias póstumas de Brás Cubas*, que me deu algum trabalho aos 15 anos, e ao qual volto de quando em quando, talvez por isso. A prosa aparentemente rasa de Machado primeiro me surpreendeu muito, e sempre me faz ler seus textos com uma espécie de lupa. Nenhum frêmito (o que outros textos provocam), mas como ele é bom, de outro jeito (os prazeres não são todos iguais, como deveria ser óbvio)! Devo confessar que se trata de um autor que (re)leio também levado pelo que se diz sobre ele. Releio os *Ensaios machadianos*, de Mattoso Câmara, e sempre lamento, entre outras coisas, que nenhum crítico literário cite esse livro, nem mesmo o citou por ocasião do centenário da morte do homem... Mas, como não sou mais aluno de ninguém, posso achar da crítica o que me dá na telha. *Ulisses* também eu só li por ter sido desafiado, para não dar o braço a torcer, e aceito numa boa que não é um livro feito para mim, ou, então, que eu não fui feito para ele.

Não sou bom leitor de poesia. Leio eventualmente antologias e textos esparsos. Somando tudo, não é tão pouco. De vez em quando me amarro em algum poeta e leio dele o que posso, mas não por muito tempo. Foi o que ocorreu recentemente com Manuel de Barros. Mas meu poeta é outro Manuel, o Bandeira.

Porque não quero, não posso nem tento ser crítico literário, leio sem levar em conta as teses de que tudo é intertexto (nem gosto mais de ouvir de novo que textos são tecidos...), de que livros são escritos sobre outros livros, que literatura fala e não fala da realidade, que obedece a convenções que são do campo, mas que têm tudo a ver com as sociedades e as épocas e os outros discursos, que a literatura, especialmente o romance, faz uma representação da língua (da plurilíngua) e por isso se escreve em *interlíngua(s)*, como tem dito Maingueneau. Li coisas sobre tudo isso e quase não posso esquecer disso quando leio romances, mas tento ler sem que isso me afete, exceto às vezes, quando quase esqueço da história para ver só o raso do texto, sua montagem.

Não leio como linguista, mas não posso deixar de ler como linguista. A não ser quando o texto é tão bom que não precise fazer isso, ou me distraio disso, e me esqueço do que sou e do que faço, para ser só leitor, o que me bastará um dia, espero.

Receitas escolares são frequentemente péssimas, mas como foi bom ser obrigado a ler listas de vestibulares – não como vestibulando, diga-se – e descobrir *Sibila*, de Augustina Beça Luis, e ler, finalmente, tão tarde, *O mulato*!

Ultimamente, ando lendo os policiais de Camilleri (que tipo, esse Salvo Montalbano!) e os duros romances de Bukowski. Tenho gostado demais. Dos dois. Por motivos completamente diversos.

■ Da infância à ciência: língua e literatura

Luiz Carlos Travaglia

Ainda na infância, a literatura me encantou, me conquistou: as histórias com suas tramas, os poemas com sua musicalidade, seu uso especial da linguagem, todos com uma precisão e um concretizar de fatos e sentimentos que a intuição apenas adivinhava. Acho que foi isso que me fez amar a língua e esse amor me fez querer e decidir ser professor de Língua Portuguesa. Já quando estava na quarta série do ginásio (hoje nono ano do ensino fundamental) tinha certeza de que queria ser professor... de Língua Portuguesa.

Sempre achei fascinante o dizer, os modos de dizer e nisto os literatos são os mestres; por isso acredito ser a literatura a grande responsável de eu ser professor de Língua Portuguesa.

Quem, além de um poeta poderia chamar a nossa língua de *última flor do Lácio inculta e bela*? Quem, além de Bandeira, poderia *ir embora pra Pasárgada... uma outra civilização*, para *andar de bicicleta, montar em burro brabo, subir em pau de sebo e tomar banho de mar*? E as múltiplas e até então inexploradas *veredas* da língua trilhadas por Guimarães Rosa com toda sua inventividade, causando surpresas e até "sustos" nos leitores acostumados aos torneios usuais da linguagem?

Viajando por entre as palavras mágicas de poetas, contistas, romancistas, seguindo os *riscos dos bordados*, subindo em *máquinas extraviadas*, tentando decifrar os *claros enigmas* ou descobrir a *lição das coisas*, fui percorrendo os *caminhos e descaminhos* da linguagem.

Aos poucos cresceu no meu conhecimento a gramática e a seguir a linguística com todas as suas correntes e disciplinas. Aumentou assim o meu entusiasmo pelas possibilidades expressionais da língua, sua relação com os recursos linguísticos e seu funcionamento em textos resultantes de sujeitos, de ideologias, de atividades e esferas de ação do ser humano concretizando modos/formas e objetivos de ação em tipos gêneros e espécies de textos. Mas o que une tudo é a língua e suas possibilidades significativas na interação entre os seres, nos efeitos de sentido que concretizam o dizer.

O que torna essa língua literatura? Difícil de dizer. Muitos tentaram e tentam até hoje. Todavia todos somos unânimes em perceber (ou é só o meu ponto de vista?) que não é o recurso linguístico que se usa ou o quanto se usa de um ou outro recurso, mas *é o engenho e arte* (o que é isso, Camões?), a beleza de dizer, numa espécie de magia, o que a alma sente, mas a boca ou a pena não dizem; o que a razão tenta esboçar, mas a que a ciência ainda não deu forma dizível.

Por isso a literatura é a porta de entrada e percepção de que a língua tem uma magia: a de dar forma e existência ao que sentimos e somos, ao que as relações grupais são, ao que e como o Universo é, os universos são.

Parece-me, pois, que primeiro a literatura nos faz sentir o que a língua é e pode, e, só depois, a gramática e a linguística nos possibilitam saber o que e como a língua é e o que ela pode.

Como, ser professor de Língua Portuguesa, gramático, linguista sem conhecer, explorar esse universo linguístico em perene ebulição chamado literatura?

A literatura concentra, converge, encontra possibilidades expressionais presentes na língua em todas as suas variedades escritas e orais. Além disso, explora possibilidades expressionais potenciais e seus efeitos. Retira da cartola em seu espetáculo mágico usos possíveis, mas nunca utilizados. Por essa característica, foi sempre campo de colheita farta para os estudos linguísticos. Mesmo atualmente, quando esses estudos linguísticos se acostumaram a observar, descrever e explicar os recursos da língua e seus usos nas variedades orais e escritas não literárias (como na imprensa falada e escrita, nos documentos orais e em todos os gêneros de todas as esferas de ação social ou comunidades discursivas), parece que a literatura continua a *Senhora* que nos mostra e aponta a magia da língua.

Pode-se até ser linguista sem um olhar para a literatura, mas ela nos dá sempre algo de novo, de criativo, de inusitado, que não teríamos sem sua presença. Tenho observado nas conferências, mesas redondas, comunicações e outras apresentações nos eventos acadêmico-científicos nas áreas de Letras e Linguística que há um interesse, uma vibração diferente quando usamos exemplos da literatura. Quero acreditar que é sempre aquele poder impressivo de sedução que despertou meu interesse pela língua e depois pelo seu estudo. É o fazer-nos sentir, perceber, entender que a língua é uma mágica que a humanidade criou talvez no curso de centenas de milhares ou de milhões de anos. Mágica que fez essa humanidade ser humanidade, diferenciando-se entre os animais, que a fez alçar-se dos pântanos e planícies às estrelas, que a fez sair das cavernas e habitar palácios, que lhe deu memória, que lhe deu espírito.

É por esse espírito que acredito que ser linguista ou gramático, ser professor de Língua Portuguesa tem mais brilho, mais sabor, mais verdade, mais possibilidade quando se acredita, mais ainda, quando se sabe que língua e literatura são uma só coisa e que a segunda é a primeira transformada em arte, que a literatura é o que há de mais livre, mais forte e, por que não dizer, de mais belo de tudo o que se pode fazer com a língua.

Gostaria de terminar evocando um poema de Adélia Prado, que me transporta para minha infância de filho de ferroviário, vizinho da linha do trem e dos livros de literatura, onde tudo começou:

> *Explicação de poesia sem ninguém pedir*
> Um trem de ferro é uma coisa mecânica,
> mas atravessa a noite, a madrugada, o dia,
> atravessou minha vida,
> virou só sentimento.[32]

NOTAS

[1] B. Brait (org.), *Bakhtin e o Círculo*, São Paulo, Contexto, 2009.

[2] R. Barthes, "Um belíssimo presente", em *O rumor da língua*, trad. Mário Laranjeiras, São Paulo, Martins Fontes, 2004, pp. 204-5 [parte IV: O amante de signos].

[3] B. Brait (org.), *Bakhtin, dialogismo e polifonia*, São Paulo, Contexto, 2009.

[4] R. Jakobson e K. Pomorska, *Diálogos*, trad. Elisa A. Kossovitch, São Paulo, Cultrix, 1985.

[5] Idem, p. 19.

[6] Número12, pp. 36-7.

[7] Jakobson e Pomorska, op. cit., p. 68.

[8] Idem, p. 72.

[9] Idem, p. 76.

[10] B. Brait, "Análise e teoria do discurso", em *Bakhtin*: outros conceitos-chave, São Paulo, Contexto, 2006, pp. 9-31.

[11] Não discutirei aqui a questão dos textos disputados, ou seja, das assinaturas simples ou duplas. Lembro apenas que Voloshinov, assim como os demais membros do Círculo, existiram e produziram textos de diferentes naturezas, com individualidade, mas reiterando temas que construíram o que se chama hoje "pensamento bakhtiniano".

[12] V. N. Vološinov, "Che cos'è il linguaggio?", em V. N. Vološinov, *Il linguaggio come pratica sociale*, a cura di Augusto Ponzio, Bari, Dedalo, 1980, pp. 61-94; V. N. Vološinov, "What is language?", em A. Shukman (ed.), *Bakhtin School papers. Russian Poetics Translation*, trad. Noel Owen. Somerton, Old School House, 1983, v. 10, pp. 93-113; V. N. Vološinov, e M. Bajtín, "Qué es el lenguaje?", em A. Silvestrie G. Blanck (orgs.), *Bajtín y Vigotski:* la organización semiótica de la conciencia, Barcelona, Antrhropos, 1993, pp. 217-43.

[13] As versões para o português foram todas feitas por mim, contrastando as edições consultadas.

[14] Vološinov, 1993, op. cit., p. 218.

[15] Idem, p. 220.

[16] Idem, p. 240.

[17] V. N. Vološinov, "La costruzione dell'enunciazione", em V. N. Vološinov, *Il linguaggio come pratica sociale*, a cura di Augusto Ponzio, Bari, Dedalo, 1980, pp. 95-134; V. N. Voloshinov, V. N. e M. Bakhtine, "La structure de l'énoncé", em T. Todorov, *Mikhail Bakhtine le principe dialogique, suivi de Écrits du Cercle de Bakhtin*, Paris, Du Seuil, 1981, pp. 287-315; V. N. Vološinov, "The construction of the Utterance", em A. Shukman (ed.), *Bakhtin School Papers. Russian Poetics Translation*, trad. Noel Owen, Somerton, Old School House, 1983, v. 10, pp.114-38; V. N. Voloshinov e M. Bajtín "La construcción de la enunciación", em A. Silvestri e G. Blanck, *Bajtín y Vigotski:* la organización semiótica de la conciencia, Barcelona, Antrhropos, 1993, pp. 245-76.

[18] V. N. Vološinov, "La parola e la sua funzione sociale", em V. N. Vološinov, *Il linguaggio come pratica sociale*, a cura di Augusto Ponzio, Bari, Dedalo, 1980, pp. 135-64; V. N. VOLOSHINOV, "The word and its social function", em A. SHUKMAN (ed.), *Bakhtin School Papers. Russian Poetics Translation*, trad. Joe Andrew, Somerton, Old School House, 1983, v. 10, pp. 139-52.

19 N. Gogol, *Almas mortas*, trad. Tatiana Belinky, São Paulo, Perspectiva, 2008.
20 B. Schnaiderman, apud Gogol, 2008.
21 Voloshinov, 1993, op. cit., p. 245.
22 Idem.
23 Idem, p. 246.
24 Idem, p. 264.
25 Gogol, op. cit., pp. 81-2.
26 Idem, pp. 157-8.
27 Voloshinov, 1993, op. cit., p. 266.
28 Gogol, op. cit., pp. 332-3.
29 José Alencar, *Sonhos d'ouro*, 7. ed., Rio de Janeiro, José Olympio, 1977, p. 168; Carlos Drummond de Andrade, "Suas cartas", em *Poesia completa e prosa – Confissões de Minas*, 4 ed., Rio de Janeiro, Nova Aguilar, 1977.
30 Esse livro não tem tradução em português, foi escrito em francês no original, embora o autor seja americano. Trata das reações do autor quando colocado em contato com as sonoridades de sua língua materna – o inglês – e, sobretudo, quando se defronta com a voz de sua mãe.
31 Louis Wolfson, *Le schizo et les langues*, Paris, Gallimard, 1970, p. 245.
32 Adélia Prado, *Poesia reunida*, São Paulo, Siciliano, 1991, p. 48.

Bibliografia

Alencar, José de (1872/1977). *Sonhos d'ouro*. 7. ed. Rio de Janeiro: José Olympio, 1977.

Andrade, Carlos Drummond de. Suas cartas. *Poesia completa e prosa – Confissões de Minas*. 4. ed. Rio de Janeiro: Nova Aguilar, 1977.

Barthes, R. Um belíssimo presente. *O rumor da língua*. Trad. Mário Laranjeiras. São Paulo: Martins Fontes, 2004, pp. 204-5 [parte iv: O amante de signos].

Brait, B. Análise e teoria do discurso. *Bakhtin*: outros conceitos-chave. São Paulo: Contexto, 2006, pp. 9-31.

_____. (org.) *Bakhtin e o Círculo*. São Paulo: Contexto, 2009.

_____. (org.) *Bakhtin, dialogismo e polifonia*. São Paulo: Contexto, 2009.

Gogol, N. *Almas mortas*. Trad. Tatiana Belinky. São Paulo: Perspectiva, 2008.

Jakobson, R.; Pomorska, K. *Diálogos*. Trad. Elisa A. Kossovitch. São Paulo: Cultrix, 1985.

Prado, Adélia. *Poesia reunida*. São Paulo: Siciliano, 1991.

Vološinov, V. N. Che cos'è il linguaggio? In: Vološinov, V. N. *Il linguaggio come pratica sociale*. A cura di Augusto Ponzio. Bari: Dedalo, 1980, pp. 61-94.

_____. What is language? In: Shukman, A. (ed.). *Bakhtin School papers. Russian Poetics Translation*. Trad. Noel Owen. Somerton: Old School House, 1983, v. 10, pp. 93-113.

_____. La costruzione dell'enunciazione. In: Vološinov, V. N. *Il linguaggio come pratica sociale*. A cura di Augusto Ponzio. Bari: Dedalo, 1980, pp. 95-134.

_____. The construction of the Utterance. In: Shukman, a. (ed.). *Bakhtin School Papers. Russian Poetics Translation*. Trad. Noel Owen. Somerton: Old School House, 1983, v. 10, pp. 114-38.

_____; Bajtín, M. Qué es el lenguage?. In: Silvestri, A.; Blanck, G. (org.). *Bajtín y Vigotski: la organización semiótica de la conciencia*. Barcelona: Antrhropos, 1993, pp. 217-43.

_____; _____. La structure de l'énoncé. In: Todorov, t. *Mikhail Bakhtine le principe dialogique, suivi de Écrits du Cercle de Bakhtin*. Paris: Du Seuil, 1981, pp. 287-315.

Escritores enfrentam
e mostram a língua

Texto é antes de tudo (ou depois de tudo) essa longa operação
através da qual um autor (um sujeito enunciador) descobre
(ou faz o leitor descobrir) a inidentificabilidade *de sua palavra*
e chega à substituição do eu falo *pelo* isto fala.
Roland Barthes

Quem não vê bem uma palavra não pode ver bem uma alma.
Fernando Pessoa

A literatura é um lugar estratégico, ainda que não seja o único, para a observação das relações entre linguagem cotidiana e criatividade. Ela constitui uma das possibilidades de exploração da língua, como forma criativa e atuante de mobilização de palavras e estruturas linguísticas, apontando para inúmeros fins, para diferentes propósitos. Artisticamente arquitetado, o texto literário é objeto de estudo de diversas vertentes das teorias literárias e linguísticas, as quais têm contribuído para caracterizar a natureza diferenciada das articulações língua-literatura, pontuando as mudanças de acordo com diferentes momentos históricos, povos, línguas, culturas, variantes culturais e linguísticas dentro de um mesmo país. Apesar de todas as diferenças e da riqueza representada pela multiplicidade de gêneros, conteúdos, finalidades, fazer literário e fazer poético aparecem como construções em que a língua, escrita ou oral, é mobilizada e explorada para expressar e justificar a existência humana.

Neste capítulo, três escritores brasileiros mostram alguns de seus criativos embates com a linguagem: Graciliano Ramos (1892-1953), João Guimarães Rosa (1908-1967) e Roberto Gomes (1944). O primeiro se deixa surpreender em momento de *angústia* em relação ao acabamento de uma de suas obras.[1] O segundo enfrenta de maneira sensível, e por vezes humorada, interações em que nuances de linguagem revelam poderes e mistérios da construção de sentidos.[2] O terceiro escreveu, especialmente para este livro, um depoimento de seu divertido caminho entre a aprendizagem da língua e a sedução pela literatura.

ESCREVER, ARGUMENTAR, SEDUZIR

Diante de um grande escritor como Graciliano Ramos, muitas coisas podem ser sugeridas e apresentadas ao leitor, que muito aprenderá com seus escritos. Uma delas é a relação de quem escreve com a língua e com o texto como um todo. Nós mortais temos a impressão de que os escritores nascem sabendo escrever bem: seus textos saltam prontos da imaginação privilegiada para as páginas impressas de um livro. Por mais que eles insistam em afirmar que escrever significa mais transpiração que inspiração, que o processo é um eterno *pisar em grilos*, exigindo rigorosa disciplina, ficamos com a sensação de que isso tudo só vale para os que não nasceram escritores. Para poetas e prosadores é suficiente preencher folhas brancas com palavras, frases, parágrafos que, magicamente, materializam histórias, personagens, espaços, paisagens, mundos cativantes. Nada de releituras, emendas, trocas de palavras, eliminação de excessos, inclusão de trechos, correção de deslizes.

Ledo engano. A atividade da escrita é um processo trabalhoso, exigindo de seu empreendedor bem mais que talento. Independentemente de sua finalidade, escrever requer observação, conhecimentos, vivência, pesquisa, planejamento, consciência das formas de circulação, muita paciência e, consequentemente, leituras, releituras, construção e reconstrução. Com os grandes escritores, podemos identificar parte dos esforços exigidos por essa atividade, surpreendendo alguns momentos em que eles demonstram a forte e ambígua relação que mantêm com seus textos, expondo a maneira como administram os detalhes que envolvem a escritura e, também, após a publicação, o interesse pelas formas de recepção. E essas exposições entreabrem uma fresta para que os demais *escreventes* conheçam alguns percursos e percalços do escrever, do dar acabamento a um texto, das formas de vê-lo correr mundo.

Em meio a muitos está Graciliano Ramos, escritor brasileiro famoso por sua contundente literatura e pela maneira rigorosa como tratava seus originais, submetendo-os a "revisões impiedosas". Em *Memórias do cárcere*, conjunto de quatro volumes publicados postumamente, Graciliano relata suas agruras na prisão e, dentre elas, a preocupação com o acabamento e a publicação de um de seus textos. Aqui estão recuperados alguns trechos do capítulo 14, do 4º volume.

> *Memórias do cárcere*
>
> Enfim o romance encrencado veio a lume, brochura feia de capa azul. [...] A leitura me revelou coisas medonhas: pontuação errada, lacunas, trocas horríveis de palavras. A datilógrafa, o linotipista, e o revisor tinham feito no livro sérios estragos. Onde eu escrevera *opinião pública*, havia *polícia*, *remorsos* em vez de *rumores*. [...] Contudo alguns leitores fizeram vista grossa aos defeitos e me condenaram firmes o pessimismo. [...]
>
> Que diria o homem rigoroso das minhas vírgulas, deslocadas na tipografia e na revisão, a separar sujeitos de verbos, estupidamente?
>
> Vi nos jornais cinco ou seis colunas a respeito do caso triste, em geral favoráveis. Não diziam grande coisa. Limitavam-se a jogar louvores fáceis, pareciam temer ferir-me apontando os erros, como se fosse um estreante, e desviavam-se da matéria. Arriscara-me a fixar a decadência da família rural, a ruína da burguesia, a imprensa corrupta, a malandragem política, e atrevera-me a estudar a loucura e o crime. Ninguém tratava disso, referiam-se a um drama sentimental e besta em cidade pequena. Admirou-me depois o excessivo número de críticas à minha história sombria, e espantei-me de vê-la bem aceita e reproduzida, mas ali na cadeia apenas me surgiu a meia dúzia de artigos.[3]

Nesses excertos, Graciliano Ramos refere-se a *Angústia*, obra que conheceu um longo período entre o início da escritura, 1925, e a publicação em 1936. Os qualificativos *encrencado* e *feia*, que aparecem na sequência "romance encrenca-do/brochura feia de capa azul", indicam uma reação negativa do autor diante do resultado final da obra. O primeiro, *encrencado*, remete à longa história da publicação e o segundo, *feia*, à aparência indesejada depois da longa incubação.

E as reclamações não acabam no primeiro contato: os descontentamentos do escritor reiteram-se a partir da leitura da obra. Considerando-se o trecho "coisas medonhas: pontuação errada, lacunas, trocas horríveis de palavras", o adjetivo *encrencado* assume significado mais amplo, dizendo respeito ao texto enquanto materialidade linguística. Por uma série de circunstâncias, Graciliano não pode fazer sua rigorosa revisão antes do romance ser impresso. Sem esse procedimento, identifica imediatamente erros que, a seu ver, desqualificam a obra. Segundo ele, "A datilógrafa, o linotipista e o revisor tinham feito no livro sérios estragos. Onde eu escrevera *opinião pública* havia *polícia*; *remorsos* em vez de *rumores*".

Nesse sentido, é curioso observar que a publicação de um texto envolve, em diferentes momentos históricos, diferentes protagonistas. No caso de um texto da década de 1930, além do manuscrito do autor, o texto passava pela datilógrafa, pelo linotipista e pelo revisor, todos, intencionalmente ou não, parceiros do acabamento do texto, para o bem e para o mal. Hoje, mesmo com o computador e quase sem *manuscritos*, as coisas não são muito diferentes: além do escrever, reescrever, recortar e colar do autor, participam do acabamento de um texto, ao menos um editor e um revisor, garantindo adequação ao projeto editorial. Mas, de fato, a imagem que o texto projeta é a de um autor, garantida não apenas pela assinatura, mas especialmente pelo texto. Os demais participantes são invisíveis, inacessíveis aos leitores.

No processo de avaliação do romance, podemos perceber a voz de Graciliano Ramos estabelecendo identificação entre o autor, aquele que assinou a obra, e o texto acabado. A imagem do autor, para ele, é aquela produzida pelo texto. Se o texto tem erros, é a imagem do autor que fica afetada, e não a da datilógrafa, do linotipista ou do revisor. Entretanto, sua voz não é a única a ser levada em conta, já que o livro envolve, a partir de sua publicação, novos e decisivos personagens: os leitores. Ele introduz, por essa razão, primeiramente a voz dos leitores que, nesse caso e segundo sua interpretação, fingiram não ver, não perceber, não se importar com os defeitos identificados por ele. Num certo sentido, a voz dos leitores relativiza a severidade de suas críticas, mas não as anula. E aí a expressão *vista grossa* é muito importante. Ela permite que a posição do autor seja mantida, considerada como a de um leitor exigente, e, concomitantemente, sinaliza leituras que saltaram os defeitos e destacaram outros aspectos da obra.

Se os primeiros leitores escolhidos foram os que fizeram *vista grossa* aos defeitos, a preocupação declarada de Graciliano é com outros leitores, ou seja, com diferentes níveis de recepção a que uma obra se submete. Isso ocorre ao longo de todo o capítulo 14 e especialmente quando ele introduz outro tipo de leitor, cuja voz se diferencia das demais: o rigoroso, o diplomado, a autoridade intransigente e respeitada. Aqui, ele se refere diretamente a um personagem de suas memórias, denominado Castro Rebelo: "Atezanava-me a ideia de ver Castro Rebelo, catedrático exigente, folhear a brochura, erguer os ombros, fungar um risinho de escárnio". Essa voz de autoridade, ele coloca no mesmo tom da sua.

O coro de vozes evocadas pelo autor para conhecer a recepção de *Angústia* é acrescido da dos críticos de jornal: "Vi nos jornais cinco ou seis colunas [...] desviavam-se da matéria". No momento que apresenta o veredicto desses leitores profissionais, reforça sua posição de que o livro tem problemas, utilizando a expressão "caso triste". Essa designação serve de contraponto aos textos favoráveis da imprensa e, de certa forma, induz à desqualificação da voz da mídia. Na opinião de Graciliano, as avaliações eram superficiais, limitando-se a "jogar louvores fáceis", sem apontar para os pontos essenciais da obra.

Apresentadas as vozes de diferentes segmentos de leitores, sempre tendo como parâmetro a sua própria voz, o autor coloca mais uma vez sua posição em relação a *Angústia*, agora como crítico capaz de apresentar as qualidades que a diversificada recepção não conseguiu perceber: "Arriscara-me a fixar a decadência da família rural, a ruína da burguesia, a imprensa corrupta, a malandragem política, e atrevera-me a estudar a loucura e o crime". Em apenas um período, resume sua postura de escritor corajoso, autor de uma obra crítica em relação à sociedade, à imprensa, à política e, ainda, de estudioso do crime e da loucura.

Observe-se a sequência de termos escolhidos para traduzir a radicalidade ficcional: *decadência, ruína, corrupta, malandragem*. Também os verbos *arriscar* e *atrever*, por sua carga semântica indicativa de ousadia, por sua reflexividade e pelo mais-que-perfeito, funcionam como oposição aberta às leituras apresentadas.

No trecho "Ninguém tratava disso, referiam-se a um drama sentimental e besta", as leituras da imprensa são colocadas, pelo uso do termo *ninguém*, no mesmo patamar e reduzidas a uma única percepção superficial. Curiosamente, aquilo que é valorizado pela imprensa é enunciado pelo autor como "drama sentimental e besta", contrariando a ousadia de *Angústia*, definido por ele como o estudo do crime e da loucura dentro de uma sociedade decadente.

O conjunto das vozes acaba por mostrar Graciliano Ramos como um excelente maestro, mesmo em textos não ficcionais. Ao articular as vozes, dá ênfase a dois eixos em que se sobressai: a que aponta para os erros perfeitamente sanáveis em outras edições da mesma obra e àquela que destaca a importância

Literatura e outras linguagens

social e literária do romance. Como se vê, mesmo a obra caindo no mundo, se o autor puder, ele ainda tenta interferir em seu acabamento e recepção, como qualquer mortal.

Outro escritor brasileiro que também fazia e refazia muitas vezes seus textos é João Guimarães Rosa, revelando, como seu colega Graciliano Ramos, cuidados especiais com a língua portuguesa, com a linguagem que o distinguiria de todos os outros escritores. A seguir, quatro de seus textos revelam suas preocupações e realizações *linguísticas*.

TROPEÇOS E TRAPAÇAS

Como é que nos entendemos? Falar e escrever a mesma língua garante exatamente o quê? Alguém poderia lembrar que a existência de uma língua só se concretiza nos embates diários entre falantes, ouvintes, escreventes, leitores. A cada momento em que esses sujeitos produzem linguagem, oral ou escrita, também são por ela constituídos e participam como interlocutores de um evento interativo em que o conflito, a tensão entre valores, é a marca essencial. Vale a pena lembrar que João Guimarães Rosa, em grande parte de seus textos, expõe essas tensões, sempre vitais, carregadas das especificidades de uma dada situação, de um dado contexto histórico, cultural, apontando para uma das particularidades da condição humana: entre a vida e a linguagem não há álibi possível.

Num dos contos mais conhecidos e divertidos do autor, com a maestria de quem conta uma anedota sertaneja, ele elabora, a partir da ambiguidade de uma palavra e do duelo dialógico por ela instaurado, uma verdadeira teoria da linguagem. "Famigerado", título e objeto do conto, é a segunda narrativa da obra *Primeiras estórias*. Pela perspectiva de um dos interlocutores (personagem, narrador, letrado) e pela reconstrução da poética linguagem de um ex-cangaceiro, esse texto encena um caminho que vai da identificação de uma palavra da língua portuguesa à sua condição de arma poderosa, fio de navalha ideologicamente afiada.

Se a condição histórica de *letrado* versus *iletrado* já foi apontada como uma das fortes temáticas da literatura brasileira, aí incluída a produção de Guimarães Rosa, o conto "Famigerado" é um lugar privilegiado, no qual é possível enxergar o rico movimento de formas linguísticas e das funções por elas desempenhadas em ao menos duas interações: a do narrador personagem com o ex-cangaceiro, e a do narrador com seus leitores. A dupla face do evento, oral e escrito, permitida pela natureza da ficção, pode ser observada no manejo do léxico, centro do conflito, mas também em várias outras instâncias, caso dos sinais gráficos, das interjeições, do imaginário em torno da língua, do saber linguístico, dos universos que impulsionam um diálogo. Cada palavra responde a anteriores, explícitas ou não, provoca novas, mobiliza valores em conflito. Um excerto da narrativa possibilitará a apreensão do que se objetiva aqui, mas somente a leitura do todo poderá dar ao leitor o prazer do texto e o contexto que abriga esses aspectos.

Famigerado

– Eu vim preguntar a vosmecê uma opinião sua explicada... [...]

– Vosmecê é que não me conhece. Damázio, dos Siqueiras... Estou vindo da Serra... [...]

– Vosmecê agora me faça a boa obra de querer me ensinar o que é mesmo que é: **fasmisgerado... faz-me-gerado... falmisgeraldo...familhas-gerado...?** [...]

– Saiba vosmecê que saí ind'hoje da Serra, que vim, sem parar, essas seis léguas, expresso direto pra mor de lhe preguntar a pergunta, pelo claro... [...]

– Lá, e por estes meios de caminho, tem nenhum ninguém ciente, nem tem o legítimo – o livro que aprende as palavras... É gente pra informação torta, por se fingirem de menos ignorâncias... Só se o padre, no São Ão, capaz, mas com padres não me dou: eles logo engambelam. A bem. Agora, se me faz mecê, vosmecê me fale, no pau da peroba, no aperfeiçoado: o que é que é, o que já lhe preguntei? [...]

– **Famigerado?**

– Sim senhor... – e, alto, repetiu, vezes, o termo, enfim nos vermelhões da raiva, sua voz fora de foco.

– **Famigerado?** [...]

– Vosmecê declare. Esses aí são de nada não. São da Serra. Só vieram comigo, pra testemunho... [...]

– **Famigerado** é inóxio, é "célebre", "notório", "notável"...

– Vosmecê mal não veja em minha grossaria no não entender. Mais me diga: é desaforado? É caçoável? É de arrenegar? Farsância? Nome de ofensa?

– Vilta nenhuma, nenhum doesto. São expressões neutras, de outros usos...

– Pois... e o que é que é, em fala de pobre, linguagem de em dia de semana?

– **Famigerado?** Bem. É "importante", que merece louvor, respeito...

– Vosmecê agarante, pra a paz das mães, mão na Escritura? [...]

– Olhe: eu, como o senhor me vê, com vantagens, hum, o que eu queria uma hora destas era ser famigerado-bem famigerado, o mais que pudesse...[4]

Antes da primeira manifestação verbal – "Eu vim preguntar a vosmecê uma opinião sua explicada..." –, o narrador descreve minuciosamente a chegada de um grupo de cavaleiros à sua porta, o inusitado da situação e seus cuidados para avaliar, pelo olhar, qual deveria ser seu comportamento. Considerando a vestimenta, as armas prontas para o uso e o não cumprimento dos ritos interativos sertanejos – descer do cavalo, tirar o chapéu, entrar –, ele imagina uma situação de violência.

O verbo *preguntar*, forma arcaica de perguntar, e o tratamento moderado de respeito representado por *vosmecê*, termos ainda usados em algumas regiões rurais brasileiras, revelam a condição sociocultural do visitante e, juntamente com *opinião sua explicada*, qualificam o narrador-personagem como conselheiro e não adversário. Mesmo assim o narrador não se aquieta. Ao contrário, continua alerta, organizando-se. Quando o visitante se apresenta e diz de onde veio, reconhece o ex-cangaceiro e acompanha ainda mais detidamente sua fala, seus gestos, seus olhares, armando-se para o evento em curso.

Mantendo o tom respeitoso e colocando-se como aprendiz, o visitante formula a pergunta, razão de sua presença: "Vosmecê agora me faça a boa obra de querer me ensinar o que é mesmo que é: fasmisgerado... faz-me-gerado... falmisgeraldo...familhas-gerado...?"

A maneira como se expressa, tateando as sequências sonoras, demonstra que ele não foi somente buscar o significado de uma palavra. Mais que isso, foi recuperar um plano de expressão que não encontrou respaldo em seu vocabulário, mas que motivou aproximações sonoras cujas significações pareciam apontar para um campo semântico ligado à honra: *família, gerado, geraldo*. A aparente dúvida linguística revela-se bem mais ampla: coloca-se em xeque um universo de valores.

A condição de letrado e o domínio da norma culta possibilitam ao médico, pela instauração da palavra *famigerado*, reverter em parte a situação, percebida como adversa. Para assumir gradativamente a condução do evento, não responde de maneira assertiva, direta: profere a palavra três vezes em forma de pergunta: "Famigerado?/ famigerado?/ famigerado?".

Na primeira, obtém do outro a repetição: o temido interlocutor apropria-se do plano de expressão, do significante da palavra, repetindo-o muitas vezes. Aí sim, faz o pedido de *declaração* do significado. Como resposta, o médico oferece quatro sinônimos, todos pertencentes a um campo semântico inacessível ao interlocutor, acirrando o embate de valores, de qualificação dos sujeitos: "Famigerado é inóxio, é 'célebre', 'notório', 'notável'...".

É curioso observar que, já na primeira resposta, o narrador começa a acenar para o leitor o jogo de ambiguidades que conduzirá seu procedimento linguístico e manipulatório. A palavra **famigerado** aparece em negrito e os termos *célebre*, *notório*, *notável*, diferentemente de *inóxio*, são colocados entre aspas, indicando a possibilidade de, no mínimo, uma dupla leitura: qualificativos referentes a ações positivas ou negativas. Isso naturalmente, valendo apenas para a interação com o leitor.

Mantendo o tom respeitoso, pelo pronome de tratamento e pela formulação da frase, quase se desculpando pelo desconhecimento, o *ex-cangaceiro* apresenta, também sob a forma de pergunta, os termos aos quais associou a palavra, indicando claramente sua desconfiança de xingamento, de ofensa maior ligada à mãe, de palavra que atacando a honra o faria voltar à condição de matador: "Vosmecê mal não veja em minha grossaria no não entender. Mais me diga: é desaforado? É caçoável? É de arrenegar? Farsância? Nome de ofensa?".

O duelo linguístico, o jogo interativo, equipara os interlocutores, aumentando a tensão, expondo os valores lançados na arena. Mais uma vez o narrador afirma o caráter positivo da palavra: "Vilta nenhuma, nenhum doesto. São expressões neutras, de outros usos...".

Ainda sem entender e expondo belíssima e metaforicamente sua condição social e linguística – pobre e praticante da linguagem de em dia de semana –, o ex-cangaceiro exige o significado afiançado pela honra e pela fé: "Pois... e o que é que é, em fala de pobre, linguagem de em dia de semana?" [...] – Famigerado? Bem. É "importante", que merece louvor, respeito...; "Vosmecê agarante, pra a paz das mães, mão na Escritura?" [...].

Sem saída, o médico desfere o golpe final. Invertendo os papéis e jogando com a ambiguidade da situação e do termo, arvora para si o desejo de, naquele momento, ser *famigerado-bem famigerado*: "Olhe: eu, como o senhor me vê, com vantagens, hum, o que eu queria uma hora destas era ser famigerado-bem famigerado, o mais que pudesse...".

Observe-se que, no final, obtém-se uma nova palavra, gerada pelo evento discursivo, pela interação. O sentido negativo de *famigerado/conhecido pela má fama* imaginado pelo ex-cangaceiro como sendo o que o homem do governo lhe atribuiu, é o que é assumido pelo médico. Ao assumir-se como *famigerado*, nome + corpo, concedeu inteira tranquilidade ao interlocutor que compreendeu famigerado, uma vez assumido por uma autoridade, com uma dimensão positivas: pessoa de respeito. A interjeição *hum* modaliza negativamente *vantagens* e funciona como mais uma piscadela para o leitor, qualificado para compreender a manipulação linguística, interativa, vital.

Literatura e outras linguagens

A beleza do texto está, dentre muitas outras coisas, na capacidade de João Guimarães Rosa expor a língua, num detalhe aparentemente jocoso, como movimento de valores, como tensão entre diferenças.

Em outro texto, também um termo é motivo para a exposição de ricos movimentos da língua. Trata-se de *hipotrélico*, título de um dos quatro prefácios pertencentes à obra *Tutameia: terceiras estórias*, discutido a seguir.

CRIAÇÃO *VERSUS* PURISMO

Não por acaso, o *fabuloso* e *fabulista* João Guimarães Rosa é criador de um vasto campo para a constatação de que literatura é um bom lugar para se observar relações entre linguagem cotidiana e criatividade. Em diversos momentos de sua obra, narradores e personagens podem ser flagrados em enfrentamentos metalinguísticos, em batalhas criativas, e por vezes muito divertidas, voltadas para questões linguísticas, para as diversidades da fala e da escrita, para atitudes dos falantes diante dos usos da língua, para as fortes relações existentes entre língua/sociedade/cultura.

Criador irônico, narrador quase linguista, quase filólogo, a um triz do gramático, é assim que João Guimarães Rosa vai se presentificar em "Hipotrélico", um dos quatro prefácios pertencentes à obra *Tutameia: terceiras estórias*. Trata-se de um conto-prefácio em que se discute, pelo avesso, o direito à criação de palavras, à prática de neologismos, ao bisbilhotar meandros e virtualidades da língua e, como consequência, a inoportuna e incoerente existência dos puristas.

> *Hipotrélico*
>
> Há o hipotrélico. O termo é novo, de impesquisada origem e ainda sem definição que lhe apanhe em todas as pétalas o significado. Sabe-se, só, que vem do bom português. Para a prática, tome-se hipotrélico querendo dizer: antipodático, sengraçante imprizido; ou, talvez, vice-dito: indivíduo pedante, importuno agudo, falto de respeito com a opinião alheia. Sob mais que, tratando-se de palavra inventada, e, como adiante se verá, embirrando o hipotrélico em não tolerar neologismos, começa ele por se negar nominalmente a própria existência.
>
> Somos todos, neste ponto, um tento ou cento hipotrélicos? Salvo o excepto, um neologismo contunde, confunde, quase ofende. Perspica-nos a inércia que soneja em cada canto do espírito, e que se refestela com os bons hábitos estadados. Se é que um não se assuste: saia todo mundo a empinar vocábulos seus, e aonde é que se vai dar com a língua tida e herdada? Assenta-nos bem à modéstia achar que o novo não valerá o velho; ajusta-se à melhor prudência relegar o progresso ao passado. [...]

50

Já outro, contudo, respeitável, é o caso – enfim – de "hipotrélico", motivo e base desta fábula diversa, e que vem do bom português. O bom português, homem-de-bem e muitíssimo inteligente, mas que, quando ou quando, neologizava, segundo suas necessidades íntimas.

Ora, pois, numa roda, dizia ele, de algum sicrano, terceiro, ausente:

– *E ele é muito hiputrélico...*

Ao que o indesejável maçante, não se contendo, emitiu o veto:

– *Olhe, meu amigo, essa palavra não existe.*

Parou o bom português, a olhá-lo, seu tanto perplexo:

– *Como ?! ... Ora.... Pois se eu a estou a dizer?*

– *É. Mas não existe.*

Aí, o bom português, ainda meio enfigadado, mas no tom já feliz da descoberta, e apontando para o outro, peremptório:

– *O senhor também é hiputrélico...*

E ficou havendo.[5]

Para definir o estranho termo, o narrador realiza uma *antidefinição*, no sentido da clareza e da tradução esperada em relação, por exemplo, a um verbete de dicionário: "tome-se hipotrélico querendo dizer: antipodático, sengraçante imprizido; ou, talvez, vice-dito: indivíduo pedante, importuno agudo, falto de respeito com a opinião alheia".

Inicia, a partir daí, uma operação metalinguística humorada, irônica, formada por expressões, construções linguísticas, designações que, motivadas pela singularidade do termo a ser definido e pelo propósito da narrativa, constituem elas mesmas singularidades, *extravagâncias linguísticas*. Por outro lado, juntam-se aos termos desconhecidos, de pouco uso ou inventados, palavras e expressões de uso corrente, perfeitamente reconhecíveis. Esse jogo movimentado entre formas, significados, sentidos que vão sendo construídos a partir do conjunto do texto, em que o novo e o velho se misturam para atestar a produtividade da língua, caracterizam a posição do narrador/autor diante do vernáculo.

Na sequência "embirrando o hipotrélico em não tolerar neologismos, começa ele por se negar nominalmente a própria existência", *hipotrélico* funciona como designação de purista, daquele que não tolera neologismos, palavras novas. A força e o estranhamento causados pelo neologismo, pela palavra inventada, é nesse conto-prefácio a forma encontrada pelo escritor para designar, ironicamente, uma postura reacionária, intolerante diante da língua, de sua criatividade, de suas mudanças. É o feitiço virado contra o feiticeiro, nas malhas tecidas pela língua: a intolerância, dada a natureza contrária à produtividade da língua, só pode ser designada por uma palavra inventada que, ao ser negada pelo sujeito designado, coloca-o como agente de uma ação suicida – *começa ele por se negar.*

Com a afirmativa de que *hipotrélico* vem "do bom português" – "Sabe-se, só, que vem do bom português; O bom português, homem de bem e muitíssimo inteligente, mas que, quando ou quando, neologizava", o narrador simula a postura de um purista, ou seja, aquele que considera a existência dicotômica entre o *bom* e o *mau* português e que, consequentemente, acha-se no direito de estabelecer a língua que deve ser preservada e congelada num certo estágio, combatendo os *falares nocivos* que deturpam esse momento ideal. Entretanto, no final da narrativa, outro significado é dado à expressão, desqualificando humoradamente o guardião da língua. O bom português não se refere à língua, mas a um falante que inventa palavras, comete neologismos.

Com muita ironia e malícia, o autor se coloca no papel de quem combate o "vezo de palavrizar", utilizando argumentos usados contra ele enquanto escritor/inventor e deixando à vista as inconsequências e a falta de criatividade dos que se colocam diante da língua como puristas: "um neologismo contunde, confunde, quase ofende; *"Olhe, meu amigo, essa palavra não existe; O senhor também é hiputrélico... E ficou havendo"*. A partir de uma suposta discussão em torno do termo *hipotrélico*, simula a postura de um empedernido defensor do *status quo* da língua e que, por designação neológica, é um *hipotrélico*.

Ao longo da narrativa, levantam-se perspectivas diante da criação de palavras, incluindo o fato de que "no sem-tempo quotidiano, não nos lembremos das e muitíssimas que foram fabricadas [...] já hoje viradas naturais, com o fácil e jeito e unto de espontâneas, conforme o longo uso as sovou". A discussão reflete um ponto de vista sobre as virtualidades da língua e os estrangeirismos, demonstrando que legislar sobre a língua para intervir no uso, com argumentos de força, mais que uma incoerência e uma inutilidade, um suicídio.

Nesse texto, o arguto observador da língua, e das relações que falantes de diversos estatutos mantêm com ela, voltou sua certeira e humorada pontaria para os neologismos. No próximo, à moda de um linguista, ele se volta para outra língua que não a sua, tentando desvendar-lhe o funcionamento.

O ESCRITOR ESCUTA OS ÍNDIOS

João Guimarães Rosa foi, como se sabe, um incansável observador de línguas. Não apenas da sua, a língua portuguesa em suas variantes modernas e arcaicas, mas também de outras que, pelas mais diversas circunstâncias de sua vida de viajante, lhe chegavam ao ouvido e às retinas. Essa rica e sensível ligação com a linguagem deixou marcas profundas em seu estilo, conforme comprovam suas obras. Mas a curiosidade aguda em relação às línguas resultou, também, em momentos de reflexão explícita. Numa delas, o escritor deixa aflorar um quase linguista, observando com lupa a língua escutada ou lida, ensaiando a descrição de suas características, tentando entendê-la enquanto organização gramatical, enquanto universo de sentidos.

O texto "Uns índios (sua fala)" é um desses momentos. Publicado pela primeira vez em 25/5/1954 em *Letras e Artes*, suplemento do jornal *A Manhã*, está incluído em *Ave, palavra*, obra póstuma que, nos originais, estava definida pelo escritor como *miscelânea*, por nela estarem reunidos diários, poesias, contos, notas de viagem, dentre outros tantos *gêneros* que constituíram a colaboração de Rosa, durante vinte anos (1947 a 1967), em revistas e jornais brasileiros.

Nessa narrativa, o objeto é a curiosa e fracassada experiência de tentar compreender determinado aspecto de uma língua indígena brasileira a partir de alguns traços de sua sintaxe, de sua formação de palavras, considerando o que pareceu ao narrador/autor um processo seguro de segmentação de termos e descoberta da lógica da significação.

Mesmo com seu desabafo final de incapacidade para *poder saber exato o sentido*, querer compreender a língua *fugida pelos fundos da lógica*, a história é mais um curioso e bem urdido exemplo de como a literatura pode revelar, tematicamente, interessantes aspectos de uma língua, de suas formas de organização, de seus misteriosos laços com a vida e com os falantes, aspectos nem sempre decifráveis pela lógica analítica.

Apesar da frustrada empreitada linguística, o texto discute os fortes laços existentes entre língua e cultura, situando a impossibilidade, num determinado estágio de civilização de um povo, como o caso dos Terenos aí focalizados, de se guardar a memória total das formas da língua. Viva, ela acompanha os caminhos desse povo e deixa para a memória dos tempos os significados que vão sendo substituídos, ampliados, modificados. Ou os que permanecessem sem que se possa dar conta de seu "exato sentido", como queria o narrador. Os excertos transcritos a seguir, para dar uma ideia da empreitada do autor, não dispensam a leitura integral do texto com todos os detalhes das pesquisas do autor junto aos falantes da língua observada.

Uns índios (sua fala)

Refiro-me, em Mato Grosso, aos Terenos, povo meridional dos Aruaks. Logo desde Campo Grande eles aparecem. [...] Urbanizados, vestidos como nós, calçando meias e sapatos, saem de uma tribo secularmente ganha para o civil [...].

Conversei primeiro com dois, moços e binomados: um se chamava U-la-lá, e também Pedrinho; o outro era Hó-ye-nó, isto é Cecílio. Conversa pouca.

A surpresa que me deram foi ao escutá-los coloquiar entre si, em seu rápido, ríspido idioma. Uma língua não propriamente gutural, não guarani, não nasal, não cantada; mas firme, contida, oclusiva e sem molezas – língua para gente enérgica e terra fria. Entrava-me e saía pelos ouvidos aquela individida extensão de som, fio crespo, em articulação soprada; e espantava-me sua gama de fricativas palatais e velares, e as vogais surdas. Respeitei-a, pronto respeitei seus falantes, como se representassem alguma cultura velhíssima.

Deram-me o sentido de um punhado de palavras, que perguntei. Soltas, essas abriam sua escandida silabação, que antes desaparecia, no natural da entrefala. Eis, pois:

frio – kás-as-tí
onça – sí-i-ñí
peixe – khró-é*
rio – khú-uê-ó
Deus – i-khái-van'n-u-kê
cobra – kóe-ch'oé
passarinho – hê-o-pen'n-o (*h* aspirado)
*O kh = *ch* alemão, ou *khi* grego

A anotação, árdua, resultou arbitrária. [...] as palavras trazidas assim são remortas, sem velocidade. [...]

Eu fazia perguntas a um – como é isso, em língua terena? como é aquilo? – e ele se esforçava em ensinar-me; mas os outros o caçoavam: - Na-kó- i-kó? Na-kó i-kó? (– "Como é que vamos? Como é que vamos?" – *K'mo-k'wam'mo?* – quer dizer – Como é que você se sai desta?...). [...]

Apenas tive tempo de ir anotando meu pequeno vocabulário por lembranças [...]. As cores. Eram:

vermelho – a-ra-ra-i'ti
verde – ho-o-no-i'ti
amarelo – he-ya-i'ti
branco – ho-po-i'ti
preto – ha-ha-i'ti

[...] Daí meu afã de poder saber exato o sentido de *hó-no-nó, hó-pô, há-há* e *he-yá*.

"Nenhum – diziam-me – significava mais coisa nenhuma, fugida pelos fundos da lógica. Zero nada, zero. E eu não podia deixar lá minha cabeça, sozinha especulando. *Na-kó i-kó?* Uma tristeza".[6]

Defrontando-se em suas andanças por Mato Grosso com uma comunidade indígena, o narrador a situa histórica e geograficamente, chamando atenção para o fato de eles já estarem praticamente identificados com os brancos. No início da narrativa, ele capta a dualidade de elementos, a presença de ao menos *dois* povos, explicitando-a por meio de uma marca linguística: os índios com quem conversou eram *binomados*, ou seja, com nome e, consequentemente, identidade nas duas "nacionalidades": "Refiro-me, em Mato Grosso, aos Terenos [...]. Urbanizados, vestidos como nós; Conversei primeiro com dois, moços e binomados; U-la-lá, e também Pedrinho; o outro era Hó-ye-nó, isto é Cecílio".

Ao ouvir conversas, interessa-se pela língua, surpreendendo-se com a sonoridade, com o ritmo e, diante do impacto sonoro, comporta-se como um linguista profissional: tenta descrever e caracterizar tecnicamente a fala que lhe é inteiramente desconhecida. Ainda que nesse primeiro momento estivesse diante de uma *individida extensão de som*, como acontece com qualquer pessoa diante de uma língua estrangeira, demonstra conhecimento *técnico* da sonoridade, utilizando expressões e termos próprios da fonética.

Paralelamente a esses saberes especializados, expressa sua impressão pessoal, destituída de qualquer fundamento científico, como se pode observar no qualificativo *ríspido* para idioma, em *língua para gente enérgica e terra fria* e em *como se representassem alguma cultura velhíssima*.

O trabalho de linguista avança, assim como avança sua viagem pelo território mato-grossense e a consciência da dificuldade de registrar e compreender a língua dos *terenos* : "frio – kás~as~tí; onça – sí~i~ñí; peixe – khró-é*; rio – khú~uê~ó; Deus – i~khái~van'n~u~kê; cobra – kóe~ch'oé; passarinho – hê~o~pen'n-o (*h* aspirado)". Depois de ouvir bastante e fazer perguntas sobre o significado de algumas palavras, começou, mesmo as percebendo soltas, isoladas, a identificar a "escandida silabação". Para exercitar a descoberta de significados, de combinatórias, anotava-as com dificuldade, de forma arbitrária, como ele mesmo afirma, muitas vezes de memória. Procura explicar alguns sons, comparando-os com outras línguas: *h* aspirado, grego, alemão.

Esse esforço todo lhe dá a certeza de que, registradas em seu caderno, descontextualizadas, sem vida soprada pela boca dos falantes, elas estavam *remortas* (mortas novamente?).

Mas o escritor linguista não esmorece. Em outro momento da viagem, de retorno a Aquidauana, voltou às anotações, ao pequeno vocabulário em construção e, vendo o nome das cores, pensou ter feito uma grande descoberta linguística: *o elemento i'ti, presente em todas elas, devia significar "cor" – um substantivo que se sufixara*; daí, *a-ra-ra-i'ti seria "cor de arara"*.

Apesar da lógica aparente, digna de um verdadeiro estudioso de línguas, o confronto com falantes não confirmou a hipótese: *i'ti* não era *cor*, como parecia à primeira vista. Na verdade, significava "sangue". Essa constatação deixou o linguista amador ainda mais entusiasmado, imaginando outras possibilidades significativas: "*vermelho* seria 'sangue de arara'; *verde*, 'sangue de folha', por exemplo; *azul*, 'sangue do céu'; *amarelo*, 'sangue do sol' etc.".

Essa hipótese, apesar da beleza poética, também não foi confirmada pelos falantes. As sequências obtidas a partir da segmentação, caso de *hó-no-nó, hó-pô, há-há* e *hê-yá-há*, não constituíam mais, ao menos da perspectiva da memória, da consciência, elemento que pudesse apresentar um sentido exato, como pretendia o empenhado estudioso.

De certa forma, a frustração do narrador-escritor diante da impossibilidade de descrever a língua ouvida em suas andanças, tentar compreender a lógica de sua gramática, de seus significados, sugere que, apesar das articulações entre língua e literatura, os lugares ocupados pelo escritor e pelo linguista são diferentes, exigindo instrumentação e posições diferenciadas para enfrentar e mostrar as singularidades da linguagem e dos sujeitos sociais e históricos que a tornam viva e as perenizam nas memórias de um povo.

O grande escritor, o que explora a língua portuguesa de maneira exemplar, pode ser encontrado em mais um texto: "Campo geral".

O Mutum de Miguilim

Quem assistiu ao filme *Mutum* (2007), dirigido por Sandra Kogut e filmado nas chapadas de Minas Gerais, certamente se emocionou com a maneira como o pequeno Tiago se relaciona com o universo humano, animal e geográfico que o envolve. Pela força da luz, da fotografia, de uma câmera que chega aos rostos, aos gestos, ao modo de ser de cada personagem, a superfície externa captura uma interioridade eloquente que parece saltar das telas diretamente para o coração da plateia.

Sob o impacto do filme, o espectador não deve perder a oportunidade de ler (ou reler) "Campo geral", de João Guimarães Rosa, texto em que Tiago se chama Miguilim, Felipe se chama Dito e a cachorra Rebeca é Pingo de Ouro.

Essa obra, que inicialmente fazia parte de *Corpo de baile*, publicada em 1956 e desdobrada a partir da terceira edição em três volumes: *Manuelzão e Miguilim*, *No Urubuquaquá, no Pinhém* e *Noites do sertão*, talvez seja um dos caminhos mais curtos para se chegar a Guimarães Rosa e sua criação literária centrada no mundo, no homem, na linguagem.

Nessa narrativa, o olhar aparece como forma de percepção, conhecimento e compreensão do mundo, metaforizado e filtrado a partir do pequeno Miguilim, protagonista que empresta ao narrador, em terceira pessoa, seu ponto de vista, revelado, ambiguamente, como míope no final. As emoções – fortes, delicadas, contraditórias, reveladoras – chegam ao leitor pela via da palavra magistralmente orquestrada. O sotaque do sertão mineiro se junta à entonação infantil, harmonizando-se liricamente por meio da exploração das virtualidades da língua portuguesa, revelada em sua sintaxe, sonoridade, capacidade de construção de imagens, diversidade de variantes, riqueza de simbolismo. Tudo conta. As designações, por exemplo, nomes de pessoas, lugares, plantas, participam ativamente da história, apontando para a universalidade contida no sertão.

E é esse universo linguístico que recria o cotidiano familiar, sertanejo, difícil, em que vida e morte constituem um doloroso aprendizado para o menino Miguilim, que chega ao Mutum no início da narrativa e dele parte no final. Se a infância aparece com frequência nos textos de Rosa, ligada à magia de um mundo em que sensibilidade, emoção e poder das palavras compõem um universo próximo ao dos poetas e dos loucos, é em "Miguilim", nome com que passou a ser conhecida a novela, que essa temática encontra um de seus momentos mais brilhantes e comoventes. Um excerto, que não dispensa de forma alguma a leitura do todo, pode dar uma ideia da beleza da narrativa.

Campo geral

Miguilim olhou. Nem não podia acreditar! Tudo era uma claridade, tudo novo e lindo e diferente, as coisas, as árvores, as caras das pessoas. Via os grãozinhos de areia, a pele da terra, as pedrinhas menores, as formiguinhas passeando no chão de uma distância.

E Miguilim olhou para todos, com tanta força. Saiu lá fora. Olhou os matos escuros de cima do morro, aqui a casa, a cerca de feijão-bravo e são-caetano; o céu, o curral, o quintal; os olhos redondos e os vidros altos da manhã. Olhou, mais longe, o gado pastando perto do brejo, florido de são-josés, como um algodão [...]. O Mutum era bonito! Agora ele sabia. [...]

Olhava mais era para Mãe. Drelina era bonita, a Chica, o Tomezinho. Sorriu para Tio Terêz: – Tio Terêz, o senhor parece com pai... [...] Miguilim entregou a ele os óculos outra vez. Um soluçozinho veio. Dito e a Cuca Pingo de Ouro. E o Pai.

> *Sempre alegre Miguilim... Sempre alegre, Miguilim...* Nem sabia o que era alegria e
> tristeza. Mãe o beijava. A Rosa punha-lhe doces de leite nas algibeiras, para a viagem.
> Papaco-o-Paco falava, alto, falava.[7]

A questão do olhar é, sem dúvida, um ponto muito forte em "Campo geral" e está diretamente ligada à dimensão do conhecimento, adquirido com muito sofrimento, dor, perdas. E está ligada também à constituição do sujeito, às transformações da criança. No final da narrativa, "Miguilim olhou. Nem não podia acreditar! [...] Via os grãozinhos de areia, a pele da terra, as pedrinhas menores, as formiguinhas passeando", o menino descobre que sozinho não podia enxergar direito: precisava de óculos e óculos emprestados. O leitor se surpreende. Depois de acompanhar uma centena de páginas em que a riqueza da percepção do menino vai desvelando a beleza e as tristezas do universo infantil, a miopia se revela e os óculos se interpõem para uma nova percepção, para uma aproximação minuciosa dos detalhes do mundo.

A metáfora da miopia e de sua correção fecha um ciclo de vida, permitindo que Miguilim veja o seu entorno e as pessoas de uma nova maneira. Como todo herói que cumpre sua missão, essa conquista se dá exatamente no momento em que ele deixa seu espaço, sua família, partindo para outro lugar, para uma nova vida.

Os nomes, como na maioria das obras de Guimarães Rosa, têm significados ligados à história que está sendo narrada, a aspectos muito particulares dos personagens por eles designados: Miguilim; Mãe; Drelina; Chica; Tomezinho; Tio Terêz; Dito; Cuca Pingo de Ouro; Pai; Rosa; Papaco-o-Paco. Constituição sonora e semântica articulam-se para motivar os sentidos, entretecer a narrativa com dimensões simbólicas. Não são apenas nomes usados numa determinada época, região, classe social. Os diminutivos, por exemplo, assumem, como em Miguilim, dimensão afetiva, ligados ao universo da infância, mas podem indicar muitas outras coisas ao longo da narrativa. Num determinado ponto dessa história, uma das irmãs diz:

> – Você foi crismado, então como é que você se chama?/– Miguilim.../– Bobo!
> Eu chamo Maria Adrelina Cessim Caz. Papai é Nhô Bernardo Caz, Expedito José
> Cessim Caz, Tomé de Jesus Cessim Caz... Você é Miguilim Bobo...[8]

Pingo de Ouro, por sua vez, revela traços importantes do relacionamento do menino com o pai e com as tradições populares. Depois que o pai deu o bicho de estimação de Miguilim a uns tropeiros, magoando profundamente o filho, este passou a designá-la Cuca Pingo de Ouro:

> Mas um dia, contaram a ele a estória do menino que achou no mato uma cuca, cuca cuja depois os outros tomaram dele e mataram. O Menino Triste cantava, chorando: "Minha Cuca, cadê minha Cuca?/Minha Cuca, cadê minha Cuca?/Ai, minha Cuca/que o mato me deu![9]

Aqui, Miguilim e Menino Triste se misturam e tornam-se um só, assim como o bicho de estimação trazido pela lenda e pela cantiga popular. Vida, imaginação, sonoridade e sentidos se unem na construção desse mundo infantil, dura e liricamente moldado pelas palavras e pelas ausências.

A direção assumida pelo olhar dirige-se a todos que estão a sua volta: "E Miguilim olhou para todos, com tanta força. Saiu lá fora". A abrangência da visão encontra o espaço externo, as pessoas que nele estão, como se tudo fosse visto pela primeira vez. A expressão "saiu lá fora", que poderia ser tomada como redundante em sua composição, na medida em que *sair* implica fora, na verdade completa o movimento, o deslocamento que, sendo do olhar, é também do interior para o exterior da personagem. O pensativo e ensimesmado Miguilim enxerga de uma forma inteiramente nova, distinguindo com nitidez o que está fora dele.

Aos poucos, a perspectiva vai se abrindo e, por força da repetição do verbo olhar no pretérito perfeito, dirigido a diferentes pontos, uma panorâmica vai revelando o universo geográfico e afetivo que envolve Miguilim: personagens e lugares, presentes e ausentes, caso de Dito e Pingo de Ouro. Nesse momento, os olhos de quem vê, o visto e as lentes dos óculos fundem-se numa belíssima imagem: "os olhos redondos e os vidros altos da manhã".

O Mutum era bonito como dizia um moço de fora, ou feio como insistia mãe em sua tristeza? No início da narrativa, quando Miguilim volta de uma viagem que fizera com Tio Terêz, para ser crismado, contou à mãe que um homem havia dito que *Mutum era lugar bonito*. Como ela não tivesse mudado de opinião, perguntou ao Tio Terêz, quem disse que o achava bonito. A dúvida permaneceu, pautada na contraditória visão alheia, até o momento em que, com os óculos, ele pode exclamar a beleza do Mutum, percebida por ele, conhecida e reconhecida por ele: "Olhou os matos [...] olhou, mais longe [...] O Mutum era bonito! Agora ele sabia". A partir daí, temporariamente sem óculos, empreende uma nova viagem para um desconhecido lugar, abrindo caminho para a imaginação do leitor.

Também uma história de menino, que ao crescer transforma sua visão de mundo em literatura, conclui o relato "Escritores enfrentam e mostram a

Literatura e outras linguagens

língua". Trata-se de Roberto Gomes, escritor brasileiro contemporâneo que conta, especialmente para este livro, seus embates (positivos e negativos...) com o ensino de língua e literatura.

■ Quem nos levou ao paraíso

Roberto Gomes

Um menino de ginásio, lá pelos anos 1950, podia ser assombrado de diversas formas. Para mim, a assombração assumia a forma muito concreta de um nordestino baixote e forte, rabugento e exigente, tido como um sábio da língua portuguesa nos limites municipais de Blumenau. Era o professor Joaquim Salles, que se obstinava em nos domesticar com doses potentes de análise sintática – sem esquecer das "funções do pronome que", sobre as quais ele havia produzido um alentado volume de noventa e tantas páginas que éramos obrigados a decifrar e ter na ponta da língua.

Lembro dele diante do quadro-negro – na época os quadros eram realmente negros como era negra minha angústia diante das questões gramaticais. Vejo-o caminhar de um lado para outro, munido de giz e voz de baixo profundo. Escreve uma longa frase retirada de Camões, Vieira ou Euclides. Depois, como tomado de fúria, ele a secciona em pedaços, separando substantivos, verbos, complementos e os temíveis objetos diretos e indiretos. E segue nos massacrando com sua sabedoria enquanto eu desenho.

Apenas desenho. Lembro que eu me perguntava: por que fico desenhando, por que não presto atenção, por que não tento entender? Eu não entendia, eis tudo. Ou melhor: eu não queria entender. Aquilo me parecia um tormento. Só dedico atenção aos desenhos que faço. Vou traçando caricaturas de meus colegas de classe nas folhas de um pequeno bloco e as distribuo para a carteira ao lado – e elas passam de mão em mão. Agora rabisco o professor Salles numa pose característica, a mão esquerda apoiada na mesa e o giz, fisgado pelo indicador e o polegar em pinça da mão direita, explicando como distinguir orações coordenadas e subordinadas. Não estou entendendo nada. O desenho fica ótimo e me sinto feliz. Meus colegas acabam provocando um tumulto na sala. Todos se atiram sobre o desenho, que vai de mão em mão, e riem muito.

– Gomes! – a voz de baixo profundo enregelou a todos.

Na germânica Blumenau daqueles anos, éramos um sobrenome. Como se fôssemos sargentos. Fui pego.

Fico de pé, catapultado pelo dedo indicador do professor Salles, que me fulmina:

– Venha ao quadro!

Fui ao quadro e o desastre foi absoluto. Depois de não encontrar objeto algum, direto ou indireto, e de trocar uma coordenação por uma subordinação, levei um sermão demolidor diante dos colegas. Além de bagunceiro, fui chamado de displicente, irreverente, causador de badernas e, por ignorar a análise sintática, declarado uma ameaça ao futuro da língua portuguesa.

Nessa época eu começara a ler muito. Revistas que meu pai assinava, jornais que meu pai dirigia como jornalista, livros que ganhei de presente de meu irmão, livros da biblioteca de meu pai – além dos contos que eram publicados nas revistas de moda que minha mãe, costureira, colecionava. Esses contos me encantavam de modo especial, pois vinham acompanhados de ilustrações magníficas, que eu admirava em detalhes, tal como os textos. Desde os 11 anos, se ninguém me chateava o juízo, eu me enroscava numa poltrona e lia. E via desenhos. Degustava textos, saboreava desenhos. Como era feita aquela perspectiva, a montanha ao fundo, a árvore, a casinha distante? Como era aquele diálogo que fechava o conto e que me surpreendia? Como era traçado o nariz do personagem malvado do conto, carregando óculos redondos? E como era bela a moça do conto, descrita em quatro ou cinco palavras apenas! Passava horas lendo.

Minha mãe não entendia. Como aquele menino que lia tanto, volta e meia aparecia em casa com um termo na caderneta escolar? Termo, explico, era uma bronca escrita pelo professor ou pelo diretor do colégio, espinafrando desatenções, bagunça, preguiça, nota baixa em português.

Com o tempo, encontrei um jeito de me livrar das notas baixas. Descobri que, nas provas, a redação valia 60 pontos, enquanto as questões gramaticais valiam 40. Ora, 50 era nota suficiente para passar de ano. Então, caprichava nas redações. Lembrava da moça do conto, das cinco palavras mágicas, do livro que estava lendo, lascava uma redação cheia de truques e, golpe final, alguma surpresa desconcertante na última linha. O fecho. O fecho era tudo.

A nota da redação, somada a uns trocados obtidos nas questões gramaticais, me salvavam. Pensei que esse arranjo fosse agradar ao professor Salles, afinal ele vivia elogiando, como se fossem deuses do Olimpo, os escritores que eram capazes de contar histórias, comover, expor, dissertar, descrever, narrar. Qual o quê!

Ele me devolvia a prova com a nota 60 no topo e me olhava feroz, enquanto seus lábios grossos balançavam ameaçadoramente o charuto exclamativo:

– Gomes, já é hora de tomar juízo!

Nunca tomei juízo. Era o meu fecho, acho.

Mudei de colégio, mas não de tormento. É bem verdade que o novo professor de português era mais simpático. Mas fumava os mesmos charutos fedidos e era implacável com gafes gramaticais. Tratava-se de um franciscano pequenino, alegre, de cabecinha redonda e cuja careca era rodeada por uma coroa de cabelos brancos que ele repuxava com ódio a cada crime gramatical que cometíamos. Chamava-se frei Odorico Durieux. Não escrevera livro algum, mas desenvolvera uma história fantasiosa, que envolvia dois boizinhos e uma carroça. Conforme se colocava uma corda de um chifre a outro chifre dos boizinhos, ou do boizinho à carroça, tínhamos uma oração coordenada ou subordinada, ou algo assim, não me peçam para explicar, jamais entendi.

Anos depois frei Odorico virou meu amigo e eu o coloquei como personagem de um romance, *Terceiro tempo de jogo*. Ele adorou, comprou vários exemplares, distribuiu aos amigos. Quando entregava os exemplares, dizia, mastigando o charuto:

– Veja só, quem escreveu este belo romance foi o...

E então ele declinava um apelido cruel que me aplicara em aula, quando não consegui conjugar algo como o imperfeito do subjuntivo de um verbo qualquer. O apelido eu não revelo, é claro. Quem quiser saber que leia o livro. Frei Odorico recomendaria.

Já mais crescido, nos anos 1960, voltei ao antigo colégio. O professor Salles se aposentara ou fora para Portugal, onde, segundo dizia sempre, se falava um português escorreito. Agora eu dividia meu tempo entre o trabalho, as aulas noturnas e as bebedeiras com amigos pelas madrugadas. Era onde aprendia literatura, pois nas aulas a que fui submetido até então tudo começava em Vieira e acabava em Olavo Bilac.

Enquanto isso, nós, da turma do chope, íamos lendo o que aparecia, numa bagunça deliciosa. A novidade absoluta: versos modernistas. Mário e Oswald. Um amigo me trouxe um romance de Knut Hansun, *A Fome*. Outro me emprestou Érico Veríssimo. Como o Érico traduzira Aldous Huxley, li *Contraponto*.

Graham Greene, Tolstoi, Dostoievski. Mas li também Morris West, que fazer. E pilhas de romances policiais comprados em bancas de jornal. Além disso, não perdíamos oportunidade de sacanear o Paulo Coelho da época, o poeta J. G. de Araújo Jorge, que líamos debochando, nos bares e boates, em jograis malucos, depois que o chope blumenauense havia cumprido sua tarefa embriagadora.

Foi quando aprofundei a exploração da biblioteca de meu pai e encontrei todos os Machados de Assis de que precisava, em edições da Garnier. Já não havia retorno possível.

No colégio, o tédio. A última flor do Lácio, inculta e bela.

Até que um dia – este era um dos truques que eu cultivava nas redações: toda boa história deve ter, num certo momento, a advertência: até que um dia... – cheguei para a primeira aula de literatura no segundo ano daquilo que então se chamava de científico. O professor anunciado era um sujeito esquisito, recém-chegado à provinciana Blumenau, vindo de altos estudos não se sabia onde. Era magro, feio, alto, desengonçado, vestia-se com o chamado desalinho, falava alto e, coisa notável, chegava ao colégio pilotando uma lambreta! Tinha fama de poeta e de revolucionário. Nós, da turma dos botecos, ficamos na maior expectativa.

Quando ele entrou na sala, no entanto, levamos um choque. Lá vinha ele empunhando o mesmo manual de história da literatura com o qual nos atormentaram durante anos, aquele que terminava em Olavo Bilac. Ficamos pasmos, já imaginando como abandonar aquela sala rumo a um copo de chope.

Ele se plantou diante da classe, olhando-nos como se fosse um ator de teatro e, depois de anunciar que era o novo professor de Literatura, ergueu o manual na mão direita e perguntou:

– Os senhores sabem o que é isso?

Pensamos as piores coisas, mas só um aluno, um chato que tirava 100 em gramática, disse com seriedade:

– É o manual de literatura.

O professor, subindo um grau na sua interpretação, o interrompeu:

– Nada disso! Isso aqui... – o livro se esfarelava nas suas mãos agitadas – Isso aqui é uma porcaria! Uma droga!

E arremessou o livro pela janela.

Chamava-se José Cury. Virou nosso herói. O herói da turma dos bares e boates. O herói da literatura. O erudito da lambreta. O campeão mundial de arremesso de manuais pela janela. Para ele, a literatura brasileira a ser ensinada começava em 1922, com Mário e Oswald. Mas escolhera um caminho melhor para nos levar ao paraíso. Para a próxima aula, pediu que trouxéssemos exemplares dos jornais *Última Hora* e *Correio da Manhã*, além da revista *Manchete*. Começaríamos lendo e analisando os contistas e cronistas que aí publicavam. Nelson Rodrigues, Vinicius de Moraes, Fernando Sabino, Rubem Braga, Paulo Mendes Campos, Antônio Maria.

E, enquanto nós enchíamos a sala de aula com festivas gargalhadas e aplausos, ele declamou os poemas *Poética* e *Bacanal*, de Manoel Bandeira: *"Estou farto do lirismo comedido!"*, *"Quero beber, cantar asneiras/No estro brutal das bebedeiras!"*

Era tudo que queríamos. Era o fecho: além dos botecos, estudar literatura no colégio virara uma tremenda farra.

NOTAS

[1] Com modificações, esse texto foi publicado em *Revista Língua Portuguesa*, n. 25, 2007, pp. 34-5.

[2] As análises dos excertos de João Guimarães Rosa, com modificações, foram publicadas na *Revista Língua Portuguesa*, n. 30, 2008, pp. 34-5; n. 34, 2008, pp. 34-5; n. 37, 2008, pp. 34-5; n. 25, 2007, pp. 34-5.

[3] Graciliano Ramos, *Memórias do cárcere*, 2. ed., Rio de Janeiro, José Olympio, 1954, v. 4, pp. 83 e 85.

[4] João Guimarães ROSA, "Famigerado", em *Primeiras estórias*, 5. ed., Rio de Janeiro, José Olympio, 1969, pp. 9-13.

[5] Idem, "Hipotrélico", em *Tutameia: terceiras estórias*, Rio de Janeiro, José Olympio, 1969, pp. 64-9.

[6] Idem, "Uns índios (sua fala)", em *Ave, palavra*, Rio de Janeiro, José Olympio, 1970, pp. 88-90.

[7] Idem, "Campo geral", em *Manuelzão e Miguilim*, Rio de Janeiro, José Olympio, 1970, pp. 5-106.

[8] Idem, p. 9.

[9] Idem, p. 11.

BIBLIOGRAFIA

RAMOS, Graciliano. *Memórias do cárcere*. 2. ed. Rio de Janeiro: José Olympio, 1954, v. 4, pp. 83 e 85.

ROSA, João Guimarães. Famigerado. *Primeiras estórias*. 5. ed. Rio de Janeiro: José Olympio, 1969, pp. 9-13.

_____. Hipotrélico. *Tutameia*: terceiras estórias. Rio de Janeiro: José Olympio, 1969, pp. 64-9.

_____. Uns índios (sua fala). *Ave, palavra*. Rio de Janeiro: José Olympio, 1970, pp. 88-90.

_____. Campo Geral. *Manuelzão e Miguilim*. Rio de Janeiro: José Olympio, 1970, pp. 5-106.

Língua, literatura, identidades

Lisboa: aventuras

tomei um expresso
                    cheguei de foguete
subi num bonde
                    desci de um elétrico
pedi cafezinho
                    serviram-me uma bica
quis comprar meias
                    só vendiam peúgas
gritei "ó cara"
                    responderam-me "ó pá"
                        positivamente
as aves que aqui gorgeiam não
gorgeiam como lá

José Paulo Paes

Parece-me que a identidade é sempre um momento
de um processo contínuo em que se vai expressando.

Luandino Vieira

A ideia de uma língua nacional, de unidade-identidade para o nosso português, passa por um universo cujas linhas imaginárias confundem-se com muitas formas de enfrentamento do que seja uma língua. Incluem-se aí o movimento do deslocar-se de um continente a outro, a ação de uma história de mais de quinhentos anos, as consequências culturais, políticas, sociais e identitárias que o miscigenado percurso concretiza. Para dar conta dessa complexidade, gramáticos, filólogos, linguistas, escritores, poetas, falantes que refletem sobre ela, oferecem estudos, enredos, poemas e outras produções que procuram expressar o que ela *é* e se imagina que *seja, deva ou possa ser*, mostrando que cada momento histórico é marcado pela mobilidade linguística e, também, pelas diferentes perspectivas políticas, teóricas e literárias que recortam e delineiam *língua nacional.*

As formas como os brasileiros escolhidos para apresentar esse tema abordam a questão de nacionalidade e identidade linguística tem a ver, sem dúvida, com o lugar que cada um ocupa em relação à língua e suas diferentes formas de existência e trato. São falantes que, dada a profissão, o momento histórico em que se inserem, a aguda sensibilidade linguística, o fino trato com as letras nacionais, quer na instância literária, quer no enfrentamento da fala cotidiana, têm condições de surpreender de maneira literária, poética, científica ou cotidiana, o movimento vivo de uma fala/escritura. Sendo filha de Portugal e dialogando com tantos outros idiomas, a língua portuguesa falada no Brasil ostenta uma face própria sem renegar suas origens e suas misturas.

Nesse caso estão Machado de Assis, aqui surpreendido num pequeno trecho de seu famoso ensaio "Notícia da atual literatura brasileira instinto de nacionalidade", publicado em 1873; Edith Pimentel Pinto, em excerto de sua análise *A língua escrita no Brasil*; Mário de Andrade, em trecho de carta dirigida a Carlos Drummond de Andrade e revelada na crônica "Suas cartas", publicada em março de 1944 no jornal *Folha Carioca*; Oswald de Andrade, em poemas de vários momentos, caracterizados pela perspicaz e divertida maneira de espiar a fala brasileira e lhe conferir um espaço literário; o compositor brasileiro contemporâneo, Zeca Baleiro, que brinca criticamente com essa identidade em duas de suas canções; um falante comum, habitante de Sairá (PE), que tem a língua em suas entranhas;[1] Manuel Bandeira e Luiz Alfredo Garcia-Roza, colocados na mesma cena, por meio do diálogo entre um poema e um trecho em prosa, distanciados no tempo, mas próximos na mancira contundente de mostrar as estratégias sociais de apagamento de identidades e cidadãos;[2] Patrícia Melo, que, como os dois anteriores, focaliza formas contemporâneas de violência, estabelecendo a forte relação entre linguagem e identidades. E, para finalizar, três depoimentos exclusivos para este livro: de uma escritora e de dois linguistas. Mirna Pinsky revela a identidade de escritora ligada às suas leituras e a de seus leitores, por meio do compromisso social que articula língua, literatura, ensino, construção de conhecimento e identidades. Francisco da Silva Borba e Dino Preti focalizam, respectivamente, o texto literário como registro e como documento linguístico.

A IDENTIDADE PELO IDIOMA FALADO E ESCRITO

Significativas observações sobre "língua" se encontram no texto de Machado de Assis, cuja parte fundamental do título e da temática refere-se ao "instinto de nacionalidade" e que pode ser encontrada já na primeira frase: *Quem examina a atual literatura brasileira reconhece-lhe logo, como primeiro traço, certo instinto de nacionalidade.* Nesse texto, o autor inclui "A língua" e sua participação decisiva no estágio e na concepção de linguagem revelados por um panorama do qual participam o romance, a poesia e o teatro. E também o povo. A leitura de um excerto ajuda a entender o ponto de vista do grande escritor brasileiro.

> *Instinto de nacionalidade*
>
> Não há dúvida de que as línguas se aumentam e alteram com o tempo e as necessidades dos usos e costumes. Querer que a nossa pare no século de quinhentos, é um erro igual ao de afirmar que a sua transplantação para a América não lhe inseriu riquezas novas. A este respeito a influência do povo é decisiva. Há, portanto, certos modos de dizer, locuções novas, que de força entram no domínio do estilo e ganham direito de cidade.
>
> Mas se isto é um fato incontestável, e se é verdade o princípio de que dele se deduz, não me parece aceitável a opinião que admite todas as alterações da linguagem, ainda aquelas que destroem as leis da sintaxe e a essencial pureza do idioma. A influência popular tem um limite; e o escritor não está obrigado a receber e dar curso a tudo o que o abuso, o capricho e a moda inventam e fazem correr. Pelo contrário, ele exerce também uma grande parte de influência a este respeito, depurando a linguagem do povo e aperfeiçoando-lhe a razão.
>
> [...] Viva imaginação, delicadeza e força de sentimentos, graças de estilo, dotes de observação e análise, ausência às vezes de gosto, carência às vezes de reflexão e pausa, língua nem sempre pura, nem sempre copiosa, muita cor local, eis aqui por alto os defeitos e excelências da atual literatura brasileira, que há dado bastante e tem certíssimo futuro.[3]

Quando discute o português e suas mudanças, a partir da produção literária daquele momento, Machado de Assis se põe na posição de escritor, mais que de estudioso do idioma e, com isso, considera a língua, o estágio em que pode ser entrevista, a partir da oposição *uso literário/uso cotidiano*. Ainda que a influência dos usos seja um fator levado em conta, o escritor, reconhecendo que enquanto profissional das letras ele mesmo utiliza uma língua que evolui, que se modifica pela dinâmica do uso, focaliza a dialética entre os usos literário/cotidiano, pendendo para a necessária influência literária sobre os usos, como se observa no seguinte trecho: "ele [o escritor] exerce também uma grande parte de influência a este respeito, depurando a linguagem do povo e aperfeiçoando-lhe a razão".

De certa forma, o idioma *puro*, que deve ser preservado em sua sintaxe, fica por conta, em grande parte, da literatura, levando o escritor, no final do texto a afirmar, juntamente com as "excelências da atual literatura brasileira", alguns de seus defeitos, entre os quais "língua nem sempre pura, nem sempre copiosa, muita cor local".

A postura do escritor revela, pelas vias da literatura brasileira examinada naquele momento, um estágio da língua falada e escrita, e a forma como diferentes escritores, aí incluídos poetas, romancistas e dramaturgos, assumiam, consciente ou inconscientemente, esse estágio em suas produções e o próprio conceito de identidade linguística brasileira considerada pelo criador de Capitu.

Outra versão do assunto pode ser vista da perspectiva de uma estudiosa da língua, Edith Pimentel Pinto, que, sendo também professora e poeta, tem olhar dirigido para múltiplas direções.

A língua do Brasil

A professora, pesquisadora, poeta e profunda conhecedora da língua portuguesa, Edith Pimentel Pinto,[4] expressa-se como filóloga, linguista, estudiosa e historiadora da língua, caracterizando a identidade linguística brasileira por meio de ferramentas da linguística e de sólidos conhecimentos do português em geral e de literatura em particular. A perspectiva por ela adotada, nesse trecho, passa pela noção de *sistema*, isto é, *rede de oposições funcionais* que, segundo ela, permanece *rigorosamente a mesma de Portugal,* tanto no Brasil quanto na África, mas que deixa ver expressivas diferenças nos usos caracterizados por essas duas grandes comunidades.

> A língua do Brasil é, essencialmente, a língua portuguesa.
> Isto significa que a rede de oposições funcionais, características de um sistema,
> é rigorosamente, a mesma de Portugal, no Brasil e na África.

> No seio dessa macrocomunidade, porém, o português do Brasil constitui uma microcomunidade, correspondente a um uso típico, por parte de toda a comunidade brasileira, mediante uma gradativa diferenciação, talvez já consistente no século passado e hoje indiscutível.
>
> Sua existência comprova-se pela presença de certas constantes linguísticas já tradicionalizadas no uso coletivo, e evidenciadas na preferência por certos traços, em prejuízo de outros, que rareiam ou desaparecem, em contraste com o que ocorre em outros pontos do mundo lusófono.
>
> A repetição desses traços preferenciais refletem uma cosmovisão e fixa modelos próprios dos brasileiros, na sua interação linguística, consolidando-se, pois, uma norma diferente da norma portuguesa ou da africana.[5]

O português do Brasil corresponderia a um uso coletivo típico, particularizado, que vem apresentando diferenças consistentes e incontestáveis desde o século XIX. E é como hermeneuta e historiadora da língua, sempre de olho nos usos cotidianos, na produção literária e nas teorias sobre a relação constitutiva linguagem-sociedade, que ela vai tratar, em várias obras e especialmente em *A língua escrita no Brasil: história da língua portuguesa – século XX*[6] e em *A gramatiquinha de Mário de Andrade: texto e contexto*,[7] das constantes linguísticas reveladas no uso coletivo, as quais se traduzem na repetida preferência por determinados traços, em detrimento de outros, refletindo cosmovisão traduzida em *norma* diferente da portuguesa e da africana.

Em seus estudos, de que o trecho transcrito é unicamente uma metonímia, ela vai perseguir os traços existentes na língua literária do século XX que marcam a presença e a necessidade de expressão e compreensão de uma possível identidade linguística brasileira. As relações com a gramática, o aproveitamento da oralidade, o léxico, a neologia, a língua escrita não literária, os tipos de frase e a renovação sintática, a liberdade do uso dos pronomes, esses são alguns dos aspectos que a autora vai sistematizar a partir de textos de Monteiro Lobato, Sosígenes Costa, José Lins do Rego, Mário de Andrade, Guimarães Rosa e Carlos Drummond de Andrade. Além dos autores que de diferentes formas contribuem para expressar essa identidade, a autora estuda também especialistas e os não especialistas, como é o caso de Tristão de Ataíde e Mário de Andrade, que vinham discutindo a questão, apoiados numa tradição que já não era estranha ao século XIX.

É justamente o expressivo escritor brasileiro Mário de Andrade quem oferece mais um aspecto significativo de como a questão foi tratada por ele em suas obras de ficção e em suas reflexões linguístico-literárias.

NÃO QUIS CRIAR LÍNGUA NENHUMA

A afirmação que serve de título a este item é de Mário de Andrade, escritor reconhecido, dentre outras coisas, pela sua efetiva colaboração artística e intelectual para a identidade de uma expressão literária brasileira. Ele se refere, como se verá mais adiante, não só a seu trabalho como escritor, mas à obra projetada, muitas vezes negada, não realizada, mas deixada em forma de documentos, os quais fazem parte do arquivo do Instituto de Estudos Brasileiros (IEB) da Universidade de São Paulo e que Edith Pimentel Pinto organizou e comentou: *A gramatiquinha de Mário de Andrade: texto e contexto*.

Edith deixou registrado em meu exemplar, e isso serve de medida aos demais leitores que defrontam-se com essa obra de Mário: "Não se iluda com o diminutivo: a coisa é maçuda". De fato, a *Gramatiquinha* integrava um projeto bem mais amplo, como observa a comentadora, de redescoberta e definição do Brasil, incluídas as implicações linguísticas e estéticas. Mário de Andrade julgou, ao menos num certo momento de sua vida, estar delineada a variedade brasileira da língua portuguesa, sendo necessária uma sistematização. Se por um lado ele refletia certo pensamento de época a esse respeito, tônica entre os modernistas, mas não somente entre eles, com a realização da *Gramatiquinha* Mário pretendia comprovar a existência de uma variedade brasileira da língua portuguesa, considerada psicológica e sociologicamente.

Por que ele teria desistido e até mesmo renegado esse trabalho? A edição cuidadosa feita por Edith Pimentel, e também a carta dirigida ao amigo Carlos Drummond de Andrade, procuram responder a essa pergunta, embora se possa considerar, mesmo antes de ver o material recolhido, a tarefa hercúlea, desmesurada, a que o escritor tinha se proposto.

O texto divulgado por Edith Pimentel foi estabelecido com base nos originais de Mário expressamente destinados à composição da *Gramatiquinha*. A eles foram associados alguns escritos encontrados entre páginas de livros, notas marginais e outros documentos. Segundo a autora, o material apresenta homogeneidade, mas não unidade. O que se vê é o projeto, a cronologia dos documentos, a época de elaboração (1927, 1928, 1929), momento em que Mário, empenhado numa campanha para a nacionalização racional do Brasil, se ocupou do assunto com entusiasmo, fazendo repetidas alusões à *Gramatiquinha*, tanto em sua correspondência quanto em algumas de suas obras. Na época ele desenvolvia três trabalhos: *Macunaíma, Gramatiquinha* e *Ensaio sobre a música popular brasileira*.

O conjunto de estudos feitos para compor a *Gramatiquinha* constitui-se de notas colhidas eventualmente, de forma que o livro não chegou a existir nem em primeira redação. Mário repetiu até o fim da vida que não pretendia escrever a gramática da língua brasileira que a seu ver não existia. O material, colhido na observação direta, cotidiana e em diversos meios, é, sem dúvida, representativo da fala popular.

Se não deu certo, foi justamente porque, como afirma Edith Pimentel, além do idealismo de Mário de Andrade, a coleta de dados foi feita de forma impressionista, sem qualquer metodologia, e o plano acabou sugerido não propriamente pelo material, mas pelo modelo genérico. Interessado nas questões da língua, mas sem formação de gramático, teve sérios problemas diante de um trabalho tão amplo e difícil de ser pensado, na medida em que a própria ideia de língua estava em jogo. Foi, certamente, a consciência de todas essas dificuldades que o levou a interromper o trabalho.

A autora conclui, e os leitores podem confirmar, que o material que deveria constituir a *Gramatiquinha* está, de fato, aproveitado em grande parte da obra de Mário de Andrade. Sua preocupação com a identidade linguística brasileira, integrada ao projeto maior, pode ser encontrada em muitos momentos de sua vasta obra, incluindo a carta que ele enviou a Drummond, que a aproveitou na crônica "Suas cartas", à qual pertence o excerto transcrito a seguir.

Carta de Mário de Andrade a Carlos Drummond de Andrade

> A aventura em que me meti é uma coisa séria, já muito pensada e repensada. Não estou cultivando exotismos e curiosidades de linguajar caipira. Não. [...] Não estou pitorescando o meu estilo nem muito menos colecionando exemplos de estupidez. O povo não é estúpido quando diz "vou na escola", "me deixe", "carneirada", "mapiar", "besta ruana", "farra", "vagão", "futebol". É antes inteligentíssimo nessa aparente ignorância porque sofrendo as influências da terra, do clima, das ligações e contatos com outras raças, das necessidades do momento e da adaptação, e da pronúncia, do caráter, da psicologia racial modifica aos poucos uma língua que já não lhe serve de expressão porque não expressa ou sofre essas influências e transforma afinal numa outra língua que se adapta a essas influências.[8]

Um contemporâneo de Mário de Andrade, Oswald de Andrade, também manifestou, de forma poética e irreverente, sua perspectiva sobre a identidade linguística brasileira. Além de sua obra como conjunto, alguns de seus poemas dimensionam o enfrentamento da questão.

QUÉ APANHÁ SORDADO?

O conjunto de poemas de Oswald de Andrade aqui transcritos demonstra preocupação e maneira muito especial de tocar na questão da identidade linguística brasileira. Oswald se inscreve num quadro estético/antropológico em que as particularidades linguísticas não são buscadas enquanto exotismos ou regionalismos, mas como condição de transformação e de flagrante ensaio de exposição das marcas de uma identidade nacional. O uso, recuperado na linguagem literária, ganha *status* de existência e reconhecimento.

Erro de português
Quando o português chegou
Debaixo duma bruta chuva
Vestiu o índio
Que pena!
Fosse uma manhã de sol
O índio tinha despido
O português[9]

O gramático
Os negros discutiam
Que o cavalo sipantou
Mas o que mais sabia
Disse que era
Sipantarrou[10]

J.M.P.S.
(da cidade do porto)
vício na fala
Para dizerem milho dizem mio
Para melhor dizem mió
Para pior pió
Para telha dizem teia
Para telhado dizem teiado
E vão fazendo telhados[11]

O capoeira
– Qué apanhá sordado?
– O quê?
– Qué apanhá?
Pernas e cabeças na calçada[12]

Pronominais

Dê-me um cigarro
Diz a gramática
Do professor e do aluno
E do mulato sabido
Mas o bom negro e o bom branco
Da Nação Brasileira
Dizem todos os dias
Deixa disso camarada
Me dá um cigarro[13]

Em cada poema, sob a égide da brincadeira, o gingado provocado pelo ritmo traduz, juntamente com o léxico e com as construções sintáticas abrasileiradas, uma espécie de *flash* em que estão confrontadas maneiras de ser e de dizer inegavelmente diferentes das do português de Portugal. O conjunto constrói um panorama, uma espécie de enumeração caótica de imagens profundamente brasileiras, advindas do folclore, da vida cotidiana, da ficção, e que parecem ter sido "fotografadas" por um observador não "colonizado", ou profundamente crítico em relação a determinados aspectos da colonização e muito atento às personagens, sua linguagem e aos enredos marcadamente brasileiros.

Nessas imagens, que estão presentes também em outros poemas, a mistura das raças e de suas particularidades, assim como os aspectos novos e a criatividade que as caracterizam, vem por meio de personagens dessa "brasilidade" são negros, mulatos, brancos, capoeiristas, cantadores, índios, formando uma coletividade, dispostos de maneira a afrontar, em cada *flash*, o poder, as regras gramaticais consolidadas, a religiosidade, tudo de forma carnavalizada. Até os primeiros encontros entre índios e brancos estão carnavalizados, desestabilizando os discursos fundadores da nacionalidade, se vistos, evidentemente, do ponto de vista do colonizador e sua história oficial.

Assim, Oswald de Andrade, em sua obra em geral e nesses poemas em particular, também acena para faces de uma identidade linguística brasileira, registrando indícios dessa brasilidade. Esse conjunto de marcas, dispostas sob a forma poética modernista, expressa um momento, uma época, e reconstitui um percurso histórico e linguístico. Com o humor que lhe é peculiar, mesmo quando trabalha aspectos da maior seriedade, Oswald de Andrade revela, de uma perspectiva estético-histórica original, preocupações características de sua época.

De diferentes maneiras, a questão continua em pauta até hoje, como comprovam duas jocosas canções do cantor e compositor maranhense Zeca Baleiro:

Literatura e outras linguagens

"Samba do approach", décima terceira faixa do CD *Vô imbolá* (1999), e "Kid Vinil", décima faixa do CD *Por onde andará Stephen Fry* (1997).

Fica ligado no *LINK*

Samba do approach

Venha provar meu *brunch*/Saiba que eu tenho *approach*/Na hora do *lunch*/Eu ando de *ferryboat*/Eu tenho *savoir-faire*/Meu temperamento é *light*/Minha casa é *hi-tech*/Toda hora rola um *insight*/Já fui fã do Jethro Tull/Hoje me amarro no Slash/ Minha vida agora é *cool*/Meu passado é que foi *trash*/Fica ligado no *link*/Que eu vou confessar *my love*/Depois do décimo *drink*/Só um bom e velho engov/Eu tirei meu *green card*/E fui pra Miami Beach/Posso não ser *pop-star*/Mas já sou um *noveau-riche*/ Eu tenho *sex-appeal*/Saca só meu *background*/Veloz como Damon Hill/Tenaz como Fittipaldi/Não dispenso um *happy end*/Quero jogar no *dream team*/De dia um *macho man*/E de noite *drag queen*.

Kid Vinil

Kid Vinil, quando é que tu vai gravar cd?/bis/Tecnologia existe/Pra salvar o homem do fim/Se você estiver triste/Delete a tristeza assim/E se quiser conversar/ Passe um fax pra mim/Time is money god is dead/Have you a nice dream/Acessando a internet/Você chega ao coração/Da humanidade inteira/Sem tirar os pés do chão/ reza o pai-nosso em hebraico/filosofa em alemão/Descobre porque que o michal/ Deu chilique na televisão/Milhares de megabytes/Abatendo a solidão/Com a graça de Bill Gates/Salve a globolização/Se homem já foi a lua/Vai pegar o sol com a mão/ Basta comprar um pc/E aprender o abc da informatização.

Na letra da primeira canção, e de maneira mais direta, o mote recai sobre a participação de estrangeirismos na vida dos brasileiros. Não se trata, entretanto, de bandeira contra ou a favor, no sentido de participar da imensa confusão gerada pelo Projeto de Lei n. 1676/1999, do deputado Aldo Rebelo, que motivou, entre tantas análises e protestos o livro *Estrangeirismos: guerras em torno da língua*, organizado por Carlos Alberto Faraco.[14]

A canção apresenta, em forma de enumeração caótica, um conjunto de termos estrangeiros que integram a língua falada, participando do dia a dia de muitos falantes do português do Brasil. É tal a frequência desse *vocabulário* em determinadas esferas de comunicação que ninguém precisa utilizar dicionário para entender a maior parte dessa curiosa canção. Os *empréstimos*, sintaticamente articulados nas frases, compõem de forma harmoniosa um malicioso e bem brasileiro jogo semântico-cultural. Assim, a canção aparece como mais uma das faces expressivas da língua falada no Brasil, hoje, que o compositor, com perspicácia, redireciona aos ouvidos dos falantes/ouvintes.

A segunda, também jogando com estrangeirismos, amplia os horizontes críticos para ironizar a tecnologia, a globalização, a internet, por meio da terminologia que, vindo delas, se incorporou à língua portuguesa, caso de *cd, delete, fax, acessando, megabytes, pc*.

Além desse aspecto e para melhor caracterizar o perfil desse universo, o compositor recorre a outros procedimentos linguísticos. Um deles é a interrogação por meio do trocadilho, que aparece já no primeiro verso: "Kid Vinil, quando é que tu vai gravar cd?". Para contrastar diferentes momentos da tecnologia, e diferentes atitudes diante dela, estabelece um jogo entre Kid Vinil, nome artístico de Antonio Carlos Senefonte, cantor, compositor, radialista e jornalista, famoso roqueiro brasileiro dos anos 1980, incentivador do movimento *punk paulista*, que continua atuando Brasil afora revivendo a musicalidade dos anos 1980, e vinil, designação de um material plástico utilizado para fazer os antigos *elepês*, ou seja, os avós dos *cds*. Os demais versos constituem a argumentação em prol da tecnologia, a irônica justificativa para que um independente dos anos 1980 do século passado se torne um dependente internético e tecnológico.

Outro recurso que reforça a dimensão linguística crítica e humorada da canção é a inserção, também caótica, de estereótipos, que misturam frases/provérbios vindos do inglês e incorporados ao português sem tradução, caso de *Time is money god is dead/Have you a nice dream*, a verso consagrado, *Vai pegar o sol com a mão*, da canção "Forró no escuro", de Luiz Gonzaga e, ainda, a declarações de crença na salvação do homem pela informatização. Entre a nostalgia do vinil e a realidade do cd, flui a língua portuguesa falada no Brasil, sem tropeços, exibindo suas variadas faces.

Mais uma face dessa variedade pode ser observada, numa outra esfera, a do cotidiano, na fala de uma anônima cidadã brasileira de mais de 80 anos, habitante de Sairé (pe). Como boa parte das pessoas comuns, incluindo as que, muitas vezes, nem se expressam pela escrita, ela não sabe teorizar sobre a língua, mas nela se constitui e, ao mesmo tempo, lhe dá existência. Não é escritora, nem compositora. É uma falante a quem, provavelmente, Machado de Assis e Mário de Andrade gostariam de ter conhecido.

OS PÉS FICAVAM AMARELINHO DE LARANJA

A voz narrativa dessa senhora de Sairé se faz ouvir pelos ecos de um projeto de pesquisa que, dando asas à memória dos idosos, atinge seus objetivos e surpreende a poeticidade da dimensão cotidiana da fala brasileira. É a essa riqueza e diversidade da fala brasileira que os escritores se referem e dela se alimentam, como visto nos itens anteriores.

> *Senhora de Sairé*
>
> Laranja, tinha tanta laranja. Os pés ficavam amarelinho de laranja. Eles gostava de plantar as coisas também. Tinha pé de condessa. Tinha pinha. Tinha pé de lima. E caju, castanha [...] Que a gente passava o sábado e o domingo na rua, quando chegava tinha tanta do caju, que o sítio tava encarnado de amarelo de caju, ninguém sabia por onde começar, de tanto caju que butava.[15]

Não somente os artistas e os estudiosos demonstram sensibilidade para as riquezas da língua. Essa falante octogenária expressa, em sua simplicidade, o trato com a língua, explorando suas belezas e possibilidades, como acontece no trecho transcrito.

O arranjo lexical do texto, com inesperados e produtivos efeitos sintáticos, faz brotar da memória, e chegar aos leitores, as cores que tingem o passado, chegam vivas ao presente e inundam a sensível superfície da narrativa. Na sequência "Laranja, tinha tanta laranja. Os pés ficavam amarelinho de laranja", a gradação poético-pictórica vai da individualidade da fruta evocada, da palavra *laranja*, ao universo tingido pela cor dessa fruta. *Amarelinho* designa esse universo e não cada um dos *pés*. Grandes poetas já usaram essa figura de linguagem. Por exemplo, os magníficos versos *Os girassóis/amarelo!/resistem*, parte vibrante do poema "Pensão familiar", de Manuel Bandeira. Em seguida, o universo recebe outras pinceladas transformando-se em "encarnado", tonalidade do amarelo caju: "o sítio tava encarnado de amarelo de caju".

O jogo com *tanta* e *tanto*, que para olhos e ouvidos desatentos pode constituir troca, lapso, está a serviço da textura desse universo que, emergindo do passado, chega ao presente como alegria colorida, abundância de frutas vinculadas à vida de outrora, só sábado e domingo. O *butava* fica por conta do colorido roseano presente nesse texto, brotado do barro do chão, a escancarar a poeticidade da língua portuguesa falada por esse Brasil afora.

IDENTIDADES RESTABELECIDAS EM PROSA E VERSO

O psicanalista carioca Luiz Alfredo Garcia-Roza, professor titular da UFRJ, autor de oito livros sobre psicanálise e filosofia, estreou na ficção em 1997 com *O silêncio da chuva*, vencedor dos prêmios Jabuti e Nestlé. Desde então, tornou-se um clássico do suspense, graças às habilidades do seu principal personagem, o detetive Espinosa, e aos crimes surpreendidos nas malhas da geografia humana e social do Rio de Janeiro.

No texto *Espinosa sem saída*, o Rio de Janeiro é o espaço repleto de protagonistas de diversas profissões e classes sociais, espécie de cenário ativo para crimes a serem desvendados pelo detetive e por seus auxiliares. A vítima que motiva essa narrativa, assassinada num beco numa noite chuvosa, é bem mais que um pretexto para uma história policial. É uma prova contundente das maneiras que a sociedade contemporânea dispõe para tornar um cidadão invisível.

Trata-se de ficção literária construída rente à violência social e psicológica gerada pelas grandes cidades. Em certa medida, o tratamento dado à falta de visibilidade da vítima constitui uma versão mais cruel e menos poética de outro conhecido personagem da literatura brasileira: João Gostoso.

Imortalizado no *Poema tirado de uma notícia de jornal*, de Manuel Bandeira, João Gostoso é uma construção poética que dá a medida, nas primeiras décadas do século XX, de como um cidadão, na morte, pode ganhar visibilidade. Os procedimentos verbais que caracterizam cada um dos textos não apenas estabelecem a distinção entre prosa e poesia, mas, também, explicitam, na distância temporal que os separa, assim como o grau de sofisticação alcançado pela sociedade contemporânea para neutralizar um ser humano.

> *Espinosa sem saída*
>
> [...] Sobretudo porque só nós estamos interessados no crime: nenhum jornal registrou o fato e ninguém reclamou o corpo.
>
> [...] investigar a morte de um homem cuja invisibilidade era tão grande quanto a do seu assassino. A vítima não tinha existência civil, seu nome era apenas um apelido, não tinha documento, moradia, família, amigos, conhecidos, não havia nenhuma rede de relações, por menor e mais tênue que fosse, na qual pudesse ser inserido. Era um sem-teto, sem-identidade, sem-família... Sua carência era de tal ordem que o único traço distintivo que possuía era negativo: a falta de uma perna.[16]

Literatura e outras linguagens

Poema tirado de uma notícia de jornal

João Gostoso era carregador de feira livre e morava no morro
da Babilônia num barracão sem número.
Uma noite ele chegou no bar Vinte de Novembro
Bebeu
Cantou
Dançou
Depois se atirou na Lagoa Rodrigo de Freitas e morreu afogado.[17]

No início da narrativa de Luiz Alfredo Garcia-Roza, o traço que estabelece a relação do morto com a sociedade é de ausência, de falta, de lacuna: *nenhum jornal registrou o fato e ninguém reclamou o corpo*. Mesmo tendo ocorrido um crime em circunstâncias misteriosas, nem mesmo a imprensa se interessa pelo fato ou pelo morto. Decreta-se, portanto, sua *inexistência*. Aqui se dá a primeira grande diferença em relação ao texto de Bandeira: a fonte explícita do poema é uma notícia de jornal, ou seja, o *registro* do suicídio de um cidadão carioca que, pela morte, se tornou visível.

Outra diferença marcante pode ser observada na designação dos protagonistas. Em *Espinosa sem saída*, o termo *vítima* designa o personagem não por um nome ou um apelido, mas por sua condição de assassinado, sem vida, sujeito à opressão, a maus-tratos, a arbitrariedades. Ainda que o narrador mencione a existência de um apelido, essa designação é subtraída no trecho em questão.

No poema de Bandeira, por sua vez, o personagem, descoberto a partir de sua condição de suicida, mesmo não sendo designado por nome e sobrenome, tem existência, distingue-se por um apelido que lhe dá singularidade: João Gostoso.

Em *Espinosa sem saída*, além da designação *vítima*, o jogo com a negação dos verbos *ter* e *haver* caracteriza o personagem por sua condição de despossuído, marginalizado, inteiramente fora de qualquer perspectiva social vigente. A negação da existência civil, da condição de cidadão, é reiterada pela enumeração explicativa dos elementos que comprovam sua *invisibilidade*: não há provas de sua vida social e psicológica, não há provas de sua condição de cidadão, não há qualquer registro de sua passagem pela vida, não há traços de amizades ou parentesco.

O verbo ser, que define a existência do personagem, na verdade aparece sem um sujeito explícito: *Era um sem-teto, sem-identidade, sem-família...* O sujeito pode ser recuperado no período anterior: a *vítima*. Os atributos que o qualificam novamente enfatizam a ausência, a falta de individualidade. A preposição *sem*, que indica ausência, privação, por meio do hífen se torna parte integrante das três palavras compostas que designam a vítima pela carência. A anteposição do indefinido *um* às três designações inclui o personagem na condição de elemento de uma classe definida pela privação: *um* dentre tantos outros desvalidos.

Para fechar o círculo em torno da cruel invisibilidade do personagem de Garcia-Roza, um último e irônico traço: a falta de uma perna. Essa ausência física funciona como uma metonímia da ausência total que caracteriza o personagem, materializando, por assim dizer, a metáfora da invisibilidade.

Diferentemente do personagem de Garcia-Roza, o de Bandeira *tem* e *é*, ganhando individualidade, apesar da forte exclusão social que o caracteriza: um apelido aponta suas singularidades; uma profissão não classificada indica sua condição de trabalhador; um morro carioca conhecido e um barracão sem número o situam geográfica e socialmente.

Os versos *Bebeu/Cantou/Dançou/Atirou-se...* reiteram a grande distância entre esses dois personagens que apontam para lugares sociais muito semelhantes. No poema, pela narrativa poética reconstruída a partir da imprensa, João Gostoso é sujeito pleno de seu corpo e de suas ações, como comprovam não apenas a sequência dos verbos beber, cantar, dançar, mas também seu domínio sobre a forma de morrer, dado pelo reflexivo *atirar-se*. Na narrativa de Garcia-Roza, o personagem não é sujeito. Ao contrário, é vítima de um assassinato e *objeto* de uma investigação.

No poema de Bandeira, a geografia da cidade do Rio de Janeiro ganha destaque por meio de várias designações que vão mapeando a trajetória do personagem, conferindo-lhe uma história existencial: "morava no morro da Babilônia; foi ao bar Vinte de Novembro, atirou-se na Lagoa Rodrigo de Freitas". Ainda que a identidade geográfica esteja estabelecida de forma mais contundente que a do personagem, que tem apenas um apelido, a condição humana fica preservada, provocando no leitor a sensação de contraste entre a humildade digna e a crueldade urbana.

No caso do contundente romance policial, constata-se que todos os liames entre o ser humano e o espaço social estão perdidos. O personagem se torna mais um caso de polícia, salvo do anonimato pela perspicácia de Alfredo Garcia-Roza e seu incansável Espinosa. Vale a pena ler o romance todo.

O diálogo entre Luiz Alfredo Garcia-Roza e Manuel Bandeira, aqui estabelecido, demonstra de que forma dois criadores, em diferentes momentos, tratam um determinado tema social e suas consequências, por meio de um

Literatura e outras linguagens

agudo trabalho de linguagem. Se nesses dois casos a anulação do humano pode ser observada pela violência implacável da sociedade e por seu desmascaramento pela literatura, mais uma narrativa contemporânea reforça esse viés: *Inferno*, de Patrícia Melo.[18]

A LINGUAGEM DO INFERNO

A prosa de ficção alimenta-se da multiplicidade de vozes que caracterizam uma época, uma sociedade. Na dicção forte de alguns escritores contemporâneos, espaço urbano brasileiro, violência e linguagem tornam-se conteúdo temático e estilo, reiterando a tradição do gênero e alargando suas possibilidades. É o caso de Patrícia Melo, revelação literária de 1994. Com *Acqua Toffana*, seu primeiro romance, a autora chama atenção, desde aquele momento, pela qualidade de sua narrativa e pelo forte parentesco com o grande escritor Rubem Fonseca. Questões urbanas atuais, filtradas e expostas por pesquisas de diferentes níveis sociais, registros, profissões e especialidades moldam os universos retratados, resvalando pela tradição literária, científica e, especialmente, pela multiplicidade de linguagens que constituem o universo retratado.

Passados 16 anos e mais 6 livros publicados, o parentesco evidencia-se como pertencimento a uma "família" e, ao mesmo tempo, independência, traços próprios, forte personalidade literária, elementos suficientes para conferir dimensão e sentido a matérias patéticas, banais, cotidianas, quase invisíveis a olhos nus.

Em 2001, *Inferno* merece o Prêmio Jabuti, focalizando a trajetória de um menino que aos 11 anos entra para o tráfico de drogas. A história banal de um traficante, sua subida/descida ao inferno, inclui a mãe empregada doméstica, sua patroa com o marido empresário e um amante, uma irmã mãe solteira *vidrada* nas novelas de televisão, os pastores e a religião, um leitor assíduo que conhece bem Machado de Assis e que nem por isso deixa de ter o mesmo destino cruel dos demais habitantes do inferno. Espécie de avesso da via sacra, a obra *registra* a ascensão e queda dos protagonistas do tráfico e a indiferença entre vida e morte.

Reiterando a perversidade da sociedade brasileira, a humanidade/desumanidade dos personagens se constrói e esfacela obedecendo ao ritmo de uma câmera que, simulando movimentos cinematográficos, televisivos, enquadra e exibe a complexidade da degradação social e o tumulto das vozes que constituem o universo urbano, como se observa desde o início do romance. O excerto apresentado a seguir dá uma ideia da qualidade, mas não dispensa a leitura do romance.

Inferno

> *A descida é fácil, as portas do inferno*
> *estão abertas dia e noite.*
> Virgílio, Eneida, Livro VI

Sol, piolhos, trambiques, gente boa, trapos, moscas, televisão, agiotas, sol, plástico, tempestades, diversos tipos de trastes, funk, lixo e escroques infestam o local. O garoto que sobe o morro é José Luís, o Reizinho. Excluindo Reizinho, ninguém ali é José, Luiz, Pedro, Antônio, Joaquim, Maria, Sebastiana. São Giseles, Alexis, Karinas, Washingtons, Christians, Vans, Daianas, Klebers e Eltons, nomes retirados de novelas, programas de televisão, do jet set internacional, das revistas de cabeleireiras e de produtos importados que invadem a favela.

Subindo. Ruas de terra batida. Onze anos, o garoto, Reizinho. Pipa nas mãos. Pés descalços. Short laranja. Uma menina acena para a câmera do cinegrafista. É comum se deparar com uma equipe jornalística na favela. A garota diz que sabe sambar. E sabe. Projeta o traseiro em direção à câmera, saracoteia, sensual. [...]

Durante a caminhada morro acima, domésticas sorriem para ele, passam, crianças, gente indo para o trabalho, oi Reizinho, pedreiros cumprimentam, crianças, babás, cachorros, eletricistas, oi, acenam as mãos, latem, cadelas, babás e digitadores, cachorros, encanadores, gigolôs, porteiros, ladrões de carros, crianças, sorriem, moças nas janelas, manobristas, assaltantes, costureiras, sorriem, traficantes de armas, o local é tumultuado, barulhento, confuso, entulhado, sujo, colorido.[19]

A primeira tomada panorâmica ofusca a vista e atiça o ouvido do leitor que, num relance, absorve o conjunto caótico e dinâmico, exposto pela enumeração de elementos de naturezas diversas: "Sol, piolhos, trambiques, gente boa, trapos, moscas, televisão, agiotas, sol, plástico, tempestades, diversos tipos de trastes, funk, lixo e escroques infestam o local". O que se vê e *ouve* está enquadrado pelo ponto de vista do narrador, por meio do tom avaliativo do léxico e do ritmo da sintaxe. A paisagem híbrida e seus habitantes, distinguidos por suas qualidades ou *profissões*, deixam expostas as fraturas que constituem a favela enquanto espaço *infestado*.

Observe-se que a epígrafe de *Inferno* é emprestada do Livro VI da *Eneida*, de Virgílio: "A descida é fácil, as portas do inferno estão abertas dia e noite". Sem dúvida, essa frase sinaliza e antecipa o universo que será retratado, prevenindo o leitor e, ao mesmo tempo, abrindo-lhe as portas para a narrativa. Entretanto, os primeiros parágrafos invertem de forma astuciosa o acesso ao inferno: em lugar de descer, o protagonista, irônica e premonitoriamente apelidado Reizinho, está *subindo* o morro. Ascensão e queda implicam-se nesses primeiros passos do caminho: "O garoto que sobe o morro é José Luís, o Reizinho/Onze anos, o garoto, Reizinho. Pipa nas mãos. Pés descalços. Short laranja".

Focalizadas com lupa, as minúcias e perversidades desse inferno revelam-se nos lugares menos esperados. Esse é o caso dos nomes próprios: "Excluindo Reizinho, ninguém ali é José, Luiz, Pedro, Antônio, Joaquim, Maria, Sebastiana. São Giseles, Alexis, Karinas, Washingtons, Christians, Vans, Daianas, Klebers e Eltons". Eles destoam da brasilidade de seus *portadores* e indiciam a presença de uma realidade externa que, como etiqueta de produto falsificado, estiliza o universo da favela.

Nada é flagrado com grandes efusões ou, ao contrário, de maneira chapada. Os discursos indireto-livres e as enumerações caóticas convocam vozes que humanizam/desumanizam a paisagem e os participantes desse universo. Captando a banalização da vida, do humano, presente nas cores, sons, cheiros, a narrativa evidencia a naturalização assumida, por exemplo, no gesto da menina que acena e se exibe para aqueles que a olham como objeto captado e divulgado como imagem estilizada: "Ruas de terra batida/o local é tumultuado, barulhento, confuso, entulhado, sujo, colorido/Uma menina acena para a câmera do cinegrafista".

A passagem do protagonista é captada como *rap*, como clipe, como narrativa, diálogo, resposta à plateia. O quadro exibe, em forma de colagem, pessoas e bichos, personagens sem qualquer possibilidade de escapar do abismo social a que estão condenados, "vivendo temporariamente" no tráfico, no subemprego.

Entretanto, à subida do Reizinho, as faces de humanidade, de um dia a dia com cumprimentos, sorrisos, acenos, esperanças no salvador, vem à tona, desnaturalizando essa espécie de metonímia da lata de lixo público criada pela degradação social brasileira: "domésticas sorriem para ele, passam, crianças, gente indo para o trabalho, oi Reizinho, pedreiros cumprimentam, crianças, babás, cachorros, eletricistas, oi, acenam as mãos, latem, cadelas, babás e digitadores, cachorros, encanadores, gigolôs, porteiros, ladrões de carros, crianças, sorriem, moças nas janelas, manobristas, assaltantes, costureiras, sorriem, traficantes de armas".

Como se pode constatar nos textos de Manuel Bandeira, Luiz Alfredo Garcia-Roza e Patrícia Melo, as formas de violência contra os cidadãos que passam a ter vida no noticiário, após a morte, ou aqueles que nem sequer são alcançados pelas lentes da mídia, ou, ainda, os iludidos e temporários *reis*, ganham na literatura um espaço em que podem ser vistos, conhecidos. A motivação da reflexão dos leitores, do conhecimento sobre essas realidades, passa, necessariamente, pela linguagem fina e criticamente elaborada, construtora das vozes sociais apagadas e outras instâncias.

Antes do último item que finalizará o percurso *Língua, literatura, identidades*, aqui construído, um depoimento da escritora e jornalista Mirna Pinsky, feito especialmente para este livro, concretiza a força da língua e de sua vertente literária. Nele, ao falar de *identidade de escritora*, ela repassa suas relações com língua, literatura, criatividade, compromisso, confirmando os produtivos laços existentes entre vida, leitura, construção de conhecimento: "Com as leituras de romances, aprendi a ver o mundo de fora; com os exercícios da escrita, fui tateando o mundo de dentro [...]. O que era crescimento e identidade passou a ser instrumento de compromisso".

■ Os trilhos e o trem

Mirna Pinsky

O que veio primeiro foi o encantamento pelas palavras de outros. Sem, claro, perceber o que me acontecia, fui sendo transportada para fora da chatice de minhas limitadas rotinas ao embarcar em hipérboles alheias. E o instrumento desse traslado, a palavra, me parecia perfeitamente ao meu alcance. Pois não era com ele que eu me contava no diário, registrando, com a disciplina de meus 8 anos, quem era quem (avós, pais, irmão, primos) e que sentimentos me inspiravam? (Foi um deleite recuperar esse diário, há alguns anos, numa dessas reformas de casa que funcionam como tufão, tirando tudo, principalmente papéis amarelados, de seus nichos de eternidade. O diário veio com data completa, o que não aconteceu com minha "primeira novela" a qual, pela caligrafia já mais segura, depositei uns dois ou três anos mais adiante.)

Esse primeiro texto de criação me trouxe lembranças curiosas: as personagens, cenário, objetos e outras figurações eram todos inspirados nos livros que lia. Embora conhecesse Monteiro Lobato, e tivesse adorado seus títulos mais "amenos" como *Reinações de Narizinho*, meu "patrimônio literário" eram traduções: obras de Charles Dickens, Rudyard Klipling, Mark Twain, entre outros.

Naquele texto, então, trafegavam tílburis, lampiões e personagens com nomes de Jane e John. E recordo a felicidade de perceber que, sem esforço, pelas folhas do bloco sem pauta, as palavras desenhadas a lápis davam vida a acontecidos e diálogos, do jeitinho (segundo minha inocente apreciação) que estava nos livros. Essa autoavaliação foi pra lá de reconfortante, pois a rotina de meus 10 pra 11 anos era cheia de desafios angustiantes: tirar notas que garantissem a estrelinha no boletim mensal, tocar sem tropeços pecinhas ao piano para exibição ao final do ano, dominar bem o inglês das aulas da União Cultural Brasil-Estados Unidos e conseguir equilíbrio adequado nas pontas dos pés das aulas de balé. Fora o lance do convívio social, em que sempre surgia uma líder disfarçadamente sádica, exigindo maneios de atitudes e alma. É mole? Pois no frigir dos ovos, era moleza sim, porque a palavra escrita pelos autores (em que eu mergulhava) e por mim (nos arremedos de histórias que fui produzindo) eram meus trilhos e meu trem, a maneira lúdica e ao meu alcance (filha que sou de professora primária competente) de garantir aprovação.

Tinha conquistado um espaço de segurança. Cavalgar a palavra com destreza maior do que a média de meus colegas trouxe benefícios. Ainda mais depois que me elegeram *ghost-writer* das dissertações que o professor Álvaro passava toda segunda-feira. Embora por vezes ele sacasse "ecos do estilo da Mirna" em composições de minhas colegas, meu crédito ficou garantido.

E minha "notoriedade" confirmou-se quando passei a me arriscar na poesia. As frases melodiosas vinham com facilidade, e combinar o tom e o som das palavras com imagens, produzindo fortes metáforas, por vezes fugia ao meu controle. A torrente escorrendo pelo papel ganhava vida, quase uma coisa autônoma entre o som e o sentido final, sem acionar trâmites racionais intermediários. Mas que soava bonito, soava...

Eram versos curtos, sem rima, poucas estrofes, com a palavra e as imagens soltas configuradas em anseios adolescentes: amor, falta de, primeiros embates com o vazio, incomunicabilidades da juventude, e, claro, indignações contra injustiças sociais. Esse anseio, mais que os outros, fazia muito sucesso nos saraus poéticos que vicejavam nos anos 1960 por toda São Paulo. Os trilhos podiam estar um pouco desnorteados, mas o trem ia se abarrotando de ousadias.

Na infância, a família fornece a maioria dos parâmetros. Na adolescência é a comunidade que faz esse papel. Ganhei prêmios de poesia e agora meu oásis se tornava também meu "bálsamo, meu sentido", minha incipiente construção de identidade. Claro que nada disso era muito consciente, porque os desafios das circunstâncias consumiam toda minha energia.

Ler e escrever renovavam essas energias, eram fontes de prazer e espaços pessoais secretos, individualizados, que traziam alento e equilíbrio. [Ler era insumo, escrever era produto.] E foi nas asas dessa dupla experiência que minha sensibilidade deslanchou. Com as leituras de romances, aprendi a ver o mundo de fora; com os exercícios da escrita, fui tateando o mundo de dentro.

Depois, o domínio da palavra escrita invadiu outras dimensões. Fui jornalista durante uns dez anos. E desde 1980, estou engajada na área editorial, e de formas diversas (traduzindo e copidescando) lido com o texto de outros.

Quanto à minha produção, no final dos anos 1970 voltou-se para a criança e mais adiante também para o jovem, embora de vez em quando tenha recaídas na direção da poesia. A língua, nessa etapa, continua funcionando como elemento de apreensão e comunicação. Na literatura para o público jovem fiz, intuitivamente, a opção de assumir o universo do leitor, narrando na ótica dele. Uso e abuso do narrador indireto livre, que consegue acolher o que se passa na mente e no coração do personagem, sem ficar constrito às amarras de uma consciência mais leve. Nesse jogo, é possível construir o inusitado que autoriza a leitura divertida, tanto por parte do leitor jovem quanto do adulto. Ainda que a reação do leitor jovem venha a ser apenas um ligeiro sorriso, acredito que o "se ver" de uma forma menos tradicional e padronizada promove um crescimento interior (apreensão de novos conceitos, autopercepções) e uma abertura para o universo da escrita.

Em "A verdade das mentiras", Mario Vargas Llosa escreve que a literatura

> [...] é alimento de espíritos indóceis [...]. Sair para cavalgar junto ao esquálido Rocinante, percorrer os mares em busca da baleia branca, beber o arsênico com Ema Bovary é uma maneira inteligente que inventamos para desagravar-nos das ofensas e imposições dessa vida injusta, que nos obriga a ser sempre os mesmos, quando gostaríamos de ser muitos [...]. A literatura somente apazigua momentaneamente essa insatisfação existencial [...] mas nessa suspensão provisional da vida [...] somos outros. Mais intensos, mais ricos, mais completos, mais felizes, mais lúcidos [...][20]

O que era crescimento e identidade passou a ser instrumento de compromisso. Hoje os trilhos encontram-se estáveis em seus dormentes e o trem mais carregado. Não consigo viver em paz diante do exército crescente de jovens com acesso vedado aos livros, que vejo à minha volta. Sei que isso ocorre não porque outros lazeres roubem a atenção deles, mas porque a despeito dos vários anos em bancos escolares, não dominam o letramento.

Continuo escrevendo histórias para crianças e jovens – tenho 42 livros publicados, em 2010 faço 32 anos de pé na estrada –, mas quero alcançar uma parcela maior desses 85% de alunos do ensino fundamental, meus leitores em potencial, que frequentam escolas públicas. A minha viagem sofreu correção de rota. Se no início me bastava endossar Amos Oz (na Flip) – "a língua é para mim constituinte, uma atitude, um instrumento, um estado mental", hoje tenho outras pretensões. Elejo, como Llosa, a língua promovida pela literatura, como fonte de "ampliação do repertório de palavras a partir do qual é possível elaborar conceitos, apreender informações, incorporá-las e dessa maneira construir o conhecimento". Considero que o domínio de uma fala rica seja "fundamental para se estar preparado para pensar, aprender, dialogar, e mesmo sonhar e fantasiar". Quero estender isso a muito mais crianças.

A consciência do que a língua fez por mim continua imprimindo novos rumos aos trilhos. Há que reconfigurar o trem para conseguir interferir concretamente ao redor.

MESTRE NÃO É QUEM SEMPRE ENSINA, MAS QUEM DE REPENTE APRENDE

Neste último item, não por acaso, é a fala de Guimarães Rosa pela voz de Riobaldo que permite reinstaurar experiências de linguistas movidos, no passado e no presente, pela força da literatura e, especialmente, pela capacidade de, na condição de professores, se oferecerem como portadores de mapas da mina. Neles, a literatura pode ser vista, além de janela para o mundo, como instrumento de pensar e ensinar língua. Coloco-me nessa posição (motivo desta obra) e dou voz aos professores/pesquisadores Francisco da Silva Borba e Dino Preti, que, na condição de linguistas desbravadores de caminhos, nunca se desvencilharam da literatura e do estudo e ensino da língua.

No meu caso, as marcas deixadas pelo Instituto de Educação Peixoto Gomide, famoso IEPG de Itapetininga, cidade do interior paulista, fundem, refundem, confundem, entre tantas lembranças, leituras desordenadas em que contos de fada, Coleção Saraiva e Monteiro Lobato se destacam juntamente com as primeiras desconfianças de que livros não constituíam apenas um mundo misterioso e fascinante, mas se tornavam para algumas pessoas, como meus professores, a matéria-prima para uma profissional, para a sobrevivência. Os livros, se por um lado substituíam as janelas dos trens da minha infância, colocando-me em movimento diante de tantas paisagens, diante de tantos mundos, ao mesmo tempo me ofereciam a possibilidade de uma profissão, de um trabalho. Um trabalho com livros...

Uma das figuras centrais para a percepção dessa realidade, considerando-se, naturalmente, que a consciência explícita eu talvez só tenha tido anos mais tarde, pois o que contava naquele momento era a dimensão emocional da descoberta, foi meu querido professor Francisco da Silva Borba. Naquele momento, o Exame de Admissão ao Curso Ginasial do Instituto de Educação Peixoto Gomide colocou-me diante de um professor bonito (eu vinha do Primário e só conhecera professoras...), sério e sisudo, que me fez decifrar um texto e enfrentar verbos irregulares e defectivos. Apesar da minha surpresa com o moço, cuidadosamente disfarçada pela minha timidez, confesso que não foi exatamente naquele momento que me apaixonei pela língua, pela linguagem. De fato, a importância do professor Borba e seu papel decisivo no que diz respeito às minhas descobertas em torno da linguagem vieram um pouco depois.

Como professor de Português do curso ginasial, ele dedicava a quinta aula da semana à leitura da obra de Monteiro Lobato. Na verdade, esse autor, envolvido por capas verdes cuidadosamente enfileiradas nas estantes de um tio querido, já despertara minha curiosidade. Como meu tio morava em Santo André, somente nas férias eu tinha oportunidade de recomeçar a leitura lenta, que a alfabetização, ainda primária, e os passeios e as brincadeiras como os primos não permitiam concluir. Entretanto, a voz agradável, pausada e didaticamente sedutora de Borba abriu-me as portas para aquele mundo fantástico, estabelecendo decisivamente a ponte entre o coração e a escola, entre a linguagem e o mundo, entre os livros e o prazer.

Esse foi o gesto inaugural de mestre Borba, no sentido de fazer ver, a criaturas que mal apontavam para a vida, o universo linguístico-literário, sua força de janela escancarada para voos de imaginação, expressão e comunicação. Por meio do olhar agudo que se projetava do rosto fino, do corpo longilíneo cujas mãos sempre sustentavam um livro, e de uma voz que destilava não apenas particularidades de verbos irregulares, mas também poemas, falas de personagens e finas ironias, Borba se impunha entre o poder hipnótico e sedutor do mágico e a segurança do professor que tem a exata noção do que ensinar. E a biblioteca do IEPG nunca viu tantos alunos disputando livros...

Bem mais tarde, quando meu interesse pelos estudos da linguagem tornou-se uma opção consciente, reencontrei, num primeiro momento via livro, esse mestre querido. Ele já era, então, um respeitado linguista. E eu começava a trilhar um caminho que até certo ponto era semelhante ao da voz que outrora materializava o Sítio do Pica-Pau Amarelo, afinara meus ouvidos para a relação entre pausas, pontuação e significados, emprestara óculos para perceber imagens surgidas dos textos por meio da magia das palavras.

Borba e eu somos protagonistas desse passado, mas poderia pôr tudo no presente, traduzindo para as teorias contemporâneas de concepção de língua e ensino, a capacidade pessoal que esse professor tem, até hoje, de ser sempre o mestre que ensina, o pesquisador que aprende e, especialmente, vice-versa.

A seguir, dou a palavra aos dois linguistas, cujo instrumento de trabalho passa necessariamente pela literatura: Francisco da Silva Borba e Dino Preti, que ofereceram depoimentos a este livro. Tomo, antes, o cuidado de recuperar uma frase de Pedrinho a dona Benta, que representa bem o gesto educacional de ambos e a maneira como encaminharam a relação língua, literatura, identidades:

> Ah, assim, sim! – dizia ele. – Se meu professor ensinasse como a senhora, a tal gramática até virava brincadeira. Mas o homem obriga a gente a decorar uma porção de definições que ninguém entende. Ditongos, fonemas, gerúndios...[21]

▪ A literatura como registro: uma visão linguística

Francisco da Silva Borba

Um linguista que se interessa especialmente pela metodologia de análise e descrição de línguas para verificar como elas se organizam e como funcionam há de se interessar por todos os níveis em que elas se manifestam. Diante de uma manifestação linguística, ele não tratará de interpretar e avaliar o que foi dito, mas como foi dito ou produzido tal ou tal texto.

Nesse sentido, o conceito de registro pode ser valioso. Entenda-se por registro o nível de manifestação da língua coletiva. Num primeiro plano tem-se prosa e poesia. A prosa engloba a língua literária, a língua técnica, as gírias além de outras formas menos marcadas como a crônica e a correspondência, os artigos de fundo e os noticiários de jornais. Esses registros caracterizam-se por um determinado grau de tensão de uso que se costuma rotular como coloquial tenso e coloquial distenso, segundo haja maior ou menor busca de disciplina gramatical e adequação vocabular. Esta última rotulação não se aplica à poesia porque a expressão da função poética é necessariamente tensa. O registro técnico é sempre tenso, assim como a gíria é sempre distensa. Em termos de literariedade, digamos que, mais literário, mais tenso e menos literário, menos tenso. Na tentativa de abarcar, sob essa perspectiva e de forma geral e resumida, nossa produção escrita, vamos começar pela prosa ficcional.

A trajetória da prosa escrita produzida no Brasil vai do mais tenso e lusitanizante ao menos tenso e brasilizante. Cronologicamente, dividimos essa trajetória em dois períodos: o colonial (séculos XVI, XVII, XVIII) e o não colonial, Império e República, (século XIX em diante). As primeiras produções em língua escrita vêm dos jesuítas, dentre os quais se destacam três – Anchieta, Nóbrega e Fernão Cardim. Anchieta produziu poemas e autos; Nobrega e Cardim, narrativas; os três deixaram muitas cartas. É uma prosa rica de informações e impressões sobre a terra, lavrada em linguagem simples e contida, além do tom objetivo. Seguem-se os trabalhos de historiadores e os relatos de viajantes.

Para compreender o recorte dessa trajetória, aqui apresentado, será mais conveniente estabelecer uma tipologia, digamos, língua literária e língua técnica. A primeira é um rótulo genérico que abrange o registro em que se exara a ficção, ou seja, interpretação pessoal do ambiente físico e social expressa em formato de contos, romances, novelas; a oratória, isto é, formulação abstrata de princípios, doutrinas ou exposição de ideologias políticas, religiosas e o jornalismo, neste compreendidas a crônica e a correspondência; a segunda é aquela em que se expõem os resultados de pesquisas ou reflexões em todas as áreas do conhecimento.

No período colonial, a língua escrita compreende principalmente textos descritivos e narrativos da geografia e história do Brasil, bem como relatos de viajantes sobre a exuberância e o exotismo da terra, além de aventuras com índios e feras. Os autores eram portugueses adaptados (ou não) ao novo ambiente ou filhos de portugueses aqui nascidos. A forma naturalmente gradua-se pela língua literária lusitana.

Enquanto isso, a língua falada seguia seu curso divergente da metrópole, sob a ação de fatores vários como encontro e convívio de falantes de várias regiões. Na primeira metade do século XIX, com o Romantismo e seus ideais nativistas e nacionalistas, começa a nossa prosa literária. E isso se deu pela tomada de consciência de que a realidade linguística brasileira era outra, já diferente da variante lusitana e que era o caso, então, de incorporá-la à escrita, o que não foi fácil porque a tradição literária rebaixava o nosso coloquialismo ao nível popular tido como grosseiro e esteticamente inadequado. Na prosa, a tarefa coube a José de Alencar (1829-1877) que tentou dotar o Brasil de uma língua literária que fosse ao mesmo tempo espontaneamente viva, moderna e nobre. Defende essa ideia com veemência nos posfácios das obras *Diva* (1864) e *Sonhos d'ouro* (1872), postulando o aproveitamento do material existente, vale dizer, a oralidade resultante da fusão da língua implantada com as outras aqui encontradas ou aqui aportadas.

Tomando como campo de observação a sintaxe e o léxico, vamos examinar, em linhas gerais, como se foi configurando a nossa prosa literária.

A prosa anterior ao Romantismo, embora se constituísse de textos descritivos e narrativos, tinha caráter informativo, procurando, portanto, ser objetiva e denotativa, embora sempre houvesse uma preocupação de refinamento expressional, de fuga ao coloquial distenso, o que caracteriza também os textos não ficcionais como os dos historiadores.

A prosa de ficção moderna constrói seu texto a poder de palavras e expressões do cotidiano. É a invasão da oralidade na escrituralidade. Essa atitude tem como marco a Semana de Arte Moderna de 1922 e a documentação mais alentada é *Macunaíma*, de Mario de Andrade, em que se pode observar, logo no início, sintaxe simples, com frases que se sucedem justapostas, estrutura interna equilibrada. A distribuição dá um balanço peculiar ao texto e as marcas de oralidade já se documentam nalgumas construções, mas estão especialmente na escolha lexical.

> No fundo do mato-virgem nasceu Macunaíma, herói de nossa gente. Era preto retinto e filho do medo da noite. Houve um momento em que o silêncio foi tão grande escutando o murmurejo do Uraricoera, que a índia tapanhumas pariu uma criança feia. Essa criança é que chamaram de Macunaíma.
>
> Já na meninice fez coisas de sarapantar. De primeiro passou mais de seis anos não falando. Si o incitavam a falar exclamava:
>
> – Ai! que preguiça! ...
>
> e não dizia mais nada. Ficava no canto da maloca, trepado no jirau de paxiúba, espiando o trabalho dos outros e principalmente os dois manos que tinha, Maanape já velhinho e Jiguê na força do homem. O divertimento dele era decepar cabeça de saúva. Vivia deitado, mas si punha os olhos em dinheiro, Macunaíma dandava pra ganhar vintém. E também espertava quando a família ia tomar banho no rio, todos juntos e nus. Passava o tempo do banho dando mergulho, e as mulheres soltavam gritos gozados por causa dos guaiamuns diz-que habitando a água-doce por lá.[22]

No trecho citado, tem-se uma sintaxe simples, com frases que se sucedem justapostas. São 12 frases, sendo 6 praticamente da mesma extensão entre 7 e 10 palavras; 3 entre 14 e 15 palavras, 2 com 23 palavras e apenas 1 com 31 palavras. A estrutura interna das frases também é equilibrada: 8 construções são coordenadas e 4 são períodos compostos por subordinação. Há também duas orações adjetivas, uma numa construção coordenada e outra numa subordinada. Essa distribuição dá um balanço peculiar ao texto.

Assim, em *Macunaíma dandava pra ganhar vintém* é aproveitamento da linguagem familiar usada quando se treina a criança no andar: *Anda neném, pra ganhar vintém*. A construção *Essa criança é que chamaram de Macunaíma* é opção mais coloquial do que *A essa criança chamaram Macunaíma*. Em *passou mais de seis anos não falando*, a construção com gerúndio é mais coloquial do que a construção com infinitivo preposicionado *sem falar*. Construções típicas do registro oral são *de primeiro* por primeiramente, *diz-que* para iniciar um relato hipotético. Típicos do registro oral ou coloquial distenso são *mato-virgem* por mata-virgem, *maloca* por choça, *parir* por dar à luz, *sarapantar* por espantar, *espertar* por despertar, ficar atento.

Contudo, ainda se encontram no texto algumas marcas de língua literária: construções intensivas como *preto retinto*, preto muito preto, ou seja, carregado na cor escura; *pôr os olhos em* por ver; *filho do medo da noite* por nascido à noite; e itens léxicos de registro mais elevado como *murmurejo, incitar* ou *habitar* por morar; *decepar* por cortar; *meninice* por infância.

No panorama da literatura brasileira, a linha do cotidiano segue na preo-cupação com simplicidade, leveza etc., mas também é alcançada pela disciplina de um refinamento sem barroquismo como se pode atestar em autores contem-porâneos, caso de Milton Hatoum em *Relato de um certo Oriente*.

> Quando abri os olhos, vi o vulto de uma mulher e o de uma criança. As duas figuras estavam inertes diante de mim, e a claridade indecisa da manhã nublada devolvia os dois corpos ao sono e ao cansaço de uma noite mal dormida. Sem perceber, tinha me afastado do lugar escolhido para dormir e ingressado numa espécie de gruta vegetal, entre o globo de luz e o caramanchão que dá acesso aos fundos da casa. Deitada na grama, com o corpo encolhido por causa do sereno, sentia na pele a roupa úmida e tinha as mãos repousadas nas páginas também úmidas de um caderno aberto, onde rabiscara, meio sonolenta, algumas impressões do voo noturno.[23]

A sintaxe regular mostra uma sequência de orações que se sucedem na ordem cronológica da apresentação do quadro. O léxico é funcional, cria-se atmosfera de vaguidade e indeterminação por palavras de significado genérico: vulto >

figura > corpos, uma espécie de gruta. O tom *literário* está em algumas associações: *claridade* indecisa *que* devolve *os dois corpos* ao sono; *as mãos* repousadas.

Não seria exagero afirmar que a sintaxe da língua literária do Brasil toma uma forma definida e ideal com Machado de Assis, Euclides da Cunha e Graciliano Ramos. E qual seria essa forma? A da regularidade com encadeamento natural dos constituintes; é a sintaxe a serviço do assunto.

Neste rápido e incompleto esboço, resumo de uma maneira de compreender a literatura como registro, talvez seja interessante colocar num estatuto especial a prosa de Guimarães Rosa:

> Tremendo, este córrego da Fome! Em tempo de paz, não passa de um chuí chocho – um fio. Mas, dezembro vindo, com o dar das longas chuvas, torna-se mais perigoso do que um rio grande, que sempre guarda seus remansos, praias rasas e segmentos de retardada correnteza.
>
> Entupindo o declive do morro, a boiada permanecia parada. Muitos mugiam.
>
> – Cou! Cou! Tou! Tou!...
>
> Os primeiros se chegam para a beirada. Zé-Grande entra n'água, no Cata-Brasa, que pega a nadar. E, já no meio da torrente, o guieiro ainda se volta, tocando o *berrante*. Um junqueira longicórnio estica o pescoço fino, arrebita o focinho, e pula, de rabo desfraldado. Então, todos os cocorutos estremecem, para a frente e depois para trás. Despencou-se mais um cacho de reses. Chapinham com estrupido, os mocotós golpeando como puxavantes. Perderam pé: os corpos desaparecem, ficam de fora somente as beiçamas, as ventas polposas, pegando ar, e os pares de chifres, como tentáculos de caramujos aquáticos. E aí toda manada se precipita, com muita pressa, transpondo a enchente do riacho da Fome.[24]

Conta-se a travessia de uma boiada por um córrego, mas em tempo de cheia. A sintaxe é regular com frases de componentes justapostos, quase todas de mesma extensão, sucedendo-se em sequência temporal. A primeira frase, nominal, tem seu predicado antecipado, *tremendo*, espantoso; assombroso, para contraste semântico com o da segunda frase: *não passa de*. O caráter visual da cena é mostrado principalmente pelo léxico e seu arranjo. Na primeira parte, o local da cena é apresentado por predicados estativos, centrados em adjetivos, um mais expressivo porque sozinho, e dois auxiliados por verbos: tornar-se *perigoso* e permanecer *parada*. Ou em verbos com o sentido transposto: *não passar de*, não ser senão, ser apenas; *guardar*, manter, ter; *entupir*, obstruir, tapar, entulhar: a boiada *entupia*, a boiada era, constituía obstrução tapamento.

A segunda parte começa com predicados centrados em verbos de ação, sendo poucos de ações corriqueiras como *mugir*, *entrar* n'água, *nadar*, *tocar* o berrante ou *chegar-se*, aproximar-se. A maioria marca ações com formas expressivas: *esticar*, distender, retesar o pescoço; *arrebitar*, revirar para cima, o focinho; *despencar-se*, soltar-se da penca ou do cacho, soltar-se; *chapinhar*, bater de chapa ou fazer chape, chape, sucessivas vezes na água; *golpear*, dar golpes ou pancadas; *precipitar-se*, jogar-se de cima para baixo; despenhar-se; lançar-se.

Dos substantivos concretos, um deles, *chuí*, deve ser criação do autor para representar um ruído agradável da água correndo em pequena quantidade: *um chuí chocho, um fio.* Os demais, todos descritivos, são denotativos comuns como boiada, córrego, chuva, rio etc. Alguns, para evitar repetição, voltam em forma um pouco mais sofisticada (?) como *manada* para boiada, *torrente* para correnteza; outros assumem caráter técnico: *declive, guieiro*, guia; *Junqueira*, boi robusto e corpulento oriundo de Goiás e norte de Minas; *cocoruto*, ponto mais alto da cabeça; *remanso*, trecho mais largo de rio em que as águas, após movimentos de agitação intensa, provocados por correnteza em leito estreito, se tornam mansas; *puxavante*, instrumento que serve para puxar; puxador; outros, específicos: *ventas*, narinas, e *beiçama*, lábios grandes, ambos especialmente utilizados para designar essas partes dos animais.

Dos adjetivos em posição predicativa, dois são avaliativos: *tremendo* e *perigoso*. Os adjetivos em posição atributiva são descritivos em posição habitual, ou seja, depois dos substantivos: *praias rasas, junqueira longicórnio*, de chifres longos, *pescoço fino, rabo desfraldado*, erguido, *ventas polposas*, de polpa grande, carnoso, carnudo.

Digamos, para concluir esse pequeno exemplário, que a sintaxe da língua escrita é mais disciplinada do que a da língua oral. Digamos, também, que a prosa literária no Brasil define seus traços básicos no Romantismo, vale dizer, na primeira metade do século XIX. Diz-se que, na sintaxe oral predomina a coordenação e na escrita, a subordinação. Pode ser. A estruturação do período realmente é mais regular na escrita, mas o predomínio da subordinação sobre a coordenação realmente depende do tipo de prosa. Aliás, a diferença entre os dois registros é a ausência/presença de marcas de coordenação e de subordinação. Mas o que interessa observar é que há um aproveitamento estilístico consciente dos expedientes sintáticos que a língua oferece. Nesse sentido até a transgressão vira recurso para se chamar a atenção para o que se quer dizer.

Uma vez que tais expedientes são marcas da prosa literária e são sempre usados, então, o que caracteriza um período literário com relação a outro, é a dosagem no uso. A prosa literária se define pela sintaxe e pelo léxico. A sintaxe ideal deve se caracterizar pelo equilíbrio dos recursos disponíveis que levam à clareza e à elegância. Uma sintaxe bem balanceada dá sempre impressão de simplicidade e leveza. O vocabulário deve se caracterizar pela adequação e, depois, pela capacidade de captar sutilezas de expressão. Enfim, quem escreve quer ser lido. Por isso, procura chamar a atenção por diversos meios. O discurso escrito nunca é neutro ou fórico, como se diz hoje, exceto com relação à língua técnica, cujo objetivo primeiro não é persuadir, mas informar ou, então, provar por meio de argumentos ou exemplos, e estes persuadem pelo conteúdo não pela forma. Afora esse caso, o discurso escrito é sempre eufórico ou disfórico, ou seja, é apreciativo, depreciativo, jocoso, irônico, solene etc.

■ O texto literário como documento linguístico

Dino Preti

A partir da segunda metade do século passado, mais precisamente a partir de 1967, quando iniciamos nossa carreira na Universidade de São Paulo, trabalhando na Escola de Comunicações e Artes, tivemos nosso interesse voltado para o estudo da língua oral.

Os alunos produziam seus trabalhos de aproveitamento, adaptando crônicas ou contos para uma realidade local, exemplificando as teorias da variedade linguística com a montagem e gravação de cenas de TV, rádio, teatro, cinema, audiovisual, que eram posteriormente apresentadas na classe, ocasião em que se discutiam os níveis de linguagem, a importância da *situação de comunicação* na criação dos diálogos das personagens.

Essa experiência foi decisiva para nossas pesquisas futuras, quando na área de Língua Portuguesa, na Faculdade de Filosofia, Letras e Ciências Humanas da mesma universidade, de 1969 em diante. Já em 1972 terminávamos nosso doutorado, em que estudáramos o diálogo literário no romance brasileiro, com os autores do século XIX, passando pelo período do Romantismo e do Realismo-Naturalismo, chegando até os pré-modernistas e os primeiros alvores do Modernismo. Publicada em 1977, a obra *Sociolinguística: os níveis de fala – Um estudo sociolinguístico do diálogo na literatura brasileira* pretendia ser "um manual introdutório ao estudo da variação linguística, dialetos e registros de uma comunidade, bem como um roteiro para a iniciação crítica ao estudo do diálogo no romance brasileiro".

Com a divulgação das teorias e cursos sobre Análise da Conversação (principalmente a partir da publicação do livro de Luiz Antônio Marcuschi sobre o assunto), incentivaram-se os cursos e estudos dentro dessa linha. Assim, em 1991 concluímos uma pesquisa com "idosos velhos" (acima de 80 anos), toda baseada em gravações, que deu origem ao livro *A linguagem dos idosos.*

Ainda nessa época, lembraríamos a orientação da tese de Hudinilson Urbano sobre os diálogos literários na obra de Rubem Fonseca, em 1985, posteriormente publicada em livro, sob o título de *Oralidade na literatura,* em 2000.

Mas o conhecimento da língua falada do passado, anterior ao surgimento dos instrumentos de gravação (gravadores de fita, de cassete, vídeos etc.) continuava a ser um desafio para nós. Em que sentido poderíamos considerar o texto de ficção (o romance, a novela, o conto, o teatro) como um documento linguístico para pesquisa da língua oral do passado?

A partir de 1995, na pós-graduação na PUC-SP, além de um grupo de trabalho (GT) sobre *Análise da conversação no português do Brasil,* ministramos uma disciplina que vem incentivando os alunos no estudo do diálogo literário – *Língua oral e discurso literário* – e criamos um projeto de pesquisa sobre *Oralidade na ficção literária brasileira.*

Pensamos que o prosador, em todas as épocas, é um observador importante da linguagem do seu tempo e revela sua experiência linguística na fala de suas personagens ou de seus narradores. E, não raro, também em seus versos, no caso dos poetas. Orientandos de pós-graduação têm produzido dissertações e teses em que estudam a influência da oralidade na poesia de Manuel Bandeira, Carlos Drummond de Andrade, Vinicius de Moraes, além da prosa de Machado de Assis, José de Alencar, Luís Vilela ou das falas do teatro de Nelson Rodrigues, Plínio Marcos, entre outros.

Em nossas aulas, procuramos mostrar como os textos literários deixam testemunho da língua oral viva da época em que foram escritos. Assim, a fala medieval deixou traços inconfundíveis na literatura de seu tempo, como, por exemplo, na *Crônica de D. João I,* de Fernão Lopes, quando o autor chama seus leitores de ouvintes, em razão de os livros serem manuscritos e publicados em edições muito restritas, o que levava os autores a lê-los como uma forma de divulgação. A consciência dessa oralidade era muitas vezes marcada no texto: "Sendo a tormenta do Reino tão grande como *ouvistes...* [...] Nas falas que *ouvistes* o conselho que el-rei teve se gastou tanto do dia, que já eram horas de véspera".[25]

Um exemplo original da fala da época, encontramos em referências à variação de pronúncia na Bahia, no século XVII. Crítico violento dos pretensos nobres baianos de seu tempo, sem instrução, pedantes, Gregório de Matos procurou denegri-los, comparando sua pronúncia com a da linguagem culta de Portugal:

> Ande sempre à caça e montaria
> Dê nova locução, novo epíteto,
> E diga-o sem propósito à porfia!
> Que, em dizendo *facção, pertexto, afecto*
> Será no entendimento da Bahia
> Mui fidalgo, mui rico e mui discreto.[26]

A história literária tem-nos mostrado que, em todas as épocas, os autores, particularmente os romancistas de costumes, procuraram conduzir os diálogos de suas personagens a partir de sua experiência com a conversação da comunidade em que viveram. Assim, José de Alencar, que chegou até a estudar livros de Linguística, para entender o problema da diferença entre a linguagem de Portugal e do Brasil (cf. prefácio de *Sonhos d'ouro*), em seu livro *Senhora* explica por meio de sua personagem Seixas em diálogo com Aurélia, a oposição entre a pronúncia portuguesa do tratamento *a senhôra*, e a correspondente, no Brasil, *a senhóra*. Também em Alencar, no romance *Lucíola*, encontramos exemplificação da alternância de tratamento linguístico (*tu/o senhor*), opondo diferenças sociais, conforme a teoria desenvolvida mais tarde por Brown e Gilman.[27]

Atualmente, nossas pesquisas tem-nos levado principalmente a alguns prosadores contemporâneos, em particular João Antônio, com o aproveitamento literário das gírias marginais; Luiz Vilela, em cujos contos predomina o diálogo; Rubem Fonseca, o grande estilista revelado nos contos.

É certo que ninguém pode estudar, hoje, a língua oral apenas por documentos literários, pelo menos a partir dos modernos meios da ciência eletrônica. Mas, com referência à língua oral do passado, cremos que o texto literário pode constituir um importante documento linguístico, pois pensamos que sempre foi um objetivo dos escritores, em particular dos prosadores, no romance de costumes, criar personagens e narradores *naturais*, isto é, integrados na *ilusão da realidade* que definiria a literatura.

Por isso, temos procurado no diálogo literário encontrar os esquemas conversacionais que se revelam em certos momentos do texto, considerando-se sempre o contexto histórico-social que os autores descrevem e os modelos de competência comunicativa que atribuem a suas personagens.

Notas

[1] Este texto pode ser encontrado, de forma resumida, em B. Brait, "A identidade pelo idioma", em *Revista Língua Portuguesa*, 45, 2009, pp. 34-5.

[2] Com modificações, esse texto pode ser encontrado B. Brait, "Identidade em prosa e verso", em *Revista Língua Portuguesa*, n. 23, 2007, pp. 34-5.

[3] Machado de Assis, "Notícia da atual literatura brasileira Instinto de nacionalidade [A língua]", em *Obra completa*, Rio de Janeiro, Aguilar, 1973, v. III, pp. 808-9.

[4] Foi professora de Socioliguística e de Português do Brasil no DLCV da FFLCH-USP, onde era livre-docente. Também deu aulas de Latim e de Português no segundo grau e de Português, Literatura Brasileira e Cultura Brasileira na Karl Eberhardt Universität (Alemanha). Dentre suas várias obras está *O português popular escrito*, 2. ed., São Paulo, Contexto,1996, em que a autora estuda características do português brasileiro escrito não padrão, presente nos letreiros das feiras, em cartazes, placas, impressos volantes, tabuletas e correspondências de populares, retratando o léxico, a grafia e a gramática dessa modalidade da língua portuguesa, mostrando como é arraigada, na população, a consciência das diferenças entre língua falada e língua escrita.

[5] Edith Pimentel Pinto, *A língua escrita no Brasil*, São Paulo, Ática, 1986, p. 11.

[6] Idem, *História da língua portuguesa VI, século XX*, São Paulo, Ática, 1988.

[7] Idem, *A gramatiquinha de Mário de Andrade:* texto e contexto, São Paulo, Duas Cidades/Secretaria de Estado da Cultura, 1990.

[8] Carlos Drummond de Andrade, "Suas cartas", em *Poesia completa e prosa*, 4. ed., Rio de Janeiro, Nova Aguilar, 1977, p. 753.

[9] Oswald de Andrade, *Poemas menores*, em *Obras completas*, 3. ed., Rio de Janeiro, Civilização Brasileira/MEC, 1972, v. VII, p. 115.

[10] Idem, *Obras completas*, cit., p. 31.

[11] Idem, p. 27.

[12] Idem, p. 32.

[13] Idem, p. 63.

[14] C. A. Faraco (org.), *Estrangeirismos:* guerras em torno da língua, São Paulo, Parábola, 2001.

[15] A. G. L, 87 anos. In: Projeto de pesquisa "Cidades saudáveis – uma proposta humanística de promoção da saúde do idoso no município de Sairé, em Pernambuco", UFPE, Cristina Sampaio e colaboradores, 2007.

[16] Luiz Alfredo Garcia-Roza, *Espinosa sem saída*, São Paulo, Companhia das Letras, 2006, pp. 38 e 67.

[17] Manuel Bandeira, *Poesia completa e prosa*, Rio de Janeiro, Aguilar, 1974, p. 214. [*Libertinagem*].

[18] Esta análise, com modificações, aparece em B. Brait, "A linguagem do inferno", em *Revista Língua Portuguesa*, n. 49, 2009, pp. 34-5.

[19] Patrícia Melo, *Inferno*, São Paulo, Companhia das Letras, 2001, pp. 9-10.

[20] Mário Vargas Llosa, *A verdade das mentiras*, São Paulo, Arx, 2003.

[21] Monteiro Lobato, *Emília no país da gramática*, em *Sítio do Pica-pau Amarelo:* obra infantil completa, São Paulo, Brasiliense, s/d, v. I, p. 293.

[22] Mário de Andrade, *Macunaíma*, Rio de Janeiro, LTC, 1978, p. 7.

[23] Milton Hatoum, *Relato de um certo Oriente*, São Paulo, Companhia das Letras, 1989, p. 9.

[24] João Guimarães Rosa, *Sagarana*, 8. ed., Rio de Janeiro, José Olympio, 1967, pp. 31-2.

[25] Fernão Lopes, *Crônica de D. João I.* 1ª parte, p. 26, apud Antônio José Saraiva, *Fernão Lopes*, Lisboa, Publicações Europa-América, s.d.

[26] Gregório de Matos, "Conselhos a qualquer tolo para parecer fidalgo, rico e discreto", em *Obras completas*, São Paulo, Cultura, 1945, t. II, v. 10, p. 12.

[27] Roger Brown e Albert Gilman, "The pronouns of power and solidarity", em Thomas Sebeok (org.), *Style in Language*, Cambridge, The MIT Press, 1960, pp. 253-76.

Bibliografia

ANDRADE, Carlos Drummond de. Suas cartas. *Poesia completa e prosa – Confissões de Minas*. 4. ed. Rio de Janeiro: Nova Aguilar, 1977.

ANDRADE, Mário. *Macunaíma*. Rio de Janeiro: LTC, 1978, p. 7.

ANDRADE, Oswald. *Obras completas*: poesias reunidas. 3. ed. Rio de Janeiro: Civilização Brasileira/MEC, v. VII, 1972.

ASSIS, Machado de. Notícia da atual literatura brasileira Instinto de nacionalidade [A língua]. *Obra completa*. Rio de Janeiro: Aguilar, 1973, v. III.

BANDEIRA, Manuel. Poema tirado de uma notícia de jornal. *Poesia completa e prosa*. Rio de Janeiro: Aguilar, 1974. [*Libertinagem*].

BROWN, Roger; GILMAN, Albert. The pronouns of power and solidarity. In: SEBEOK, Thomas (org.) *Style in Language*. Cambridge: The MIT Press, 1960.

FARACO, C. A. (org.) *Estrangeirismos*: guerras em torno da língua. São Paulo: Parábola, 2001.

GARCIA-ROZA, Luiz Alfredo. *Espinosa sem saída*. São Paulo: Companhia das Letras, 2006.

HATOUM, Milton. *Relato de um certo Oriente*. São Paulo: Companhia das Letras, 1989.

LLOSA, Mário Vargas. *A verdade das mentiras*. São Paulo: Arx, 2003.

LOBATO, Monteiro. *Sítio do Pica-pau Amarelo*: obra infantil completa. São Paulo: Brasiliense, s.d., v. 1 – *Emília no país da gramática*.

LOPES, Fernão. *Crônica de D. João I*. 1ª parte, p. 26. Apud: SARAIVA, Antônio José. Fernão Lopes. Lisboa: Publicações Europa-América, s.d.

PROJETO de pesquisa "Cidades saudáveis – uma proposta humanística de promoção da saúde do idoso no município de Sairé, em Pernambuco". A. G. L, 87 anos. UFPE/Cristina Sampaio e colaboradores, 2007.

Na biblioteca da vida: entrecruzar de língua e literatura

A razão é inesgotável em função dos conceitos assim como a língua é inesgotável na fusão das palavras. Todas as palavras estão no léxico: mas os livros que a cada instante aparecem não são uma repetição do léxico.
Pushkin

Aprender e ensinar língua portuguesa (ou qualquer outra língua) não é simples. Ao contrário: é muito difícil. Não existem fórmulas mágicas e muito menos *receitas infalíveis* que durem para sempre e se adaptem a qualquer época, grupo, sociedade. Basta ver o vaivém das modas, assumidas e descartadas com a mesma veemência. Alguém se lembra das *funções da linguagem* ou de refinados *métodos* que, como elas, caíram inteiramente no ostracismo?!...Que tal os gêneros? Denominados literários, textuais, discursivos, eles de fato contribuem para o reconhecimento das maneiras de ser dos textos. Entretanto, alçados a tábua de salvação para a leitura e produção, eles roubam a cena, reduzindo-se a fórmulas que descaracterizam a complexidade dos textos, dos contextos de produção, circulação, produção, e, o que é mais grave, dos sujeitos que, pela condição de falantes (e escreventes), necessariamente expressam-se por gêneros.

A língua, a linguagem, tem existência histórica, social, cultural, diretamente ligada a grupos, sociedades, indivíduos. Seu ensino e aprendizagem também.

Houve um tempo em que, para o *ensino primário*, uma cartilha e um *primeiro livro* davam conta da *alfabetização*, capacitando cidadãos para a leitura e para a escrita. Na sequência escolar, *ginásio* e *normal/clássico/científico*, antologias e gramáticas, casadas com um dicionário, uma biblioteca pública e um/a professor/a sedutor/a (embora rígido/a...) aprumavam linguística e literariamente *meninos* e *meninas* para a vida. Nem por isso todos seguiam o caminho das letras; mas todos as manejavam e tinham oportunidade de fazer, durante esse percurso, duas coisas essenciais para o aprendizado da linguagem, na verdade as duas que não poderiam, jamais, deixar de participar do processo de ensino-aprendizagem: ler e escrever, escrever e ler.

É provável que nem todos concordem, lembrando os problemas das cartilhas, dos primeiros livros, das antologias, das gramáticas, das funções da linguagem, da cidadania... Essa discussão infinita, que alimenta política e academicamente as necessárias mudanças no ensino-aprendizagem, não dissimula o fato de que, na escola, somente por meio da leitura e da escrita, da efetiva interação entre alunos/textos/contextos, o conhecimento é construído e o indivíduo, com o tempo, se desfaz das necessárias muletas (estratégias de ensino?) para tornar-se sujeito, cidadão.

Neste capítulo, escritores, linguistas, estudiosos da linguagem participam dessa discussão, demonstrando que o produtivo entrecruzar língua/literatura, leitura/criação acontece e se pereniza a partir de um gesto afetivo e efetivo em direção à leitura e à escrita, nascido em casa e/ou na escola. O poeta e ficcionista Paulo Leminski, com seu *clássico* poema "O assassino era o escriba", dá o tom inicial à conversa, tendo como primeiro interlocutor Lewis Carroll e seu misterioso "Jaguardarte". O poetalinguista Carlos Vogt se pronuncia por meio de dois poemas: "Biobibliografia precoce" e "Palavra de poeta", este feito especialmente para este livro. Mas a conversa não acaba aí. Ignácio de Loyola Brandão interfere com um excerto de *O menino que vendia palavras* e também com um depoimento exclusivo para esta obra: "*Quanteo. E resquinar?*" E para engrossar esse suculento caldo, três reconhecidas pesquisadoras, professoras e autoras de várias publicações, oferecem seus depoimentos inéditos: Maria Helena Moura Neves, Marisa Lajolo e Regina Zilberman.

A GRAMÁTICA PELO MÉTODO LEMINSKI

O reconhecido poeta brasileiro Paulo Leminski, nascido em Curitiba em 1944 e falecido na mesma cidade em 1989, certamente se criou entre antologias e gramáticas, alimentado por seu privilegiado talento crítico. Escritor, tradutor, professor, deixou, entre tantos belíssimos registros de manejo da língua sob a forma literária, "O assassino era o escriba",[1] poema em que tematiza a sintaxe e seu ensino, desmascarando, pelo humor, a ditadura da terminologia gramatical. Em forma de ironia poética magistralmente elaborada, o texto revela um misto de amor e ódio, reverência e desprezo, impulsos vitais e mortais, pulsão ambígua no embate com a sintaxe, seu ensino, seus protagonistas e sua produtividade. Tudo por meio de uma implacável sintaxe literária.

> *O assassino era o escriba*
>
> Meu professor de análise sintática era o tipo do sujeito
> Inexistente.
> Um pleonasmo, o principal predicado da sua vida,
> regular com um paradigma da 1ª conjugação.
> Entre uma oração subordinada e um adjunto adverbial,
> ele não tinha dúvidas: sempre achava um jeito
> assindético de nos torturar com um aposto.
> Casou com uma regência.
> Foi infeliz.
> Era possessivo como um pronome.
> E ela era bitransitiva.
> Tentou ir para os EUA.
> Não deu.
> Acharam um artigo indefinido em sua bagagem.
> A interjeição do bigode declinava partículas expletivas,
> conetivos e agentes da passiva, o tempo todo.
> Um dia, matei-o com um objeto direto na cabeça.

Por que esse poema tem um efeito inusitado de humor? Por que simpatizamos com ele, como se estivéssemos diante de um espelho que, além de refletir nossa face, realiza, no plano da ficção, um forte desejo, que tantas vezes sentimos: o de matar nosso professor de análise sintática (de gramática...)? Como o poeta mobilizou sentimentos característicos da vivência, da experiência da grande maioria dos letrados? Para responder essas perguntas, é preciso olhar o poema de perto, com lupa. E aí, a primeira leitura, que é sempre lúdica, dá lugar a outra, mais desconfiada e detalhista, que começa a revelar as formas por meio das quais o poeta concretiza sua visão da sintaxe, de seu ensino, explorando de forma ambígua um imaginário em que a nomenclatura, a metalinguagem, se apresenta como o motivo de tortura, morte e, curiosamente, subversão e criatividade.

A organização gráfica atesta a existência do poema: diferentemente de um texto em prosa, há versos, linhas interrompidas terminadas em pontos estratégicos que configuram um ritmo, provocam rimas etc. Diante disso, nos comportamos, ainda que inconscientemente, de maneira diferente da que nos comportaríamos diante de um romance, de um artigo de jornal, de uma publicidade, de uma página da gramática da língua portuguesa ou de outra língua. No momento em que o falante, o escrevente, o autor, escolhe um plano de expressão, configura a mensagem, articula forma e conteúdo, prevê e constitui seu leitor. Estamos, portanto, constituídos pelo texto de Leminski. Num primeiro momento, como alunos, como aprendizes submetidos a um velho e tradicional padrão de ensino de análise sintática.

Essa inclusão/identificação se dá de várias maneiras. Uma delas, e talvez a mais forte, é o léxico, motivo de tortura nas aulas de análise sintática, pivô da aversão dos estudantes. Aqui, entretanto, aparece sob nova sintaxe/organização que, em lugar de causar horror, causa o riso, mostra uma face diferente. Expressões e termos característicos do registro da análise sintática convencional estão aqui articulados de forma inesperada, como qualificadores da maneira de ser e das ações, das relações de um professor, causando uma divertida ambiguidade, como é o caso de "sujeito inexistente", "pleonasmo", "bitransitiva", "artigo indefinido", "objeto direto na cabeça" etc.

Além desse poderoso e criativo recurso de mobilização do léxico a partir de novas possibilidades sintáticas, enriquecendo o plano semântico, o poeta lança mão de outra dimensão de nosso conhecimento, de nossa memória: a organização narrativa. O poema conta uma história, utilizando uma estrutura canônica, tão tradicional quanto o criticado ensino da análise sintática: a narrativa policial, de suspense, de mistério. Por meio desse recurso, nos institui como outro tipo de leitor. Não mais o aluno, mas o leitor de romances.

Desde o título, "O assassino era o escriba", sabe-se que se trata de narrativa policial. Se o termo *assassino* não deixa dúvidas, *escriba*, por sua vez, atrai duplamente a atenção do leitor. Primeiro porque está designando o assassino, o que desperta o desejo de saber quem foi assassinado, qual o motivo, como acontece em toda narrativa policial, de suspense. Segundo, a palavra *escriba*, por não ser um termo de uso comum, constitui uma espécie de mistério. Mas um *Aurélio* ajuda: 1. *Doutor da lei, entre os judeus*; 2. *Oficial das antigas chancelarias ou secretarias*; 3. *Aquele que exercia a profissão de copiar manuscritos, muitas vezes mediante ditado; copista*; 4. Pop. *Escrevinhador [escritor sem ou de muito pouco merecimento; escrevinhadeiro, rabiscador, borrador]*. Lendo o poema como um todo e voltando ao título, é possível escolher um ou mais desses significados, identificando o porquê de sua utilização no texto.

Nesse poema quase prosa, espécie de confissão espontânea, um narrador em primeira pessoa, um eu lírico, descreve, nos primeiros sete versos, um sujeito, sua função, suas ações, caracterizando-o como professor e torturador. Pelo pronome possessivo *meu* e pela designação *professor*, sabemos de imediato que o narrador se apresenta como aluno, como aprendiz, como torturado. Do oitavo ao décimo sexto verso, o narrador resume os fracassos desse *sujeito*. No último verso, tudo se esclarece, exatamente como na narrativa de suspense: o assassino é o aluno, o assassinado é o professor, a arma do crime é um *objeto direto* e o motivo está mais que justificado. A estrutura narrativa colabora para promover a sintaxe, verdadeiro tema do poema, enquanto organização frasal e textual, desmascarando não somente o professor, mas também o aluno.

O professor é apresentado, da perspectiva do aluno, como *sujeito inexistente* (em existência, morto?), realidade que se concretiza em vários níveis, incluindo o fato de que o nome, *professor*, passa a pronome objeto do verbo matar: matei-*o*. O aluno, por sua vez, revela-se como o *escriba* do título, isto é, agente que, apesar de torturado pelo professor, domina a sintaxe e é capaz de manejá-la com destreza e criatividade. Ele é o sujeito ativo.

O poema, portanto, em lugar de ser um panfleto contra a sintaxe, é uma homenagem à língua, à sua riqueza, à possibilidade de mobilizar termos cristalizados em situações e contextos diferentes do ensino tradicional da gramática, de tal forma que eles estejam revitalizados e se mostrem bem mais ricos do que imagina a traumática experiência dos alunos. Ao subverter o uso tradicional dos termos, sem ferir a sintaxe, mas ao contrário, exibindo-a positivamente, o aluno mata o pai/professor para revelar-se o escriba/filho.

E o professor terá nesse poema uma bela estratégia para mostrar que a gramática da língua é bem mais rica que a nomenclatura que a esconde, que a recobre com nefasto, travestindo-a de monstro. Outro poema, ainda mais radical, lida com a articulação língua e literatura, evocando mitologia para aproximar vida e linguagem, experiência e construção de conhecimento.

Isso é português?

Na obra *Panaroma do Finnegans Wake* aparece o famoso poema "Jabberwocky", de Lewis Carroll (1832-1898), traduzido por Augusto de Campos e intitulado "Jaguardarte".[2] O que há de tão estranho, e ao mesmo tempo tão familiar e sedutor, nesses versos que já foram traduzidos para muitas línguas, caso do russo, do alemão, do esperanto, do catalão, do francês, do latim, do romeno, do italiano? Por que a primeira leitura dá a impressão de uma língua que mostra/esconde alguma coisa, oscilando entre o conhecido e o desconhecido?

O poema original está no livro *Através do espelho*[3] (*The Looking Glass*) e é motivo de um daqueles insólitos diálogos entre as personagens Alice, sempre interessada no significado das palavras, e Humpty Dumpty, sempre jogando com as infinitas virtualidades da língua e, consequentemente, do mundo. Esse contexto é suficiente para sinalizar que não basta ler. É preciso ouvir, ver, imaginar, deixar fluir as imagens sonoras e visuais que emanam de cada verso e do conjunto rítmico da narrativa. Jogando com a lógica do sistema linguístico e a amplitude significativa da linguagem, o poema coloca em movimento a busca do conhecimento, individual e coletivo, o confronto entre a tradição e o novo, a arte e a mitologia como formas de reinventar o ser humano e as justificativas para sua existência. Tudo cosido pela linguagem.

A tradução de Augusto de Campos recupera do original inglês, assim como algumas de outras excelentes traduções, os movimentos linguísticos que, reconstituídos em diferentes dimensões da língua portuguesa, reinstauram a universalidade contida nos versos, assim como a graça e o humor do conjunto.

Jaguardarte	Jabberwocky
Era briluz. As lesmolisas touvas	Twas brillig, and the slithy toves
Roldavam e relviam nos gramilvos.	Did gyre and gimble in the wabe:
Estavam mimsicais as pintalouvas,	All mimsy were the borogoves,
E os momirratos davam grilvos.	And the mome raths outgrabe.
"Foge do Jaguadarte, o que não morre!	«Beware the Jabberwock, my son!
Garra que agarra, bocarra que urra!	The jaws that bite, the claws that catch!
Foge da ave Felfel, meu filho, e corre	Beware the Jubjub bird, and shun
Do frumioso Babassurra!"	The frumious Bandersnatch!»
Ele arrancou sua espada vorpal	He took his vorpal sword in hand:
E foi atrás do inimigo do Homundo.	Long time the manxome foe he sought
	—
Na árvore Tamtam ele afinal	So rested he by the Tumtum tree,
Parou, um dia, sonilundo.	And stood awhile in thought.
E enquanto estava em sussustada sesta,	And, as in uffish thought he stood,
Chegou o Jaguadarte, olho de fogo,	The Jabberwock, with eyes of flame,
Sorrelfiflando através da floresta,	Came whiffling through the tulgey wood,
E borbulia um riso louco!	And burbled as it came!
Um, dois! Um, dois! Sua espada mavorta	One, two! One, two! And through and through
Vai-vem, vem-vai, para trás, para diante!	The vorpal blade went snicker-snack!
Cabeça fere, corta, e, fera morta,	He left it dead, and with its head
Ei-lo que volta galunfante.	He went galumphing back.
"Pois então tu mataste o Jaguadarte!	"And, has thou slain the Jabberwock?
Vem aos meus braços, homenino meu!	Come to my arms, my beamish boy!
Oh dia fremular! Bravooh! Bravarte!"	O frabjous day! Callooh! Callay!'
Ele se ria jubileu.	He chortled in his joy.
Era briluz. As lesmolisas touvas	Twas brillig, and the slithy toves
Roldavam e relviam nos gramilvos.	Did gyre and gimble in the wabe;
Estavam mimsicais as pintalouvas,	All mimsy were the borogoves,
E os momirratos davam grilvos.	And the mome raths outgrabe.

No título, "Jaguardarte", há dois aspectos muito importantes para compreender e, especialmente, usufruir o jogo linguístico-artístico-mitológico instalado pelo poema. Em primeiro lugar, a palavra *jaguardarte*, que não está dicionarizada, mas poderia estar. Sua *invenção* se dá pelos procedimentos normais de formação de palavras em língua portuguesa: jaguar+d+arte. Além disso, dois dos termos que contribuem para a existência de *jaguardarte* indicam o plano mítico e o artístico: *jaguar*, um ente que pertence tanto a mitologia grega quanto à indígena, e *arte*, um qualificativo que indicia o plano da ficção, da invenção do universo a que ele pertence.

A primeira parte do primeiro verso, "Era briluz", no original: *Twas brillig*, introduz as duas estrofes que se repetem (a primeira e a última) e reitera, como se verá, o procedimento inaugurado pelo título. Do ponto de vista narrativo, o verbo ser na terceira pessoa do imperfeito (*era*) funciona como indicativo de um tempo mítico, fora da cronologia, imemorável. Por sua vez, *briluz*, forma-se a partir de *brilho* e *luz*, solução encontrada pelo poeta brasileiro para o termo *brillig*, criado por Lewis Carroll. Em outras línguas, também os tradutores procuraram recuperar o jogo linguístico: em espanhol, *brilligio, asarvesperia*; em francês, *brilgue*; em italiano, *brillosto*.

Se, do ponto de vista da formação de palavras, o poema todo segue as normas do sistema linguístico do português, das perspectivas morfológica e sintática vai acontecer a mesma coisa, como se pode observar desde "As lesmolisas touvas/ roldavam e relviam nos gramilvos". Há artigos, substantivos, adjetivos, verbos, sempre flexionados e combinados de acordo com as normas. Eles funcionam como sujeitos, predicados nominais e verbais, adjuntos, complementos etc. É possível que (até esse momento...) nunca se tenha visto uma *lesmolisa*, um *momirrato* ou uma *pintalouva*. Mas se reconhece os termos envolvidos para formá-los, o gênero a que pertencem, os adjetivos que os qualificam, seus estados, as ações que desenvolvem. Eles se tornam, pelo trabalho literário com a língua, audíveis, visíveis, reconhecíveis.

Desmembrar e traduzir cada termo seria agir como a pobre Alice diante de Humpty Dumpty, perdendo a produtiva criatividade do léxico e seus efeitos sonoros e visuais. Mas, na organização rítmica e sonora dessa estrofe povoada de seres *nunca antes vistos*, é impossível não reconhecer/imaginar uma cena cheia de luz, ruídos, movimentos. Provavelmente uma cena inaugural, manhã de um dia que inicia seu curso.

O verso "Foge do Jaguadarte, o que não morre!" inicia a segunda estrofe, colocada entre aspas, pontuação indicativa da fala exclamativa e contundente de um personagem. Sua identidade fica sugerida, mas não explicitada, na expressão "meu filho" e especialmente no tom de aconselhamento, de advertência. Trata-se da fala da experiência, de quem conhece e pode descrever o perigo, que tanto pode ser pai, mãe, professor, cacique, pajé. Exatamente como nos contos folclóricos, nas lendas, nas fábulas e em todas as narrativas tradicionais.

É curioso observar, ainda, do ponto de vista linguístico, que o processo de mutação, de transformação que caracteriza o léxico do poema, é também uma particularidade do "perigo". Ao nomear esse perigo imortal, o conselheiro o faz modificando levemente sua constituição: *Jaguadarte* e não *Jaguardarte* como aparece no título, como que sinalizando formas diferenciadas de presença do mesmo fenômeno. Esse processo reaparece na quarta e na quinta estrofes, exatamente como no original: *Jabberwock* por *Jabberwocky*. Juntamente com essa quase imperceptível transformação, o jogo sonoro materializa a dimensão monstruosa do perigo: "Garra que agarra, bocarra que urra!".

Na terceira estrofe, em conjunto com a seguinte, constitui-se outra personagem: o herói. Exatamente como nas narrativas populares tradicionais, o herói não acata os sábios conselhos. Se acatasse não haveria narrativa... Sai do seu espaço e, munido de sua poderosa arma, vai em busca do antagonista, do bandido, do inimigo do Homundo, para poder construir sua identidade de herói. No caminho, enquanto mortal, ele descansa: "Parou, um dia, sonilundo". Essa condição de desprotegido abre a guarda para a entrada em cena do inimigo. Novamente a descrição retoma elementos do imaginário coletivo, de maneira que, mesmo em sua forma mutante, há elementos que o aproximam de um dragão, de um desvairado, de um habitante da misteriosa floresta, de um vivente do espaço do mal. Tudo como num bom filme de ficção, *mutatis mutanti*, de *cowboy*: "Jaguadarte, olho de fogo,/Sorrelfiflando através da floresta,/E borbulia um riso louco!".

Os versos da quinta estrofe delimitam o movimentado espaço da luta, a vitória do herói, o clímax da narrativa e, necessariamente, para não deturpar a tradição, a volta e a consagração do herói: "Ei-lo que volta galunfante". Na sequência do jogo sonoro que materializa os movimentos que caracterizam a dinamicidade da luta presente nos três primeiros versos, a volta se dá por meio da belíssima síntese *galunfante*. Isto é: galopando triunfante, como um verdadeiro herói.

Na penúltima estrofe, volta a voz da primeira personagem, do conselheiro: "Pois então tu mataste o jaguadarte!". Há aí vários aspectos interessantes. Em lugar de "meu filho", ele se dirige ao herói como *Homenino*, concretizando a transformação ocasionada pelo ritual de passagem ao qual o *filho* se submeteu. Fecham-se as aspas em *Bravarte!*, indicando o término da fala do pai e a alegre saudação diante da arte do filho. A quem se poderia atribuir, então, a ação do último verso? Ao menino orgulhoso, ao pai cheio de júbilo? Ou se trata de uma ironia indicativa da imortalidade do *Jaguardarte*? Fica para o leitor a busca de uma resposta, com respaldo no conjunto do texto.

Literatura e outras linguagens

Fecha-se o poema exatamente como começou. Só que, agora, pelo posicionamento, o mesmo conjunto de versos produz um efeito de sentido completamente diferente. Nesse momento, "era briluz" pode ser traduzido, por exemplo, como queria Humpty Dumpty – "four o'clock in the afternoon – the time when you begin broling things for dinner" –, indicando o crepúsculo. Mas pode ser também a indicação da circularidade, do recomeço. A diversificação vocabular, a riqueza do jogo com o léxico, que tanto estranhamento causa na primeira leitura, é de fato o elemento com o qual o poeta conta para reinaugurar velhos temas que explicam o ser humano. Ao menos do ponto de vista da arte e da mitologia.

O escritor e matemático Lewis Carroll, criador de *Alice no país das maravilhas* (1865) e *Alice através do espelho* (1872), brincou com a linguagem a ponto de fazer ver as articulações da língua inglesa, num jogo de esconde/mostra que o poeta e tradutor Augusto de Campos soube muito bem recuperar em português. O poeta, linguista e professor Carlos Vogt, por sua vez, nos faz ver o resultado da conjunção entre a criatividade e a reflexão.

Palavras na vida, na poesia, na ciência

A atração pelas palavras, pelo poder que elas têm de fazer o mundo significar, dando sentido ao homem, suas glórias, fraquezas e ações, pode revelar-se de muitas maneiras. O dia a dia está aí para comprovar essa atração vital (fatal?!), manifestada não apenas pelos meios de comunicação institucionalizados, difundidos de forma presencial e virtual, mas especialmente pelas brechas encontradas por anônimos que, para expor socialmente sua existência e identidade, picham muros, colocam faixas, comunicam aniversários, volta ou viagem de filhos e amigos. Há até mesmo um santo, cuja exigência em relação a uma graça concedida é a exposição do feito por meio da divulgação pública, via panfleto ou faixa.

Essa relação com a palavra, que se dá de maneira mais ou menos consciente em todos que a praticam no cotidiano e a ela estão submetidos, ganha condição especial quando, em lugar de constitutivo e exclusivo elemento de comunicação e expressão, torna-se objeto de observação, análise, criação, ensino-aprendizagem. Diferentes ramos do conhecimento, caso das artes literárias, da poesia, de determinadas ciências, constituem uma longa e ininterrupta tradição de trabalho com a palavra, indagando sobre sua natureza, sua produtividade, seu papel na existência humana, na constituição dos indivíduos, dos cidadãos, dos meandros do poder.

Tomando-se poesia, ciências da linguagem e ensino como formas de um "profissional da palavra" atuar, parece improvável que o mesmo indivíduo consiga reunir as qualidades para gerir os três ramos do conhecimento ao mesmo tempo. Há, entretanto, remarcáveis exceções. Uma delas é Carlos Vogt – poeta, linguista, professor –, que lançou, em 2008, *Poesia reunida*, conjunto que abriga uma vasta produção, vinda de 1982, com *Cantografia*, e fechada (provisoriamente) com *Pisca-alerta*, de 2007.

Em "Biobibliografia precoce", primeiro poema da obra *Paisagem doméstica*, publicada em 1984 e incluída em *Poesia reunida*, Carlos Vogt faz um balanço de sua produtiva relação com a palavra na vida, na ciência e na arte.

> *Biobibliografia precoce*
>
> Fui aprender linguística para entender as palavras
> ensinei semântica ao acreditar que tudo tem sentido
> escrevi livros sobre a linguagem buscando não perder
> as farpas das circunstâncias
> traduzi textos de hermética lógica e mitológicas
> depois de viajar por binarismos e termos médios
> sem deixar de girar por gerações de frases bobas
> volto ao ponto de que partia:
> vejo-me gramaticalmente indecifrável
> diante da técnica da poesia[4]

O título desse poema é bastante curioso e atrai o leitor por diferentes razões. Por um lado, *biobibliografia* é uma palavra que pressupõe um texto que dará conta da descrição simultânea do que há de essencial na vida de autor, das circunstâncias sob as quais escreveu suas obras, da natureza desses escritos, de sua fortuna crítica. Esse tipo de texto em geral não aparece sob a forma de um poema enxuto, sonoro, ritmicamente elaborado. Normalmente acontece como alentado texto em prosa. Se o termo sugere um longo percurso de vida e de escrita, que justifique a reunião de dados vividos e obras produzidas, nesse texto, sua qualificação como *precoce* reverte a expectativa temporal e indica uma avaliação existencial e profissional efetivada "no meio do caminho".

E o texto cumprirá, de maneira crítica, irônica e humorada, a promessa do título. A narrativa em primeira pessoa expõe uma espécie de percurso cronológico que, englobando o passado e o presente, apresenta momentos decisivos vivenciados pela voz poética em sua ligação essencial e profissional com as palavras.

Essa viagem existencial acontece, num primeiro momento, por meio de explicitação de ações que delineiam um tempo em que a busca se deu pelo mergulho na ciência da linguagem (Linguística) e pelo ensino de uma disciplina voltada para o sentido das palavras (Semântica): "Fui aprender linguística para entender as palavras/ensinei semântica ao acreditar que tudo tem sentido". O universo circunscrito é o do aprender, do entender e do ensinar pelos óculos da ciência com a consequente atuação acadêmica. Se por um lado aí se configura uma busca/ação projetada de forma lógica, racional, institucional, em contrapartida, essa é, também, uma etapa que se enuncia como sendo a da descrença, configurada, a partir do segundo verso, por meio dos tempos e modos verbais, do ritmo, da sonoridade e do encadeamento dos versos: *ensinei, escrevi, traduzi*.

A crença e a perda da crença na ciência como forma de entender as palavras e consequentemente a vida, vêm acompanhadas de atuações que, ao se colocarem como ações necessárias às atividades exigidas de um profissional da palavra (escrever livros, traduzir textos), também se apresentam, ironicamente, como avaliação das circunstâncias que as motivaram. A voz poética se coloca como sujeito de uma busca cujos caminhos apontam não para verdades científicas, mas para tendências passageiras que, mesmo assumidas com sinceridade, constituem respostas a provocações circunstanciais. As palavras, prenhes de subentendidos, apontam para a polêmica velada que vai se instalando entre a perspectiva crítica da voz poética e sua busca científica da relação palavra/vida.

Nos versos "depois de viajar por binarismos e termos médios/sem deixar de girar por gerações de frases bobas", a polêmica se escancara. Os verbos *viajar* e *girar*, assumidos em sua multiplicidade semântica, dimensionam a condição da voz poética transitando pelas tendências linguísticas de diferentes épocas, sendo envolvido por elas e assumindo em relação a elas uma postura declaradamente crítica. Se *binarismo, termos médios* e *frases bobas* situam reconhecidas teorias linguísticas (estruturalismo, gerativismo etc.), o jogo sonoro e rítmico inclui a voz poética num carrossel alucinante que não responde às necessidades de entender as palavras para entender-se e entender a vida.

Os últimos três versos – "volto ao ponto de que partia:/vejo-me gramaticalmente indecifrável/diante da técnica da poesia" – devolvem a voz poética ao início de sua busca, agora *alterado* pelas experiências vitais. No eterno retorno poético, o motivo – *decifrar-se* – revela-se inócuo se buscado no fazer científico.

110

Essa volta a uma partida imperfectiva, que não se configurou como o início de algo que se acabou, mas como continuidade, possibilita a autovisão, a consciência poética dada pelo poema, pelas palavras tramadas na malha da poesia.

Só um *poetalinguista* poderia configurar esse trajeto metalinguístico e metapoético, ironizando-se e dando consistência ao diálogo travado entre as palavras na vida, na arte e na ciência. É também ele que, generosamente, concedeu sua "Palavra de poeta" como expressivo testemunho das relações travadas entre língua e literatura, objeto deste capítulo.

■ Palavra de poeta

Carlos Vogt

Há palavras que chovem – são enxurradas
como cristais correntes em ameaças de fluidez,
chovem caudais de serenidade nos impropérios
que vociferam formalidades de polidez.
São, em geral, palavras – grito, só que contido
na vestimenta sem cerimônia do dia a dia,
dizem, parecem, são outra coisa, se não as mesmas,
fazem, ressurgem, fintam, atravessam,
vivem, se agitam, fingem-se estátuas de tropelia,
falam do tempo do foi-já-era
como um disfarce do era-já-foi-será-outra vez.

Palavras transparecem o mundo que em espelho refletem,
não como o espelho que exibe a segunda alma do refletido,
tampouco no espelho a segunda natureza
a quem faz falta a primeira
como o martírio apaixonado de um Narciso,
cujo reflexo instantâneo criasse a ilusão do real
aumentando no iludido a certeza da verdade
às vezes como coisa em si, outras como coisa e tal.

Há palavras que não dizem, antes indicam como dizer,
mostram, apontam, são gestos, dão o sentido,
são infelizes fora do curso que as próprias palavras tem de percorrer.
Não são palavras unívocas, inequívocas, centradas
em representar estados de coisas,

mas coisas apresentadas em estado de composição,
não são binárias, literais, explícitas, diretas,
são flechas para quem navega o sem rumo do discurso
e que em meio à imensa noite imprevisível do destino
adia suas esperanças para os portos de destinação.

Palavras que, tal a beleza, são promessas de felicidade,
confundem quem for usá-las com o uso que de si mesmas fazem,
são palavras recorrentes, dobradas sobre palavras,
tudo o que dizem do outro é pura cabotinagem,
sinceramente enganosas levam a buscar perfeição,
não no que dizem e confiam, mas no prazer da linguagem;
com tal zelo despistam quem se aproxima do que revelam e escondem
que o máximo do desvendamento é outro secreto desejo
de permanecer abrigadas à luz da revelação.

Não há palavras sem palavras para acompanhar-lhes a soberania
de serem só palavras remetidas umas às outras,
quando desfilam na imaginação dos rios do mundo
a corredeira das águas rasas, às vezes claras,
que atropelam as imagens à semelhança de um fazer de conta,
palavras travestidas em fatos disfarçados em correspondências
entre a superfície sonora e o conteúdo profundo;
palavras que esticam palavras como um puxa-puxa da infância,
que são ponte entre distâncias, distantes como um apelo,
não têm meio, fim ou começo
só tem ponta e contraponto
como um conto, uma parlenda, um canto pranto de desterro.

Há palavras inverossímeis que não se parecem com nada,
por mais ditas que sejam, ocorrem sem compromisso,
mais parecem estranhas à língua a que pertencem
e que por pertencer lhe conferem, por natureza congênita,
a estranha familiaridade de serem reconhecidas e negadas.
Não são, contudo, expulsas, por mais esquisitas que sejam,
pois quanto mais diferentes, mais tem o ar de família,
são palavras poucas ou muitas – depende
de quem as achar quando lidas, escritas, ou inventadas;
não estão, em geral, disponíveis,
para encontros fortuitos em cada esquina da escrita,
tampouco para escrevê-las sem mais nem menos por isso,
palavras que não são palavras mas que parecem demais
e que, por serem, parecem coisas que existem na vida
desde que nela não existam, ou, se existem, sejam iguais.

Há palavras resistentes, duras, blindadas, fortes
por dentro e por fora secas
como a honestidade abrupta do silêncio,
palavras antes e depois do uso voltam à condição de forma acabada
e sendo tudo o que não são por significar o outro,
tudo o que são em si mesmas, além de sons,
tudo o que dizem – que é muito ou pouco – sobre o diferente
é simples exercício do pouco a pouco para voltar ao nada.

Palavras seguem palavras
de quem se ama não se ama mais
apesar das circunstâncias, palavras em monumento,
palavras que perdem e calam na garganta o lamento,
palavras iguais e diversas nas diferenças, iguais,
palavras contra e a favor do tempo,
palavras das horas mansas na mansidão dos quintais,
palavras que são lembranças que olham adiante sem ré,
palavras de rei com retorno
de gente que não volta atrás,
palavras que coçam a língua grudadas no céu da boca
como um bicho-de-pé,
palavras que silenciam o silêncio do vazio
enchem de assunto a conversa do ocupado vadio,
por mais palavras que haja para falar de palavras,
sobram palavras com asas que voam soltas ao vento.

Na condição de poeta e linguista, Carlos Vogt apresentou sua perspectiva de luta incessante e produtiva entre a palavra e a vida. Outro grande escritor brasileiro, Ignácio Loyola Brandão, oferece, pela via de um excerto de sua obra e por um depoimento, também realizado especialmente para este livro, a relação entre a leitura e a construção de sujeito.

LEITURA E CONSTRUÇÃO DE SUJEITOS

Como se constrói um leitor de livros, se os cidadãos são leitores compulsivos de tantos outros objetos socioculturais? A pergunta, de pais, professores e teorias de leitura, fica cada vez mais difícil de ser respondida. A tentativa de impor a leitura de livros como uma obrigação escolar não tem, efetivamente, dado resultados. Esse caminho se torna um pretexto para questionários inconsequentes cujas perguntas, de tão semelhantes e banalizadas, podem ser respondidas com a leitura de resumos ou, na melhor das hipóteses, com adaptações de obras para cinema, como se essas duas formas de expressão implicassem produção, circulação e recepção idênticas às de um livro. Muitas das teorias de leitura e de gêneros arvoram-se a dar receitas cuja utilidade, infelizmente, não ultrapassa os muros da academia.

Qual a falha, se todas essas tentativas têm o objetivo de elevar um indivíduo à condição de leitor de livros? Aparentemente, esses caminhos deixam de lado fatores essenciais ao nascimento de um leitor: o exemplo, o prazer, o hábito e os valores da leitura. Nada supera a atitude exemplar de que a leitura é antes um hábito prazeroso, sendo o conhecimento uma consequência que estabelece a ligação entre os livros e a vida. Sem essa ligação primeira entre o livro e o indivíduo, as demais estratégias se tornam artificiais, destituindo a leitura de seus verdadeiros valores.

Para comprovar essas afirmações, basta recorrer a um grande escritor (obviamente um grande leitor...), ou seja, aquele que não se cansa de inventar caminhos para costurar vida e palavra, buscando num de seus livros a articulação entre exemplo, leitura, prazer, vida e valores. O araraquarense Ignácio de Loyola Brandão, que há mais de quarenta anos vem marcando forte e imprescindível presença na literatura brasileira, ganhou o Jabuti de livro do ano de ficção em 2008, com *O menino que vendia palavras*. Essa obra, uma narrativa com o sabor de "como as palavras me pegaram e nunca mais me largaram", funciona, pelo formato, pelas cores, pelo tamanho das palavras, pelas ilustrações, como um belo objeto para responder à pergunta "como se constrói um leitor de livros?". Dentre as pessoas de diferentes gerações que, vivenciando palavras, participam da vida desse leitor/escritor estão, como se verá, as insubstituíveis professoras do ensino fundamental. Mesmo que um excerto seja muito pouco, ele sem dúvida funciona como um aperitivo para o prato principal, ou seja, o texto completo, o livro em sua totalidade.

> *O menino que vendia palavras*
>
> – Como o senhor conhece tantas palavras?
> – Você não me vê sempre lendo? Assim vou aprendendo as palavras.
> – É bom isso?
> – Quanto mais palavras você conhece e usa, mais fácil fica a vida.
> – Por quê?
> – Vai saber conversar, explicar as coisas, orientar os outros, arranjar um aumento com o chefe, progredir na vida, entender todas as histórias que lê, convencer uma menina a te namorar.

Podia conversar com ele durante horas, menos quando estava lendo. Chegava do trabalho às cinco e meia da tarde, tomava banho e sentava-se para ler. Era corajoso, lia livros grossos e me trazia sempre um livro novo, me deu todos do Monteiro Lobato e a coleção inteira de Os mais Belos Contos de Fadas do Mundo. Cada história! [...]

    – Pergunte a seu pai o que é tara? [...]

    – O que me dá?

    – Como o que me dá?

    – Acha que vou perguntar de graça?

    – Por que não?

    – Por que sim!

    – Bem... te dou... te dou duas tampinhas de Níger. [...] Assim comecei meu "negocinho". [...] de vender palavras.

    – Ah é assim? Vamos mudar a coisa. Agora você trabalha.

    – Como?

    – Quando precisar saber uma palavra, procure nesses livros [...]. É uma enciclopédia [...]. Daqui para frente é com você. Estou fora! Comecei a viver uma aventura nova. [...]

Puxa vida, pai! Era uma palavra só. Fui derrotado por uma palavra, ninguém mais me respeita. Ninguém mais quer fazer negócio comigo. [...]

    – Como me enganaram?

    – Pediram uma palavra que não existe. [...]

    – Inventaram para te pegar. Foi um jogo sujo.[5]

O diálogo entre o pai e o filho sobre a forma de conhecer palavras e, consequentemente, obter conhecimento, tem como resposta a constante atividade de leitura: "– Como o senhor conhece tantas palavras?/– Você não me vê sempre lendo? Assim vou aprendendo as palavras". Se, de maneira geral, a mulher é fonte de incentivo à leitura dentro de casa, nesse livro o exemplo vem da figura masculina. Pelos dados biográficos de Ignácio de Loyola Brandão, seu pai era um grande leitor, chegou a constituir uma biblioteca de mais de 800 livros, motivando o filho a ler, especialmente a partir de seu exemplo.

A palavra, como apresentada nessa obra, não está unicamente em seu estado de dicionário, embora esse poderoso instrumento linguístico seja indicado como importante fonte de conhecimento. Como são explicadas e vivenciadas, estão diretamente ligadas à vida, funcionando na constituição do próprio indivíduo e de seu relacionamento com os outros a quem dirige a palavra ou de quem as recebe. De posse delas, o falante poderá, em diferentes vivências, sair-se bem tanto objetiva como afetivamente. Afinal, grandes conquistas dependem de palavras: "Vai saber conversar, explicar as coisas, orientar os outros, arranjar um aumento com o chefe, progredir na vida, entender todas as histórias que lê, convencer uma menina a te namorar".

O que se observa, ainda, é que a leitura de um livro é mostrada como atividade que exige isolamento, concentração, preparação, tempo, dedicação e constância: "Podia conversar com ele durante horas, menos quando estava lendo". Por mais que tenhamos leituras em grupo (estratégia indicada por algumas teorias contemporâneas), um leitor só se faz de fato em sua relação direta com um texto, num tempo que é seu e que vai se configurando com um hábito (um vício?). São essas circunstâncias que a narrativa destaca e que serviram de exemplo para o filho, leitor em construção mesmo sem o saber.

No trecho "Era corajoso, lia livros grossos e me trazia sempre um livro novo, me deu todos do Monteiro Lobato e a coleção inteira de Os mais Belos Contos de Fadas do Mundo. Cada história!", observa-se que a leitura se revela um valor, um ato de coragem: enfrentar livros grossos não era para qualquer um. Paralelamente ao exemplo de constância, coragem e saber, o filho é iniciado, passa a ter suas próprias obras e, por meio de livros que formaram gerações, partilha com o pai o ato valoroso, viril, *iniciático*. A exclamação "Cada história!" indica a permanência, na memória afetiva, de um começo em que, por meio de diferentes livros, ele adentra o mundo da leitura, dos adultos, dos mistérios fiados pelas palavras contidas nas mágicas páginas.

Num dado momento dessa vivência linguística pai/filho, o domínio que o pai tinha das palavras passa a ter valor monetário. O filho troca o significado das palavras, as palavras que explicam palavras, por objetos de grande valor para um menino, caso de figurinhas, tampinhas, fotos de navio de guerra, chicletes. Mesmo que o episódio tenha sido tirado da vida do autor, ao ser passado para a obra literária adquire um valor especial. Não estaria aí a metáfora de que é possível ganhar a vida "vendendo palavras"?

Se a metáfora for verdadeira, o problema não está na venda, mas no vender o que não se produz. O menino vendia significados que vinham do pai, caracterizando-se como mero intermediário. Descoberto o negócio, o pai lhe dá outra importante lição: para conhecer as palavras é preciso esforço. Além da leitura de livros, o conhecimento implica buscar palavras e seus significados em obras especializadas: "Quando precisar saber uma palavra, procure nesses livros [...]". Dessa forma, o menino é iniciado em mais uma importante dimensão da leitura e do conhecimento: a consulta a dicionários e enciclopédias, aspecto reforçado pela escola. Um gesto que parece ter sido abolido da construção dos leitores contemporâneos. Muitas vezes, nem os incentivadores da leitura têm à mão essas ferramentas de trabalho.

Dentre os aspectos que vão compondo a narrativa e que implicam os prazeres, os conhecimentos e os demais lucros da leitura, devem-se destacar as lições de vida aí implicadas. Estando as palavras fincadas na vida e delas dependendo as relações entre os homens, é com elas, também, que os jogos sujos se constroem. A ruína do negócio do menino se dá no dia que alguém pergunta por uma palavra cujo significado não estava nos dicionários e o pai desconhecia. A desilusão que num primeiro momento recai sobre o saber relativo do pai, transforma-se em conhecimento: nem toda a palavra está em dicionários e nem todo jogador é leal.

Em entrevista à revista *Língua Portuguesa*, Ignácio de Loyola Brandão afirma: "... sempre gostei de palavras e de livros. Talvez porque me sentisse solitário. Meu pai, um ferroviário, tinha uma biblioteca de 800 a mil livros. Isso nos anos 40, numa cidade que não tinha livraria, só papelaria. [...] Tive bons professores. Eram cuidadosos e exigentes".[6] É sobre esse tempo de aprendizado que Loyola, generosamente, se dispôs a falar em texto feito especialmente para este livro, o qual intitulou enigmática e saborosamente *Quanteo. E resquinar?*

■ Quanteo. E resquinar?

Ignácio de Loyola Brandão

Machadinho detinha uma curiosa dualidade. Era professor de química e de português. Aos 16 anos eu fazia o científico, segmento do curso pré-universitário, e já era o crítico de cinema do jornal *O Imparcial*, diário de Araraquara, onde nasci. Depois das aulas ele ficava comigo uns bons minutos comentando meu texto e corrigindo, entre severo e irônico. "Frases curtas, bem curtas. Assim você erra menos. Numa frase longa você fica distribuindo vírgulas e ponto e vírgulas como milho a granel para um burro e se perde. Na frase curta, tem mais chance de errar menos. Além de frases curtas, escreva pouco. Conte tudo como se estivesse passando um telegrama, cada palavra custa caro. Saiba também que um texto não é uma conversa de comadre, onde se repete e se fala muito e se diz pouco". Teria Machadinho, naqueles anos 1950, lido Hemingway? Porque quando me enfiei de cabeça na vida e obra do autor de *O velho e o mar,* descobri um conselho dele a um jovem: "Escreva um conto como se estivesse passando um telegrama internacional, pago do seu próprio bolso."

Não sei se tive sorte com professores ou se cursei outra escola, em outra época. Professores ganhavam dignamente, tinham tempo de ler e preparar aulas, em geral davam aulas em uma única escola, eram respeitados, não humilhados e espezinhados como agora. Lourdes Prada foi minha segunda professora no primário. A primeira mesmo foi Cristina Machado, que eu chamava de Iaia, e era minha madrinha, que me deu aulas apenas alguns meses, vendendo sua escola. Quem me marcou foi Lourdes. Aulas de português eram diárias. Havia gramática, análises (que eu achava chatíssimas), verbos, e dois momentos que me marcaram. O dia da composição, ou redação, e o dia dos sinônimos.

As salas de aula tinham um grande bloco de gravuras, creio que europeias, a professora escolhia uma e dizia: primeira parte, descrição. Segunda parte, narração. Descrever era instigar o sentido de observação. Quanto mais elementos do quadro colocássemos no papel, maior a nota. Lembro-me que colocava moscas inexistentes, porque escondidas, eu dizia; lagartixas que tinham corrido para um buraco; formigas invisíveis de tão pequenas; pássaros que voavam acima do limite da gravura, um cavalo que tinha fugido. Lourdes entendia a imaginação, incentivava.

Uma vez, tive 100 (correspondia ao 10 do futuro) com uma folha do caderno em que pintei uma grande faixa marrom. Deveríamos fazer um desenho sobre a Semana Santa, cuja liturgia era rica e teatral naquele tempo. Mas passei o dia com meu álbum de figurinhas, colando, indo trocar as repetidas e quando vi, de manhã, era para entregar o trabalho. Me deu a louca, rabisquei com o lápis marrom e entreguei. Lourdes, com a cara severa:

> – O que é isso?
> – O cemitério.
> – Cemitério?
> – É o enterro de Jesus.
> – Cadê Jesus?
> – Já enterraram.
> – E a cruz, o povo, Nossa Senhora?
> – Já foram embora, estavam muito tristes.

Lourdes teve a coragem de me dar 100. Anos mais tarde, comentou comigo: "Foi o máximo de síntese daquele tempo. Mas como explicar a você a palavra síntese?" Sei que ela guardou por anos algumas composições e inclusive aquele desenho, mas tudo desapareceu nas mudanças, casamento, filhos, netos. Que professor teria tal coragem e abertura? E hoje que se um aluno não responder a uma questão igual ao que vem no Manual do Professor leva nota zero?

Ruth Segnini, outra professora do primário, mas em outra escola, o Colégio Progresso, tinha suas manias. "Cuidado com o **lhe.** É português correto, mas como a frase fica feia, horrível. Ouçam o som do **lhe**. Mudem a estrutura, fujam do **lhe**, encontrem um atalho". E nos explicava os atalhos na construção de uma frase. Ou então: "Adjetivos só em último caso. Adjetivo a torto e a direito como vocês gostam melam tudo. Melam mais do que sorvete derretendo no calor". Como a cidade era (aliás é) quente. Às vezes, Ruth mandava: "A classe vai sair, andar pela rua e ao voltar cada um vai colocar no papel o que viu". Na primeira vez, não entendemos direito, mas depois da terceira vez, estávamos espertos, procurando cenas e pessoas curiosas, diferentes. Um dia, perguntamos: "Para que isso professora?" E Ruth: "O que está lá fora na rua é vida. Bem, aqui dentro também é vida. Escrevam sobre a vida. E dirão a verdade". Onde aquela gente buscava tais coisas? Na sensibilidade, intuição, instinto? Havia – como ainda há – paixão pelo ensino e pela formação das cabeças. Ainda há, e somente paixão leva uma pessoa a ser professora hoje, com a montanha de obstáculos negativos que encontra. Não estava ali a fórmula para a boa literatura? Olhar, observar, compreender, falar da vida?

Lembro-me das professoras passando uma lição, e enquanto trabalhávamos elas giravam o dicionário procurando as palavras para a lista daquela semana. "Vocabulário, vocabulário", diziam, "precisam aprender palavras, enriquecer, aprender a falar, usar mais e mais palavras, saber ir ao dicionário, melhora a vida, conseguem trabalho, namoradas ou namorados. Até convencem os pais ou os padrinhos a dar um dinheirinho para a matinê". Matinê era a sessão da tarde de domingo no cinema com um faroeste, um seriado, desenhos, uma comédia, paixão de todos nós.

Com Jurandir Gonçalves, que lecionava português no colégio, descobri as analogias e adorei. Analogias ou ideias afins, ele dizia. Era buscarmos palavras que se relacionavam com o mesmo assunto. Dia desses, em Araraquara, para onde mando minhas tranqueiras, guardadas em caixas, descobri um caderno do tempo do Jurandir e dei com uma página em que estava escrito: *100, com mérito*. Acho até que guardei por isso. Mas também porque com aquele professor descobri essa via tão útil a quem escreve, a das analogias.

A palavra-chave era MORTE. Meu trabalho estendeu-se por duas páginas e encontrei ali: cheiro de defunto, cheiro de vela de defunto, cemitério, melancia (na porta do cemitério da cidade, no Dia dos Finados, eram dezenas de bancas vendendo melancia em pedaços), mulheres chorando e gritando, padre abençoando, panos pretos nas portas (os defuntos eram velados nas casas), piadas e anedotas (o povo passava a noite contando, para o tempo passar), véus pretos, dinheirinho para o matinê (dizíamos o, não a). O dinheiro se explica: eu era coroinha, e sempre que uma família chamava o padre para abençoar o morto, o coroinha ia junto e em geral ganhava uns tostões de gorjeta; eu adorava quando morria gente. Morto = tristeza, fim de tudo, extrema unção, outra vida, céu ou inferno, purgatório, esqueletos, bichos comendo o corpo embaixo da terra, acordar vivo no caixão dentro do túmulo, vampiros, vela na mão do moribundo, dar contas a Deus (era o que os católicos repetiam), repousar, descansar, entregar a alma a Deus, esticar as canelas, ao pó retornarás, estrebuchar (vi um cara morrendo no bar da esquina, tinha levado um tiro, estrebuchava e pedia água, água). E assim por diante. Quase um conto escrito de forma original. Aliás, já pensei em escrever um conto como se fosse um verbete analógico. Um tema e todas as ideias afins que ele provoca.

Mais tarde, no científico, com o Luciano, professor de latim, penetramos numa viagem fascinante, a da etimologia. Latim era difícil, uma pedreira, com suas declinações, gêneros, sufixos, prefixos, verbos. Mas buscar a origem das palavras era divertido, quase uma aventura que o dicionário Torrinha facilitava. Estudei por anos nos livros do Cretella Júnior, vejam só. E quando entrei para a Academia Paulista de Letras, quem se senta ao meu lado para puxar conversa? Cretella Júnior, hoje com seus 90 anos, e um bom-humor invejável. Bem, quanto mais complicada era a origem da palavra, melhor. Penetrávamos nos labirintos do grego, do latim, íamos às línguas saxãs, eram cavernas escuras, misteriosas.

Até hoje gosto de procurar palavras nos dicionários, leio livros sobre a história das línguas, entendi Guimarães Rosa a partir do estudo de etimologia. Há pouco, encontrei um *Dicionário da língua portuguesa arcaica*, de Zenóbia Collares Moreira. Fiquei brincando e buscando, como fazia na minha infância com a *Enciclopédia Jackson* e que resultou no livro *O menino que vendia palavras*. Alguém sabe o que é Besiro? Capaneque? Defeuzar, difindor, levata, quanteu, resquinar? Procurem. Mas nem o Aurélio, nem o Houaiss, nem o Caldas Aulette ou o Michaelis registram.

MULHERES ENTREVISTAS NO ESPELHO DA GRAMÁTICA E DA LITERATURA

Para dar sequência às reflexões apresentadas até aqui, depoimentos de Maria Helena de Moura Neves, gramática e linguista, de Marisa Lajolo e Regina Zilberman, ambas professoras, críticas, especialistas em leitura, história da literatura, formação do leitor e literatura infantil, que, dentre seus vários trabalhos, também escreveram obras a quatro mãos. Os textos demonstram, também, por diferentes vias, como se dá a construção de leitores e produtores de texto, como se articulam língua e literatura e, o que é muito importante, que o ensino da gramática pode levar à literatura, ou vice-versa, dependendo muito da escola, de professores, das lições de casa.

Da perspectiva de estudiosa da linguagem, Maria Helena fala de sua forte relação com a literatura. Curioso é que a *gramática* e o escritor Ignácio de Loyola Brandão têm em comum não apenas a cidade de Araraquara, lugar para onde Maria Helena foi morar depois de casada, mas também a papelaria mencionada por Ignácio em seu texto *"Quanteo. E resquinar?"*.

A seguir, o texto que Maria Helena me enviou explicando o que era a papelaria mencionada no depoimento de Ignácio.

> A papelaria a que o Ignácio se refere chamava-se Papelaria Neide, nome que veio com ela quando a família do meu marido (então noivo) a comprou (na década de 1950). Muitas pessoas chamavam minha sogra de dona Neide, achando que o nome era relacionado com a família dos donos. Era uma papelaria de bairro (bairro do Carmo), bairro em que morava a família do Ignácio, cuja mãe, segundo me disse depois meu marido, era freguesa "de caderneta" da papelaria. Eu mesma, na verdade, nunca conheci nem o Ignácio nem a mãe, porque, embora tenha morado 4 anos com minha sogra, na própria casa em que estava a papelaria, não costumava ficar no estabelecimento. A papelaria vendia livros, sim, mas eram mais livros didáticos e paradidáticos, pois não havia clientela para mais em bairro de cidade do interior. Outros livros havia, mas não era a especialidade.

■ Literatura: a reinvenção da linha da vida

Maria Helena de Moura Neves

Cresci lendo. Acho que mais li do que cresci (em todas as acepções)...

Os tempos eram outros, tempos de florilégios, seletas e antologias. Hoje em dia, se perguntadas sobre algum desses termos, só terão alguma coisa a dizer as crianças que se lembrarem das latinhas de seletas de legumes que frequentam algumas mesas.

Hoje também haverá especialistas que critiquem a existência de antologias, pelo que elas representam de mutilação das obras literárias. A discutir...

121

Mas, que eram deliciosos aperitivos para banquetes completos, eram. E, que abriram meu apetite, abriram. Minha primeira apaixonante corrida de touros em Salvaterra veio de lá, bem como o primeiro rapaz que conheci de vista e de chapéu, e, também, o primeiro adjunto adverbial temporal que vi representado em moeda, ou seja, aqueles famosos 11 contos de réis durante os quais Marcela amou Brás Cubas.

Não li literatura infantil, acho que nem tive infância. Em criança, o que vi de Lobato foi o *Almanaque do Jeca Tatu*, que, descalço, contraía verminose, e era, portanto, o anti-herói que se oferecia às crianças, mas ao qual minha mãe, especialmente sensível, sabia dar uma dimensão poética. Mesmo de brincadeiras infantis, só me lembram as comidinhas que eu e minhas irmãs fazíamos com pétalas de flores. Acho até que eram os meus primeiros 'florilégios'. Cedo tive compromissos. Meu pai era diretor de escola e, para fazer os necessários "mapas de movimento" e "folhas de pagamento" (manuscritos!), não podia contar com o vice-diretor, que passava o dia no pátio do recreio dando Maracugina aos passarinhos que lá pousavam e que, segundo ele, andavam muito agitados. Dos 9 aos 11 anos fiz eu esse serviço para meu pai, ganhando, a cada manhã de trabalho, um 'spumone' da sorveteria ao lado. Acho que também ganhei muito em disciplina de trabalho!

Mas o que mais que me ocupava, desde que me lembro por gente, era a leitura. Aprendi a ler sozinha, e bem pequena, em jornais e revistas. Incluíam-se o jornal italiano *Il Fanfulla*, que meu avô materno (ex-combatente na "Abissínia") comprava diariamente, e duas revistas argentinas assinadas por minha mãe (também professora): a *Parati*, cheia de contos água com açúcar, que eu lia e relia, e uma revistinha infantil em quadrinhos, cujo nome me escapa, e que, na verdade, nem me interessava tanto. Não imagino o que pode ter representado, na ocasião, aprender a ler, ao mesmo tempo, em português, em italiano e em espanhol.

Daí para os românticos brasileiros, e para Machado, e para Herculano, e para Camilo, e para Eça (todos já ali nas estantes de meus pais) foi um passo, porque, se naquele tempo, aos 10 ou 11 anos, se começava a estudar Latim e Francês, se se começava nessa idade a traduzir o *De Bello Gallico*, o que é que não se estudava nas aulas de Português? Lembro-me de já mexer, aos 12 anos, com três edições de *Os lusíadas*, que eu adorava comparar, e nem sei bem para quê, acho que só para ver as discrepâncias e as respectivas notas de rodapé. São marcas, também, na minha memória, a leitura, aos 13 anos, de *Le pêcheur d'Islande*, de Pierre

Loti, que ganhei de meu professor (francês) de Francês, Julien Fauvel, e, no ano seguinte, de *O diário de Marie Bashkirtseff*, que ganhei de minha professora de Latim, Lucy de Melo Braga, em cuja dedicatória está que ela me considerava capaz de entender o livro. Não sei dizer se, então, o entendi...

O que me lembra demais, quanto a meu gosto pela leitura, é a paixão pelas releituras. Parecia que tinha de ser assim: texto de que se gosta não se lê uma vez só, remói-se. Se, em pequena, o que eu tinha remoído eram os contos da *Parati*, na adolescência vieram, especialmente, Alencar, Machado, Eça e Herculano, além dos poetas românticos e parnasianos brasileiros. Na verdade, aí estiveram especialmente os contos de Machado e uma imensidão de poemas (quantos sonetos!), talvez porque em qualquer tempinho livre se relê um conto ou um poema. (E por falar em contos, não posso deixar de lembrar meu encantamento por um volume traduzido de Maupassant da estante de meu pai – hoje da minha.) Trechos de alguns romances e poemas também estiveram nessa lista dos muito frequentados, por exemplo a prosa-poesia dos verdes mares bravios da minha terra natal, perlongando as alvas praias ensombradas de coqueiros, bem como a poesia-história de episódios d'*Os lusíadas*, por exemplo a placidez de Inês, tão suavemente posta em sossego, ou a ameaça do gigante Adamastor, que, passados já cinco sóis, de boca negra e dentes amarelos rompia a nuvem negra que tão temerosa vinha e carregada. O que seria exatamente isso, numa fase de vida que, naqueles tempos, era ainda de infância?

Tenho exemplares de todos esses escritores anotados, com comentários, louvores, e até perguntas. Hoje não sei se me penitencio de agressão ao santuário que é o livro, ou se me vanglorio da interação que, tão menina, me parece que eu gostava de estabelecer com os escritores. Vejo, hoje, na verdade, o que tudo isso representou para as descobertas que, já mais madura, eu faria, mergulhando nos dois extremos de universos literários que particularmente me fascinam e de que agora vou tratar: a literatura moderna de língua portuguesa e a poesia da antiguidade grega.

Especialmente o romance moderno português e a poesia de Fernando Pessoa e de Drummond constituíram, mais tarde, episódios marcantes na história de minhas leituras. Depois que descobri Pessoa, o volume de suas *Obras completas*, da Aguilar, habitou meu criado-mudo durante anos. Depois voltou às estantes que mais frequento, ao lado de Drummond, Bandeira e outros poetas brasileiros contemporâneos, o que não quer dizer que a fruição se apagou, só quer dizer que resolvi preservar o exemplar, que já ia desgastado. Quanto a romance, Vergílio Ferreira – que meu grande professor de Literatura Portuguesa da Unesp, Jorge Cury, me apresentou – foi quem, com seu escancaramento do milagre do ser e do absurdo da morte, me tirou do sério e quase me levou para essa área de estudos. Só não fui porque meu compromisso com Homero e os tragediógrafos gregos já estava selado. É verdade que hoje, nesta vida de 'pesquisador', mais uso os versos de Homero para exemplificar os verbetes do dicionário grego-português que estamos acabando de elaborar em equipe do que para fruir lições de vida. Mas o encantamento continua e vejamos por quê.

Lembrando artigos que escrevi há bastante tempo, trago aqui a *Odisseia*, de Homero, e o romance *Alegria breve*, de Vergílio Ferreira, como marcas do que vejo como essencial na criação poética de vida: a força do reinício e da reinvenção, vinda das profundidades do homem.

Começo com *Alegria breve*, para falar desse milagre da reinvenção. Aí está o homem só, diante do universo, contemplando os limites do horizonte, e vendo a morte, com seu apelo invencível para uma união profunda à terra, como a única verdade definitiva, o único acontecimento à luz do qual tudo se ilumina. Vida e terra se confundem. A memória prende o homem às origens, mas a esperança o liga a outro homem, seu filho, que vai continuar sua memória, e, assim, há uma linha que define o homem em profundidade e em projeção, e que, por isso mesmo, isola cada homem em sua história de sangue. Num cenário de significação, mais do que de realidade, as personagens se colocam na solidão assumida de quem compreende que a comunhão perfeita não existe, mas, "que existisse, seria uma solidão a dois". Jaime Faria, a personagem central, está só, e, mais que isso, há neve, tem de haver neve, porque, como "nudez" da terra, ela é o símbolo do reinício perfeito, e sempre é necessário que tudo seja "inteiramente novo", para que o passado morra "profundamente". Por isso mesmo, esperando o filho, Jaime Faria mantém o lume vivo, o lume de uma verdade que não pode perder-se, de uma evidência buscada em angústia, de uma pureza que há de ser reassumida: tudo o que foi é podre, e tudo tem de recomeçar em pureza, em reinvenção. Então, o homem dirá ao filho, quando ele chegar: "Foi tudo um erro. Recomeça." E lhe entregará o silêncio total, para não lhe entregar a voz do erro.

E vamos à grande epopeia dessa recriação de vida, dessa renovação, desse reinício, dessa reinvenção. Vamos à *Odisseia*, um poema de *nóstos* (retorno), povoado de perigos e de limiares a transpor, e transpostos. Ulisses/Odisseu é quem Homero elege para protagonizar esse retorno da guerra de Troia depois da vitória. Ele era o grande vencedor? Não, esse era o chefe das tropas, Agamenão. Mas, quanta diferença no retorno pífio do chefe, herói que, no mais profundo do acento "trágico" grego, cai do mais alto no mais fundo! Retornava vencedor e era morto na banheira (haveria maior humilhação?) pelo amante Egisto da esposa Clitemnestra (haveria maior vergonha?)! Os melhores heróis já haviam caído em batalha (afinal, a grande glória 'épica', mas que não é o que aí se canta), e quem protagoniza a epopeia do *nóstos* é Odisseu, tão ausente nas narrativas de coragem e glória guerreira da *Ilíada*. Odisseu perde a esquadra e os companheiros, perde a própria nau e o resto das tábuas da nau, perde as roupas, perde até o chão, e, depois de pendurado em um galho de árvore, no máximo de isolamento e de aviltamento que um homem pode atingir, é arremessado a uma praia deserta. Entretanto, no mais legítimo acento do "maravilhoso" épico, com astúcia e poder de linguagem ele consegue chegar ao que nenhum herói dessa guerra chegara: ao restabelecimento de sua condição de senhor de uma terra (Ítaca), e, mais que isso, à reassunção de seu "registro de gente" no curso de sua história, como filho de Laerte, como parceiro de leito de Penélope, como pai de Telêmaco. Trocando a imortalidade pela condição humana, Odisseu renuncia a Nausica e à alegria perene, resiste a Circe e à bem-aventurança total, fecha os ouvidos às sereias e a suas delícias, mas, com a opção por ser mortal, tem o reencontro da estirpe. Fica magistralmente escancarada a força da linha da vida – de perdas mas de reinícios – para o ser humano. Mais que vitória ou posição elevada (afinal, sempre uma grande ameaça, na essência do "trágico" que ronda os mortais), a volta do náufrago Odisseu significa vida para uma linhagem, em contraste com a volta do grande chefe Agamenão, revestida de perigo para a descendência, de corte na linha da vida, de perda da força que vem da terra com o sangue.

E, finalizando, volto a mim e a meu entorno para perguntar: onde e como estará cada um de nós, no curso de suas 'reinvenções', neste momento da vida? Na tentativa de resposta, só vejo um lugar onde possamos encontrar companhia e orientação para essa busca: as 'invenções' dos poetas que, às vezes, roubando vida a nós mesmos, deixamos dormir em nossas estantes.

Literatura e outras linguagens

■ Valeu, dona Célia!

Marisa Lajolo

Para o Zé Melhem. Lá no etéreo assento onde subiste.

Chamava-se Célia.

Mas que ninguém pense que sonhávamos em chamá-la assim, na intimidade de um prenome: para nós, ela era a dona Célia. *Dona Célia*, de sobrenome enorme: de Paula Martins Zaragoza; a famosa, a respeitada, a temidíssima e superlativamente severa professora de Português do curso ginasial do Colégio Estadual Canadá, em Santos.

Dona Célia não era alta, tinha rosto redondo e pele muito clara, cabelos pretos curtos, óculos sem aro e um impecável avental branco, de cujos bolsos saltavam crases, verbos irregulares e complementos nominais. Talvez usasse batom nos lábios, um batom bem vermelho. Seus braços abraçavam os diários de classe de capa cor de cinza, nos quais meu nome ocupava o número 31 da chamada, depois de todas as Marias e antes da *outra* Mariza, que vinha depois de mim porque o nome dela se escrevia com zê.

Boa aluna, eu caprichava nos cadernos: me lembro que num deles, usei purpurina prateada, misturada com goma arábica para o esmerado título do ponto "Funções léxicas do A". Hoje, meus botões, já viciados por linguísticas e gramáticas mais afoitas, me sugerem que esse título tem seu grãozinho de impropriedade: *léxico tem funções?* Há quem diga que não. Mas minha memória, menos linguística do que meus botões, guarda a lembrança de que o dito cujo ponto se estendia por muitas páginas, apresentando o "A" como artigo, como pronome, como preposição e *até* – e aqui, na forma de pronunciar exclamativamente este *até*, dona Célia parecia que compartilhava conosco um segredo – como substantivo!

Este *até* que sublinhava de espanto a natureza substantiva do "A" me encantava. Dona Célia ensinava numa aula de Português que numa única letra, havia surpresas. E por isso merecia purpurina, esmeradamente aplicada às letras góticas desenhadas por meus dedos sempre meio sujos da tinta *azul real lavável* com que escrevíamos nos cadernos em que passávamos a limpo os pontos.

Pela mesma altura de meu curso ginasial, quando líamos as *Páginas floridas*, de Silveira Bueno, por obra e graça da mesma dona Célia, aprendi que um advérbio era uma palavra que modificava muita coisa, inclusive a si mesmo, *o próprio* advérbio. Para mim, esse *próprio* era irmão gêmeo do *até* do ponto sobre *as funções léxicas* do A. Hoje homenageio dona Célia, que, na assepsia de sua didática, nos familiarizava com categorias cuja formulação era um tanto bizarra, ao menos para meus ouvidos de adolescente. Para mim, o *até* e o *próprio* pareciam enfatizar a estranheza do que afirmavam: como é que uma coisa – um humilde A – pode ser tantas coisas ao mesmo tempo? E como é que outra coisa – um advérbio – pode modificar-se a si mesmo?

Parecia-me que estudar língua era fascinante porque beirava o incompreensível; tratava-se de estudar um objeto meio contraditório, que escapava de formulações claras como as equações de segundo grau que dona Zulmira Lambert escrevia na lousa como - B $\pm\sqrt{}$ B^2 - 4 AC sobre 2 A, ou a informação de dona Ruth Maria Novais La Scala de que a capital do Uruguai era Montevidéu, cidade linda e muito fria, onde ela tinha passado férias...

Naquelas aulas, e sem nenhum interesse por literatura, dona Célia me ensinou que o mundo da linguagem, no que dele se tratava nas aulas de Português, era cheio de mistérios e de segredos. Também ensinou que acento agudo ou grave tinha meio centímetro de comprimento e se posicionava em um ângulo de 45º em relação à pauta da página.

Um pouco depois, acho que já no curso Clássico, quando estudei Gramática Histórica, deslumbrou-me a ideia de que as palavras mudavam ao longo do tempo. Aprendi que as palavras tinham uma história. Esse aprendizado – já no horizonte severo da batina de padre Geraldo Miranda – fez-se sob risinhos tão abafados quanto decepcionados quando o exemplo oferecido pelo sisudo mestre foi *biscoito*. A tarde era de sol, um vento vagabundo sacudia de leve as árvores da rua Mato Grosso, e o mestre explicou que *biscoito* chamava-se assim por ser cozido duas vezes, e não por parecença a outras expressões (na época) clandestinas em nosso vocabulário. Depois dessa aula, e para sempre, os biscoitos *Maria* e *Maizena* ganharam em estatuto de erudição o que poderiam ter ganho em evocação de erotismo.

Mas creio que nada me marcou mais do que os exercícios de análise sintática, na época chamada de *análise lógica*.

Sempre sob a batuta rigorosa de dona Célia, aprendemos a fazer diagramas. Chamava-se assim o método de dar expressão visual, através de linhas – horizontais, verticais e oblíquas –, às funções sintáticas dos termos da oração. Se bem me lembro, havia também linhas interrompidas que expressavam o relacionamento mantido pelas várias orações de um período. De costas para a classe, escrevendo na longa lousa, dona Célia ia decompondo orações em sujeito, predicado, complementos e adjuntos, distribuindo palavras por espaços geométricos, que me sugeriam que a língua também tinha feições tão monolíticas quanto as datas de história e os nomes dos afluentes do Amazonas que até hoje sei de cor.

Naquelas aulas de dona Célia, uma afirmação singela como *João deu a Pedro uma maçã vermelha* transcrevia-se sofisticadamente num diagrama mais ou menos assim, que depois passávamos para grandes folhas de papel de embrulho:

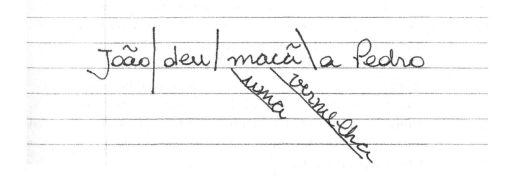

A memória me trai: a linha oblíqua que indica que *a Pedro* é *objeto indireto* inclinava-se para a esquerda ou para a direita? Não consigo lembrar. Mas lembro que era também em papel de embrulho – grandes folhas de cores sujas e desbotadas, amarelas, verdes ou rosa – que copiávamos verbos irregulares em todos seus tempos, modos e pessoas.

Mas a atividade de que eu gostava mais era mesmo fazer diagramas de análise lógica. Me encantava a ideia de poder exprimir a *logicidade* da língua, eu que também me fascinava por suas oscilações, como um "A" ser várias coisas ao mesmo tempo... Creio que algumas vezes cheguei a inovar nos diagramas, usando papel quadriculado em vez de papel de embrulho. Não me lembro do resultado desse meu esforço para quadricular ainda mais um exercício já de si quadriculador, dona Célia era parca de elogios.

Era o começo da década de 60 do século XX e os professores costumavam fazer chamada. Ainda escuto sua voz clara e cristalina na sala de mais de quarenta alunos começando a chamada com a Adma Sharif. É nessa sala de aula antiga, congestionada por exercícios de vocabulário, regras de acentuação e de colocação pronominal, metaplasmos e sintaxes lineares que ressoava minha voz, respondendo à chamada: *Presente!*

Muitos anos depois, continuo presente.

Humildemente presente.

Valeu, dona Célia!! Dona Célia, vocativo dessa oração agradecida, que constitui um período simples, desprovido de complementos ou adjuntos, exceto os da memória que, salvo engano, não têm expressão em diagramas, por mais imensas que sejam as folhas que embrulham nossas lembranças.

■ Meu melhor professor de gramática

Regina Zilberman

Quando comecei a estudar, o ensino dividia-se em primário e secundário, níveis de ensino que duravam, respectivamente, cinco e sete anos. O secundário começava após a gente ser aprovado em um teste de admissão, que levava ao ginásio; terminado esse período de quatro anos, escolhia-se entre o clássico e o científico. Mas a maioria das mocinhas preferia o Normal, quando então elas se preparavam para o magistério ou casavam – ou então acumulavam as duas atividades.

Tive aulas de Gramática no ginásio, e um mesmo professor acompanhou nossa turma desde a segunda até a quarta série: Guilherme Finkelstein. A escola era o então Ginásio Israelita Brasileiro, o GIB, fundado pela comunidade judaica de Porto Alegre no começo da década de 1920 e que, no início dos anos 1960, tinha se expandido bastante e ocupava um belo prédio situado no bairro Petrópolis, não mais no Bom Fim. Os judeus gaúchos se concentravam na capital do Rio Grande do Sul, e o Bom Fim não mais constituía sua principal opção residencial. O deslocamento do GIB para uma área de classe média ascendente refletia as mudanças por que passava a comunidade judaica, não mais representada apenas por imigrantes europeus, mas principalmente por seus descendentes de primeira e de segunda geração.

Era, pois, Guilherme Finkelstein nosso professor de Português; mas, quando eu terminava a quarta série do ginásio e encerrava esse período de minha educação, era ele também o diretor da escola. Com a audácia que o caracterizou por muito tempo, decidira dar um *upgrade* no GIB, e com o apoio de todos, inclusive de seus alunos, entre os quais se contavam meus colegas, decidiu implantar o nível colegial, complementando os estudos secundários. O GIB transformou-se no CIB – Colégio Israelita Brasileiro, como é conhecido até hoje.

O projeto pedagógico era, como seu autor, audacioso e diferenciado. A uma época em que os alunos tinham de escolher entre o científico e o clássico, ele resolveu unificar tudo e colocar a Filosofia na base da educação colegial. Mas todo mundo também tinha de estudar Matemática, fosse depois fazer vestibular de Direito ou de Medicina. Como se vê, o professor Guilherme era igualmente pioneiro, já que, depois de 1970, a reforma educacional assentou-se sobre a unificação do ensino fundamental, acabando com a separação entre o primário e o ginásio, e do ensino médio, eliminando as alternativas entre o clássico e o científico.

O professor de Gramática transformou-se, assim, no diretor de uma escola inovadora e exigente. Quando lecionava sua disciplina, era igualmente revolucionário. Pois o que melhor apreendi com a gramática foi... literatura. Com efeito, o que ele sabia mesmo era fazer os alunos lerem: desde os canônicos nacionais José de Alencar, Gonçalves Dias e Machado de Assis, como todos esperariam, até os modernos, desconhecidos e inesperados (estávamos no primeiro lustro dos anos 1960!) Carlos Heitor Cony e Clarice Lispector, desde os clássicos e bem comportados Homero e Sófocles aos desafiadores Leon Tolstoi e Fiodor Dostoievski, e mesmo iconoclastas, como Eça de Queirós, passando pelo então *best-seller* Morris West.

Desde então, o melhor das aulas de Língua Portuguesa foi sempre a possibilidade de estudar literatura.

NOTAS

[1] Paulo Leminski, *Caprichos e relaxos*, São Paulo, Brasiliense, 1983, p. 144. Esta análise, com modificações, apareceu em duas outras publicações. B. Brait, "A gramática pelo método Leminski", em *Revista Língua Portuguesa*, n. 30, 2008, pp. 34-5. B. Brait, "Estudos linguísticos e estudos literários: fronteiras na teoria e na vida", em A. C. Freitas, e M. F. Guilherme de Castro, *Língua e literatura: ensino e pesquisa*, São Paulo, Contexto, 2003, pp. 13-23.

[2] Augusto de Campos e Haroldo de Campos, *Panaroma do Finnegans Wake*, São Paulo, Perspectiva, 1971. [Edição bilíngue de fragmentos do *Finnegans Wake* de James Joyce]. A análise de Jaguardarte, com modificações, apareceu em outra publicação: B. Brait, "A linguagem de Alice", em *Revista Língua Portuguesa*, n. 22, 2007, pp. 34-5.

[3] Lewis Carroll, *Alice's adventures in Wonderland*, London, Macmilliam, 1865; *Through the Looking-Glass and What Alice Found There*, London, Macmilliam, 1872.

[4] Carlos Vogt, *Poesia reunida*, São Paulo, Landi, 2008, p. 95.
[5] Ignácio de Loyola Brandão, *O menino que vendia palavras*, São Paulo, Objetiva, 2007.
[6] Josué Machado, "Literatura e profecia", em *Revista Língua Portuguesa*, 2008, n. 36, p. 17.

BIBLIOGRAFIA

BRAIT, B. Estudos linguísticos e estudos literários: fronteiras na teoria e na vida. In: FREITAS, A. C.; CASTRO, M. F. Guilherme de. *Língua e literatura*: ensino e pesquisa. São Paulo: Contexto, 2003, pp. 13-23.

CAMPOS, Augusto de; CAMPOS, Haroldo de. *Panaroma do Finnegans Wake*. São Paulo: Perspectiva, 1971. [Edição bilíngue de fragmentos do *Finnegans Wake* de James Joyce].

CARROLL, Lewis. *Alice's adventures in Wonderland*. London: Macmilliam, 1865.

_____. *Through the Looking-Glass and What Alice Found There*. London: Macmilliam, 1872.

LEMINSKI, Paulo. *Caprichos e relaxos*. São Paulo: Brasiliense, 1983.

LOYOLA BRANDÃO, Ignácio de. *O menino que vendia palavras*. São Paulo: Objetiva, 2007.

MACHADO, Josué. Literatura e profecia. *Revista Língua Portuguesa*, 2008, n. 36, p. 17.

VOGT, Carlos. *Poesia reunida*. São Paulo: Landi, 2008.

Na fronteira dos sentidos

A literatura antecipa sempre a vida. Ela não a copia em nada, mas a molda segundo seus fins.
Oscar Wilde

A língua é o poema original por meio do qual um povo diz o ser. Inversamente, a grande poesia, aquela pela qual um povo entra na história, é aquilo que começa a dar figura à sua língua.
Heidegger

*Ninguém escreveu em português
no brasileiro de sua língua:
esse à vontade que é o da rede,
dos alpendres, da alma mestiça,
medindo sua prosa de sesta,
ou prosa de quem se espreguiça.*
João Cabral de Melo Neto

A boa literatura é sempre uma janela escancarada para o mundo. Por meio dela, a vida pode ser observada, usufruída, compreendida, questionada e, em certa medida, vivida. Tudo isso graças à sensibilidade de um escritor, incessantemente atento à vida e à arte que a reinventa. Isso se traduz, necessariamente, pela capacidade de recolocar em pé o vivido, o imaginado ou a mistura das duas coisas, por meio da linguagem e, generosamente, oferecer vivências, percepções, aos que têm acesso a seu texto.

Contar uma história, portanto, é uma maneira de compreender a vida e fazer com que outros a compreendam sob determinada perspectiva. Para isso, o autor escolhe o ângulo por meio do qual os acontecimentos ganham vida, a partir de recursos oferecidos pela língua e pelo ritmo estabelecido por um narrador. É possível escolher um ponto de vista que simule uma câmera aparentemente *neutra* e *independente*, que conceda autonomia aos eventos. Ou recorrer a um protagonista que, emprestando voz, corpo e imagem ao relato, costure lembranças tiradas de um baú pessoal cujos limites se fundem com a história de um tempo, de um espaço, de uma determinada sociedade.

Assim sendo, pode-se, ainda, concordar com o escritor brasileiro Cristovão Tezza:

> Toda literatura é um olhar articulado sobre o mundo, que se define do detalhe do vocabulário à arquitetura do tempo e do espaço. Ao ler, vamos como que reconstruindo o olhar e os sentidos do escritor, agora sob nosso ponto de vista e nossos sentidos, para torná-los de algum modo familiares, negociando linha a linha empatias e afastamentos.[1]

Neste capítulo, para discutir essas e outras questões de construção de sentidos e, ainda, observar as relações que criadores e estudiosos mantêm com a língua, com a linguagem, com a literatura, foram convocados, via textos, três escritores e dois estudiosos da linguagem. Cristovão Tezza contribui duplamente: com as últimas linhas de *O filho eterno*, e com um belíssimo e inédito depoimento; Chico Buarque é surpreendido em trechos de seu romance *Leite derramado*; Milton Hatoum pode ser entrevisto em excertos de seu trabalho de estreia, *Relato de um certo Oriente*; Bernardo Carvalho, com trechos da narrativa *Mongólia*, deixa entrever um curioso jogo de vozes narrativas; Rubem Fonseca, conhecido por seus contos e romances, entra nessa história com a humorada crônica "Extus Letalis". Do lado dos linguistas/analistas de discurso participam, com depoimentos exclusivos para este livro, José Luiz Fiorin, Ingedore Villaça Koch, ambos reconhecidos pela efetiva contribuição para a área dos estudos da linguagem e que, aqui, falam de literatura.

TÊNUES LIMITES ENTRE VIDA E FICÇÃO

Cristovão Tezza é catarinense, mas vive em Curitiba há muitos anos. Professor da Universidade Federal do Paraná, cujo doutorado rendeu o excelente ensaio *Entre a prosa e a poesia: Bakhtin e o formalismo russo*,[2] Tezza é conhecido por mais de uma dezena de obras publicadas, aí incluídas *Trapo*, *Uma noite em Curitiba*, *A suavidade do vento*, *Juliano Pavolini*, *Ensaio da Paixão*, *Breve espaço entre cor e sombra*, que recebeu o Prêmio Machado de Assis/Biblioteca Nacional como o melhor romance de 1998, *O fotógrafo*, considerado pela Academia Brasileira de Letras e por *Bravo!* o melhor romance de 2006. Com *O filho eterno*, sem dúvida um dos livros mais corajosos dos últimos tempos, ganhou, merecidamente, os mais importantes prêmios literários de 2008: Prêmio Jabuti – melhor romance; Prêmio da Associação Paulista dos Críticos de Arte (APCA) – melhor obra de ficção; Prêmio *Bravo!* – livro do ano; Prêmio Portugal-Telecom de Literatura em Língua Portuguesa – 1º lugar; Prêmio São Paulo de Literatura – melhor livro do ano de 2008. Para arrematar, foi considerado pela *Revista Época* um dos cem brasileiros mais influentes de 2009.

Em *O filho eterno*, Tezza confirma sua condição de um dos mais importantes escritores brasileiros contemporâneos, retomando sua inconfundível sensibilidade e refinando ainda mais sua habilidade narrativa. Ao extrair a matéria-prima do real, do vivido, do experimentado, constrói um texto que, longe de ser uma autobiografia, expõe as veias biográficas que o alimentam para, literariamente, construir histórias e personagens cuja força lança os leitores em duas dimensões entrecruzadas, a afetiva e a racional, motivadas pelo universo das relações estabelecidas entre um filho com síndrome de Down e seu pai. Pela narrativa em terceira pessoa, conduzida pelas hábeis mãos do narrador, o que o leitor acompanha é a construção de duas personagens magníficas: um pai e um filho.

Nenhum trecho, isoladamente, poderá dar a dimensão desse magnífico romance. Entretanto, contando com a leitura completa dos leitores deste trabalho, será destacado um excerto do final, momento em que a relação futebol/alfabetização imprime a dimensão lúdica da delicada relação construída no jogo vital do qual pai e filho são eternos protagonistas.

> *O filho eterno*
>
> Mas há um outro ponto, outra pequena utopia que o futebol promete – a alfabetização. É a única área em que seu filho tem algum domínio da leitura, capaz de distinguir a maioria dos times pelo nome, que depois ele digitará no computador

> para baixar os hinos de cada clube em mp3, e que cantará, feliz, aos tropeços. Ele ainda confunde imagens semelhantes – Figueirense e Fluminense, por exemplo – mas é capaz de ler a maior parte dos nome. Em qualquer caso, apenas nomes avulsos. O que não tem nenhuma importância, o pai sente, além da brevíssima ampliação de percepção – alfabetizar é abstrair; se isso fosse possível, se ele se alfabetizasse de um modo completo, o pai especula, ele seria arrancado do seu mundo instantâneo dos sentidos presentes, sem nenhuma metáfora de passagem (ele não compreende metáforas; como se as palavras fossem as próprias coisas que indicam, não as intenções de quem aponta), para então habitar um mundo reescrito. Ele jamais fará companhia ao meu mundo, o pai sabe, sentindo súbita a extensão do abismo, o mesmo de todo dia (e, talvez, o mesmo de todos os pais e de todos os filhos, o pai contemporiza) – e, no entanto, o menino continua largando-se no pescoço dele todas as manhãs, para o mesmo abraço sem pontas. [...]
>
> – Eles vão ver o que é bom para a tosse!
>
> É uma das primeiras metáforas de sua vida, copiada de seu pai, e o pai ri também. Mas, para que a imagem não seja arbitrária demais, o menino dá três tossidinhas marotas. Bandeira rubro-negra devidamente desfraldada na janela, guerreiros de brincadeira, vão enfim para a frente da televisão – o jogo começa mais uma vez. Nenhum dos dois tem a mínima ideia de como isso vai acabar, e isso é muito bom.[3]

Nos trechos em destaque, o narrador articula o *pai*, aquele que viveu/vive, que experimentou/experimenta um determinado universo de relações, e o *especialista*, aquele que tem conhecimentos específicos a respeito de alfabetização, de leitura e das formas como essas capacidades/habilidades perpassam uma criança com síndrome de Down. A dupla orientação pai/especialista, possibilitada pelo tema alfabetização-leitura, é um dos fatores que esgarça os limites entre o relato autobiográfico, o ensaio e a ficção, construindo uma dimensão múltipla. É o que permite ao leitor conhecer determinados aspectos científicos e particulares da condição desse filho e colocar-se afetivamente ao lado dos personagens que vão se construindo a cada passo da narrativa.

O jogo é tema bastante forte na obra. É ao futebol que o narrador recorre para melhor explicitar determinadas singularidades do personagem filho: alegrias, formas de se relacionar com o mundo que o rodeia e, simbólica e literalmente, mecanismo que fornece pontes de acesso ao universo letrado. Esse aspecto se traduz pelo reconhecimento de nomes avulsos, fator de integração ao menos parcial ao universo lexical, e pela confusão de imagens sonoras, o que do ponto de vista fonético/fonológico indicia a não distinção entre determinados significados ou, mais especificamente, a reiteração do acesso parcial ao mundo letrado. Mas é também o jogo que aproxima os personagens pai e filho e se oferece como uma alegoria para a eterna e lúdica construção que os envolve, como indica a penúltima linha do trecho: "o jogo começa mais uma vez".

É por meio da sequência de verbos no presente do indicativo – *sente, especula, sabe, contemporiza* –, e que tem repetidamente como sujeito a expressão *o pai*, que o narrador expõe o personagem num momento de reflexão, interferindo no que poderia ser um discurso direto, uma fala exclusiva desse personagem. Se esse fosse o caso, estaríamos mais próximos de um relato autobiográfico. Entretanto, a interferência avaliativa do narrador estabelece formalmente a separação entre aquele que narra, ou seja, a câmera que vê e mostra, e aquele que vive e é capturado pelo *close* cinematográfico.

O jogo com os pronomes possessivos – "*seu* filho", "ao *meu* mundo", "de *seu* pai" –, espraiado ao longo do trecho, é mais um elemento a colaborar para a riqueza do estabelecimento das vozes narrativas, demarcando, com sutileza, as falas do personagem pai e do narrador. São essas formas linguísticas que permitem, juntamente com as interposições avaliativas do narrador, estabelecer um distanciamento e, ao mesmo tempo, uma aproximação entre o narrador e o personagem pai.

A explicação sobre as metáforas, e sobre a impossibilidade do filho compreender esse processo de interface entre a linguagem e as coisas, está delimitada, destacada do resto do período por parênteses: *(ele não compreende metáforas; como se as palavras fossem as próprias coisas que indicam, não as intenções de quem aponta)*. O leitor poderia se perguntar:

– Por que esse destaque explícito?

– Quem faz essa declaração quase em forma de sussurro, de cochicho?

– O narrador, que em *off* se dirige ao leitor?

– O pai, que não quer que o filho ouça? – Seriam marcas de uma digressão intercalada que diz respeito tanto às particularidades da linguagem do filho como às do romance em curso?

Talvez todas as respostas, embutidas nas perguntas formuladas pelo leitor, sejam possíveis. O destaque, verbal e visualmente observável, dá a impressão de que a afirmação é feita em *off*, praticamente em tom de sussurro. Ao mesmo tempo, pode ser vista como digressão intercalada no relato, que aponta para mais de uma direção.

Quando o narrador afirma que se o personagem filho compreendesse metáforas passaria do *mundo instantâneo dos sentidos presentes, sem nenhuma metáfora de passagem, para então habitar um mundo reescrito*, de fato pode estar na posição de um autor que sinaliza a natureza literária de seu texto: um texto que veio da vida, metáfora de passagem entre o mundo dos sentidos, o vivido irrepetível, e um mundo reescrito.

E assim transcorre o romance que, saltando da vida, constrói-se como ficção literária e não como pura autobiografia.

Cristovão Tezza, além de grande ficcionista, é também estudioso da linguagem, com forte e atuante passagem pelo ensino, como demonstra o livro didático *Prática de texto para estudantes universitários*, escrito em parceria com Carlos Alberto Faraco. Nessa vertente, a filosofia de Tezza deveria ser seguida por todos os que se interessam por produção, leitura, ensino:

> [...] frisar a qualidade maior de todo material didático, que tem a ver, afinal, com a natureza da vida: o inacabamento. É preciso sempre desconfiar dos compêndios definitivos; um bom material talvez seja antes uma sugestão de material didático, em que o rigor teórico não perca de vista o poder das intuições. Como todo mundo é (felizmente!) diferente, não será má ideia manter sempre viva no horizonte a utopia segundo a qual cada um deve criar seu próprio material, incluindo aí o estudante. Se não como realidade imediata, pelo menos como um sonho que se alimenta.[4]

A vasta produção de criador e crítico é aqui acrescida de um depoimento bem-humorado, feito especialmente para este livro, em que, pelas dobras da memória, deixa entrever o menino Cristovão em momentos de fortes e marcantes relações com a linguagem e seu aprendizado.

■ Memória

Cristovão Tezza

A memória das letras da minha infância é difusa e fragmentária. Não me recordo de nenhuma precocidade especial, tampouco de alguma carência notável. Vivendo numa casa de uma rua sem calçamento de uma cidade pequena, lembro de mim mesmo quase como um personagem do mundo de Cebolinha (personagem que não existia), casa e vizinhança se entrecruzando pelo que parecia uma contiguidade natural de natureza e gente. Do mundo das letras, foi traumático o primeiro dia da pré-escola. Fui levado pela irmã mais velha, que me entregou à porta da Instituição, de onde imaginei aterrorizado que nunca mais sairia. O choro durou dois minutos. Freirinhas de aparência piedosa me levaram para uma sala grande cheia de mesas onde crianças falantes montavam quebra-cabeças.

Um ano depois, a professora tirou o pano que cobria o quadro-negro e revelou uma árvore caprichosamente desenhada a giz colorido, cheia de maçãs. Como o menino poderia recolher as maçãs, tão altas na árvore? Com o número 1. E ela desenhou um grande número Um, um instrumento perfeito para engatar na maçã e derrubá-la. Todo dia havia um desenho para revelar uma letra, um número, uma palavra.

Nesse ano, aprendi a ler e escrever, mas nada de excepcional aconteceu. Cinquenta anos depois, chega até mim um trecho da minha arte, um bilhete (a lápis) para uma tia:

tia vanda
Como vai a ssmora (risco) semhora?
Eu estou com saudade da sem
ora.
como vai o marcos e a Vandinha?
estou comtemte porque jatou
esqrevemdo com caneta
Cristóvão

Como se vê, nenhum prenúncio de nada nessas mal traçadas linhas, além de um tantinho de autoestima em alta, desproporcional ao resultado. De livros, nesses primeiros dois anos, havia os coloridos da escola, com histórias da Bíblia, que eram distribuídos à turma para leitura em dias especiais. Eram momentos bons. E em casa, no escritório do meu pai – um homem que aprendeu a ler no exército, recuperou o tempo perdido com um curso de madureza e se formou em advocacia – eu levantava a cabeça e via lá no alto aquela fila imensa de encadernações vermelhas: REVISTA DOS TRIBUNAIS. Foi a primeira imagem de uma biblioteca que me ficou.

Em casa, os livros eram objetos de cuidado e alguma veneração. Não lembro de literatura infantil circulando por ali, além das pilhas de revistas em quadrinhos colecionadas pelos irmãos, trocadas todos os domingos nas matinês do cine Tamoyo. Eu folheava muito as histórias do Pato Donald. Lembro também da febre dos álbuns de figurinhas com histórias de Walt Disney e de um outro álbum que me impressionou particularmente, com informações geográficas e etnográficas do mundo inteiro. As imagens de um indígena com um disco implantado no lábio inferior e de uma negra com uma pilha de argolas que lhe alongavam o pescoço ficaram na minha cabeça para sempre. Pai e mãe professores, naturalmente a palavra escrita circulava em torno e ia dando uma certa medida das coisas. Mas, se no meu aniversário alguém me presenteasse com um livro, eu não acharia um bom negócio.

Isso até os 7 anos de idade, quando meu pai morreu. Tomou um café na praça, embarcou na lambreta – a novidade da época –, fez uma curva vagarosa, bateu numa kombi, deu com a cabeça no meio-fio e morreu.

A vida mudou subitamente. O terceiro ano primário, em 1960, já foi feito numa escola pública. De notável, lembro da rispidez do sistema, a militarização das crianças no pátio, em ordem unida para entrar nas salas, todos enfileirados. Nunca ofereceram um livro para leitura. Duas lembranças: a aula de desenho, com "tema livre", em que eu tentava penosamente apreender a noção de perspectiva por conta própria (desenhava a própria sala de aula, mil vezes, a mesa da professora, o quadro-negro, as janelas, aplicando a lógica do olhar da Santa Ceia); e as reguadas na mão, quando, distraídos na carteira e alheios à aula, os dedos da mão direita conversavam com os dedos da mão esquerda. Uma vez acordei do solilóquio sussurrado com a turma toda rindo em torno, a professora ao lado, à espera, régua à mão.

Ano seguinte, outra mudança brusca: a mãe se muda para Curitiba, levando os filhos – pela primeira vez na vida conheço um apartamento por dentro. Um período difícil, mas não havia muito tempo para pensar em nada. Faço o quarto ano aos trancos e barrancos, no Grupo Escolar Tiradentes, de que não tenho nenhuma lembrança, nem boa, nem má. De mais notável, um colega que desenhava figurinhas com escudos de futebol. Era torcedor do São Paulo. Não tenho memória de nenhum livro que circulasse naquelas carteiras escolares, mas em casa a presença da palavra escrita permanece viva. O irmão comunista, funcionário do Banco do Brasil, traz livros e compra uma televisão, a primeira da minha vida. Lembro de mim mesmo lendo à noite, sem entender quase nada, um exemplar da Revista dos Tribunais: eram casos jurídicos, com uma pequena súmula inicial resumindo o imbróglio – alguém me tirou o volume da mão – "Isso não é para você. Vá dormir" – e apagou a luz.

No fim daquele ano, um momento duro: o terrível exame de admissão ao ginásio, a ser feito no imponente Colégio Estadual do Paraná. Naqueles tempos, o exame de admissão era a lâmina social que ceifava já no quarto ano a maior parte das crianças brasileiras. Reprovadas ali, pouca chance escolar haveria pela frente. De certa forma, o massacre dos inocentes era a garantia de manutenção da mão de obra rural de um país que vivia ainda predominantemente no campo.

O dia mais longo da minha infância começou às oito horas da manhã, quando do fui sozinho conferir o resultado. Não tenho nenhuma lembrança da primeira parte do exame: prova de redação, eliminatória. Mas lembro nitidamente da lenta caminhada, da rua Mateus Leme, até o Colégio Estadual. No átrio, uma pequena multidão se acotovelava à espera do edital dos aprovados. Não tive pressa. Como sempre (mas isso é uma intuição retrospectiva, provavelmente falsa), eu me sentia um pouco alheio àquilo, como se cumprisse uma tarefa dos outros. É a nota de alguém que eu vou levar para casa, não a minha. Esperei que aquele bando de pais, mães e filhos fossem entrando no corredor para ler os nomes dos aprovados. Eu iria por último. Quando enfim – entre gritos de alegria e choro de crianças sendo puxadas pelas orelhas – fui conferir, lendo a coluna dos aprovados com inicial C, descobri que eu não estava lá. Na ponta dos pés, conferi de novo, e de novo, e meu nome não aparecia. De início, imaginei que fosse apenas um erro – claro que esqueceram de datilografar o meu nome. Pedi gaguejante a um adulto próximo para conferir por mim, as folhas estavam coladas dois palmos acima da minha cabeça, talvez meus olhos não alcançassem, e senti a mão dele me consolando os cabelos, "não, o seu nome não está".

Levei muitas horas para chegar em casa, caminhando em zigue-zague pelas ruas e praças conhecidas, indo e vindo, imaginando interminavelmente que história eu inventaria que pudesse dar uma certa dignidade ao meu fracasso. Ouvia o eco das ameaças terríveis e dramáticas, caso eu fosse reprovado; além da vergonha, o trabalho pesado – minha única chance na vida era aquele colégio, e eu estava jogando fora. A volta foi dura, mas enfim suportável; ao contrário das ameaças, tive direito a um quinto ano reparador no Grupo Escolar Zacarias (o mesmo em que, anos antes, havia estudado Jânio Quadros), no desajeitado horário do meio, das 10h30 às 14h30, numa turma de marmanjos ineptos, reprovados, bagunceiros e irrecuperáveis em geral, como que recolhidos da Ilha dos Prazeres do mundo de Pinocchio. Nesse ano, lembro bem, produzi uns livrinhos montados com folhas de papel dobradas e cortadas em quatro, que eu costurava, desenhava-lhes a capa e inventava pequenas histórias imitando os primeiros seriados da TV.

Ano seguinte, novo exame, e desta vez com uma aprovação retumbante, certamente graças aos intermináveis exercícios de redação a que minha mãe me submetia, à força de régua, toda semana, com os chavões e os temas-padrão: "A Primavera", "Minhas Férias", "O valor do bem". Nos sete anos seguintes, quatro de ginásio, três de científico, fui feliz. O colégio tinha um padrão de qualidade acadêmica que até hoje me surpreende e uma biblioteca maravilhosa, em que li desde as obras completas de Erico Verissimo até os Diálogos de Platão.

141

Quando saí de lá, em 1970, o Brasil era outro, e eu também, me sentindo fora do eixo – um sentimento que pela vida afora acabei por transformar em escolha.

Linguagem, identidade, memórias

Chico Buarque, nascido Francisco Buarque de Hollanda, reconhecido como um expressivo compositor e cantor, é também autor de históricas peças de teatro – *Roda viva*, 1968, *Calabar*, 1973, *Gota d'água*, 1975 e *Ópera do malandro*, 1979 –, da novela *Fazenda modelo*, 1974, e dos romances *Estorvo*, 1991, *Benjamim*, 1995, *Budapeste*, 2003 e *Leite derramado*, 2009. Este último recebeu o Prêmio *Bravo!* de melhor livro de 2009.

Em *Leite derramado*, Chico Buarque, simulando a reconstrução da memória pessoal de um personagem, esbanja história e particularidades de determinadas camadas da sociedade brasileira. Um narrador em primeira pessoa, Eulálio Montenegro d'Assumpção, viúvo, nascido em 16 de junho de 1907, conta sua vida, recuperada pelas lentes do fim doloroso, passado em uma cama de hospital.

É um romance sobre a memória, no sentido mais complexo do termo, incorporando não apenas as dores e a decadência do protagonista, de sua família, de certa camada da sociedade, mas também o humor e a ironia que algumas situações comportam. As lembranças, que afloram em ritmo ditado pela existência passada e pelas circunstâncias de um presente centenário, dirigem-se à enfermeira ou à filha octogenária, interlocutoras que permanecem caladas. Como em várias obras de ficção (*Grande sertão: veredas*, de João Guimarães Rosa, por exemplo), o interlocutor é, na verdade, o leitor capturado pela ficção para receber diretamente as palavras do narrador.

A sequência das lembranças obedece ao tom de uma experiência centenária capaz de abarcar dois séculos. Requintes de vocabulário, sintaxe e ritmo corporificam o protagonista, os tempos e as personagens evocadas: ancestrais portugueses, avô barão do Império, pai senador da Primeira República, mãe falante de francês, esposa diferenciada, genro malandro, neto militante de esquerda durante a ditadura militar, tataraneto traficante. Tudo sob a batuta do intrépido narrador.

Trechos extraídos de diferentes momentos da narrativa estabelecem, de forma clara, as relações entre lembranças, identidade, linguagem, funcionando como uma antessala para a leitura da totalidade do romance.

Leite derramado

Antes de exibir a alguém o que lhe dito, você me faça o favor de submeter meu texto a um gramático, para que seus erros de ortografia não me sejam imputados. E não se esqueça que meu nome de família é Assumpção, e não Assunção, como em geral se escreve, como é capaz de constar aí no prontuário. Assunção, na forma mais popular, foi o sobrenome que aquele escravo Balbino adotou, como a pedir licença para entrar na família sem sapatos. [...]

A memória é deveras um pandemônio, mas está tudo lá dentro, depois de fuçar um pouco o dono é capaz de encontrar todas as coisas. Não pode é alguém de fora se intrometer, como a empregada que remove a papelada para espanar o escritório. Ou como a filha que pretende dispor da memória na ordem dela, cronológica, alfabética, ou por assunto. [...]

O distúrbio de mamãe começara anos antes por um tipo de disfasia, ela falava clara e corretamente, mas com as palavras todas trocadas. E ao perceber que ninguém a compreendia, enfezou-se, passou a falar francês e pronto. Também em francês trocava as palavras, mas seu chofer Auguste não só a compreendia, como lhe respondia com palavras ainda mais embaralhadas. Ela o chamava de Eulalie, e ele, com avançada esclerose, atendia à vontade pelo nome do antigo patrão.[5]

Mesmo em estado existencial precário, o narrador não abandona suas raízes elitistas, sua imaginária condição de superioridade, aí compreendido o uso correto da língua. De evidente formação acadêmica, desqualifica a enfermeira, atribuindo a ela, depositária de suas lembranças, possíveis erros de ortografia: "[...] você me faça o favor de submeter meu texto a um gramático, para que seus erros de ortografia não me sejam imputados". A ironia da situação fica por conta do todo e, especialmente, do fato de se tratar do preenchimento de um simples prontuário.

Especialmente nos pequenos detalhes reiteram-se as condições sociais que vão sendo, de diversas maneiras, explicitadas ao longo do romance. A mesma empáfia do personagem, apresentada no primeiro segmento, pode ser percebida no trecho "E não se esqueça que meu nome de família é Assumpção, e não Assunção [...]; Assunção, na forma mais popular, foi o sobrenome que aquele escravo Balbino adotou, como a pedir licença para entrar na família sem sapatos".

A distinção entre *Assumpção*, nome de família tradicional, e *Assunção*, forma atual, e *popular* segundo o narrador, é outro aspecto exemplar no que diz respeito às relações linguagem/socicdade, na medida em que não implica unicamente a grafia, mas um forte significado social. A presença ou ausência de um aparentemente simples *p* explicita a diferença entre o senhor, a classe patronal, e o escravo, o *sem sapatos*, acolhido pela família com diferença marcada na identidade representada pelo nome. Observe-se que nessa fala a expressão *sem sapatos* remete a um aspecto importante da história do Brasil no que diz respeito às classes. Como se sabe, no início do século XIX, época da modernização acontecida com a vinda da família real para o Brasil, os escravos eram proibidos de usar sapatos e, quando conseguiam a liberdade, compravam um par como símbolo da nova condição social.

O trecho "A memória é deveras um pandemônio; depois de fuçar um pouco o dono é capaz de encontrar todas as coisas" funciona como metalinguagem, comentário em relação às formas de percepção, recuperação e organização das lembranças. O narrador define memória como *pandemônio*, ou seja, *vozearia, balbúrdia, confusão, tumulto*, reconhecendo sua dificuldade para encontrar e alinhavar lembranças que o acometem no final da vida. Essa constatação, essa articulação memória/vida/linguagem é uma preocupação de Chico Buarque e aproxima-se bastante dos versos de uma canção de sua autoria, datada de 1987 e intitulada "O Velho Francisco". Nela, o eu lírico afirma: "Acho que tudo acabou/Quase que/Já não me lembro de nada/Vida veio e me levou".

Ao mesmo tempo, ao comparar ações da empregada e da filha, estabelece as diferenças entre *o dono das lembranças*, cuja ação centra-se no verbo *fuçar* – mexer, bisbilhotar, explorar –, e os de *fora*, que disporiam da memória alheia de maneira acética, impessoal, burocrática: "Não pode é alguém de fora se intrometer, como a empregada que remove a papelada para espanar o escritório. Ou como a filha que pretende dispor da memória na ordem dela, cronológica, alfabética, ou por assunto".

Dando continuidade às questões que relacionam linguagem, identidade e memória, a narrativa confronta duas personagens em idade avançada, mãe e motorista. Acometida por um distúrbio de linguagem, caracterizado pela má coordenação das palavras, e percebendo que ninguém a compreendia, a mãe volta a seu francês, traço marcante de sua identidade social: "O distúrbio de mamãe começara anos antes por um tipo de disfasia, ela falava clara e corretamente, mas com as palavras todas trocadas. E ao perceber que ninguém a compreendia, enfezou-se, passou a falar francês e pronto".

O motorista, por sua vez, assumindo o afrancesamento do nome Eulálio, passa a desempenhar, na interação com a patroa, o lugar do patrão. Mais uma vez, a linguagem, mesmo em suas patologias, explicita a composição social e seus arranjos, com pertinente ironia trágica: "Ela o chamava de Eulalie, e ele, com avançada esclerose, atendia à vontade pelo nome do antigo patrão".

Como se pode observar, o romance *Leite derramado* merece a atenção dos leitores por inúmeros aspectos literários, sociais, culturais. A relação língua/

literatura/identidade pode ser captada em vários momentos, incluindo os que aqui foram destacados.

Outro romancista brasileiro contemporâneo vai tratar das relações linguagem/memória por um significativo viés. Trata-se de Milton Hatoum na obra *Relato de um certo Oriente*.

SILÊNCIO E REVELAÇÃO

A língua com a qual nos expressamos, herdada do ambiente familiar, social, cultural, é muito mais que um instrumento de comunicação. Ela nos constitui, faz parte daquilo que, sendo singular em cada indivíduo, tem sua fonte no coletivo e para ele reverte num movimento constante e vital. É sob essa perspectiva que a língua se torna uma das matérias-primas de um escritor. Os universos sensíveis e intelectuais que atravessam um texto revelam as fortes relações existentes entre o escritor e sua língua, expostas pela maestria com que ele a maneja e, também, pelas formas que encontra para introduzi-la como tema e personagem de sua criação.

Milton Hatoum é um escritor em cujas narrativas se observa um trabalho singular com a língua. Essa dimensão conduz a um dos traços característicos de sua produção: relatos cerzidos com os fios de reminiscências colhidas na rica experiência individual e coletiva, no fértil imaginário que as alimenta. Essa dimensão pode ser reconhecida em seus romances *Relato de um certo Oriente*, *Dois irmãos*, *Cinzas do Norte*, os três vencedores do Prêmio Jabuti de melhor romance, sendo que *Cinza do Norte* recebeu também o Prêmio Portugal Telecom de Literatura e *Órfãos do Eldorado*, segundo lugar do Prêmio Jabuti de melhor romance.

Recuperando palavras dele em entrevista à pesquisadora Aida Ramezá Hanania, é possível observar interligações explícitas entre vida e língua: "o que mais marca na vida de um escritor, talvez seja a paisagem da infância e a língua que ele fala".[6] Para reconstituir essa paisagem, com pinceladas que compõem os fortes traços da região amazônica e o delicado equilíbrio de um certo Oriente que lá se instala, ele vai, por meio de sua língua materna, o português, trazer para dentro da narrativa as demais línguas, como o árabe, por exemplo, que dialogam em seu universo.

No livro de estreia, *Relato de um certo Oriente*, de 1989, merecedor do Prêmio Jabuti de melhor romance em 1990 e de traduções na França, nos

Estados Unidos, na Alemanha, na Itália, na Espanha, as relações língua e memória podem ser entrevistas por meio da instauração de relatos com os quais a narradora luta, pela confessada dificuldade da costura, mas que vão abrindo espaços para várias vozes. Os sotaques dessas vozes indiciam diferenças, enquanto individualidade e enquanto coletividade, orquestram tonalidades da narrativa oral, de seus narradores, de tempos e lugares que só podem ser recuperados pela linguagem.

Um excerto certamente fará o leitor compreender a qualidade do romance e optar, imediatamente, pela leitura completa da narrativa.

> *Relato de um certo Oriente*
>
> Emilie deixava-a falar, mas por vezes seu rosto interrogava o significado de um termo qualquer de origem indígena, ou de uma expressão não utilizada na cidade, e que pertencia à vida da lavadeira, a um tempo remotíssimo, a um lugar esquecido à margem de um rio, e que desconhecíamos. Naqueles momentos de dúvida ou incompreensão, de nada adiantava o olhar perplexo de Emilie voltado para mim; permanecíamos, os três, calados, resignados a suportar o peso do silêncio, atribuído aos "truques da língua brasileira", como proferia minha mãe. Aquele silêncio insinuava tanta coisa, e nos incomodava tanto... Como se para revelar algo fosse necessário silenciar. [...] Mas era Anastácia quem rompia o silêncio: o nome de um pássaro, até então misterioso e invisível, ela passava a descrevê-lo com minúcias: as rêmiges vermelhas, o corpo azulado, quase negro, e o bico entreaberto a emitir um canto que ela imitava como poucos que têm o dom de imitar a melodia da natureza. A descrição surtia efeito de um dicionário aberto na página luminosa, de onde se fisga a palavra-chave; e, como o sentido a surgir da forma, o pássaro emergia da redoma escura de uma árvore e lentamente delineava-se diante de nossos olhos.[7]

A passagem transcrita representa um momento muito especial da narrativa. Nela, relatos se encaixam para fazer surgir das palavras, finamente escolhidas e organizadas, o mundo, cheio de formas, cores, deslumbramentos.

A narradora evoca um passado em que, com outras personagens, vive a experiência de um relato oral, um verdadeiro *fiat lux*. Protagonizado por Anastácia, uma serviçal da casa, o acontecimento narrativo se apresenta como um ato de criação, de vivência, em que a luz, o conhecimento, se faz pelas palavras, pelos silêncios significativos, pelos embates entre diferentes experiências de vida, língua, sabedoria.

Os trechos "Seu rosto interrogava o significado de um termo qualquer; de nada adiantava o olhar perplexo; Aquele silêncio insinuava tanta coisa, e nos incomodava tanto... Como se para revelar algo fosse necessário silenciar" demonstram que, num primeiro momento, sem verbalizar a incompreensão, os ouvintes se expressam pelo olhar, pelo rosto, buscando socorro entre si, dando corpo à cena que caracteriza o relato oral. A condução rítmica dada à narrativa, oscilando entre a palavra e o silêncio, transforma o que seria uma simples história em verdadeira revelação. Suspensa a palavra, o silêncio domina o ambiente, prolonga o relato, hipnotiza a plateia, conferindo plenos poderes ao contador da história.

Além dos traços sociolinguísticos que marcam uma convivência multicultural, multilinguística, a gradação rítmica e visual aponta para um lugar linguístico e atemporal, aparentemente inatingível, recuperado, entretanto, pela mágica dicção de Anastásia, reconstituída pelo filtro da narração.

Para justificar a incompreensão de um termo utilizado por Anastácia, a narradora/fonte aponta as diferenças linguísticas existentes entre os interlocutores. Apesar da convivência diária, o universo linguístico da serviçal estava afeito ao domínio de termos de uma língua indígena, ao pertencimento a uma região não urbana, à sua condição social – lavadeira –, a um registro arcaico, a um lugar desconhecido. Num certo sentido, esses elementos, associados ao ritmo da narrativa, são designados por outra personagem como componentes de uma *língua brasileira*, como se observa nos trechos: "Origem indígena; expressão não utilizada na cidade; pertencia à vida da lavadeira; tempo remotíssimo; lugar esquecido à margem de um rio; truques da língua brasileira".

O conjunto de elementos formais que operam linguisticamente a passagem do invisível, instalado no silêncio, para o visível, se faz por meio da vivacidade do léxico e pela organização sinestésica, conjunto que assim se apresenta: a conjunção adversativa *mas*, iniciando o surpreendente período; os dois pontos após o termo silêncio, seguidos do nome do pássaro; novamente dois pontos seguidos de um termo pouco usual, *rêmiges*, concretizando o estranhamento dos ouvintes; desconhecimento linguístico resolvido pelo contexto descritivo iniciado por "nome de um pássaro" e seguido do qualificativo *vermelhas* que expõe as penas; expressiva sonoridade obtida pela sequência *emitir, imitava, imitar*, que vem logo depois de bico entreaberto: "Mas era Anastácia quem rompia o silêncio: o nome de um pássaro, até então misterioso e invisível, ela passava a descrevê-lo com minúcias: as rêmiges vermelhas, o corpo azulado, quase negro, e o bico entreaberto a emitir um canto que ela imitava como poucos que têm o dom de imitar a melodia da natureza".

Portanto, a voz (vozes?) narrativa não alinhava conteúdos. Ao contrário, concretiza-os por meio de formas da língua, as quais tem o poder de fazer ver e ouvir, construindo o mundo a ser conhecido diante dos ouvintes/leitores. Essa capacidade narrativa pertence, sem dúvida, às duas narradoras, apesar dos diferentes lugares linguísticos ocupados por elas.

A sequência final confirma o poder da narração oral, da descrição minuciosa sobre os ouvintes (e da descrição escrita sobre os leitores): a alegria da nomeação contrapõe-se à angústia do desconhecido, à tortura do silêncio. O amálgama entre a narrativa oral recuperada e a narrativa escrita recuperadora, se faz por meio da comparação valorativa que articula natureza e cultura, descrição oral e dicionário, oralidade e escrita, forma e sentido: "Dicionário aberto na página luminosa, de onde se fisga a palavra-chave; e, como o sentido a surgir da forma, o pássaro emergia da redoma".

A esse belíssimo relato multicultural de Milton Hatoum, se justapõe outro para apresentar formas de construção de sentidos situados entre o relato e a memória. Trata-se de *Mongólia*, de Bernardo Carvalho.

FRONTEIRAS: CONDIÇÕES DE SENTIDO

A criação artística alimenta-se da variedade de temas e linguagens que integram uma sociedade, uma cultura, um dado momento histórico, seus diálogos com o passado e com o futuro, procurando dar sentido aos mistérios da existência. Contos, romances, crônicas, poemas, poemas em prosa, ficção ilustrada, não importa a designação, trazem para dentro de suas construções, de forma crítica e criativa, a diversidade de visões de mundo, tensões constituintes de uma comunidade linguística e cultural, formas específicas de manifestação e representação. As singularidades constroem-se no fio dos diálogos, amistosos ou polêmicos, com o *outro*.

A língua, não sendo uma unidade homogênea, única, mas heterogênea, múltipla, dinamizada pela variedade dos usos que a constituem, que conferem identidade a seus usuários, oferece-se como universo formado por múltiplas "línguas". Cada uma delas expressa visões de mundo, tensões, valores, incluin do (ou excluindo) aqueles que podem fazer uso dela e dando a medida das inúmeras vozes, individuais e coletivas, que são ouvidas ou abafadas social e culturalmente.

A prosa literária absorve a variedade linguística e simula, enquanto narrativa ficcional, as identidades que estão constituídas na pluralidade do conjunto. Se os usos sociais da língua implicam uma multiplicidade de vozes, orquestradas com harmonia e/ou dissonâncias, a ideia de plurilinguismo, de múltiplas línguas e linguagens convivendo ao mesmo tempo, é o termômetro para definir língua e identificar prosa literária. O escritor vai buscar nos discursos produzidos no dia a dia – coloquial ou científico, histórico ou artístico, verbal ou visual – a matéria-prima para sua obra.

O carioca Bernardo Carvalho, escritor e jornalista, estreou na literatura em 1993 e é autor dos romances *Onze, Os bêbados e os sonâmbulos, Teatro, As iniciais, Medo de Sade, Nove noites, Mongólia,* que recebeu, em 2003, o Prêmio APCA da Associação Paulista dos Críticos de Arte e, em 2004, o Jabuti, além de *O sol se põe em São Paulo, O filho da mãe.*

No romance *Mongólia,* Bernardo Carvalho demonstra sua capacidade de trabalhar fronteiras e produzir um belíssimo texto ficcional. Muitos aspectos concorrem para a construção dessa obra: desde diferenças existentes entre Oriente e Ocidente, China e Brasil, até minúcias representadas pela forma das letras utilizadas para identificar (ou confundir?) os diferentes registros de narradores que procuram dar conta da emaranhada trama, do mistério a ser verbo-visualmente desvendado, dos sentidos a serem perseguidos e (re)construídos. O mistério somente envolverá o leitor que acompanhar toda a narrativa, incluindo as fotos da capa e o mapa com legendas, partes integrantes desse autêntico mapa da mina.

Os trechos recortados a seguir, que recuperam várias partes da narrativa, incluindo a mudança de fonte, conforme aparece no original, podem dar uma ideia da riqueza do texto que, além de tudo, brinca com o leitor e com sua capacidade de perseguir e identificar pistas, da mesma forma que os protagonistas da história.

> *Mongólia*
> Foi chamado de Ocidental por nômades que não conseguiam dizer seu nome quando viajou pelos confins da Mongólia. Fazia tempo que eu não ouvia falar dele, até ler a reportagem no jornal. [...] O jornal diz que ele morreu num tiroteio entre a polícia e uma quadrilha de sequestradores, quando ia pagar o resgate do filho menor no morro do Pavãozinho. [...] Só ao deparar com a notícia da morte dele [...] me lembrei dos papéis que ainda deviam estar comigo, e depois de começar a lê-los, é que me passou pela cabeça que talvez ele não tivesse esquecido antes de voltar para Xangai, mas que os tivesse deixado de propósito, para mim, como uma explicação. [...]. O diário que ele começou a escrever [...] uma semana depois de ter chegado a Pequim, mostra que já não estava em forma. [...] sofria de irrealidade. Era mais um pesadelo:

UM PALÁCIO NO DESERTO

1º de junho. Faz uma semana que estou aqui. Uma bruma baixa cobre a cidade, faz um calor opressivo. [...] Como em Xangai. Mas ao contrário em Xangai, a escala arquitetônica aqui é inumana. [...]

7 de junho. [...] Não é à toa que a caligrafia aqui é uma arte. Nem que durante séculos o poema tenha sido considerado uma pintura invisível. É um modo de privilegiar a forma em detrimento do sentido, para tentar se livrar desse excesso metafórico. Um mundo de vias tortas, onde ninguém fala direto, mas por aproximação. [...] O caminho do sentido na China é tortuoso. [...]

O Ocidental seguiu noite adentro pelas páginas do diário escrito um ano antes, em busca de pistas. Ia lendo ao acaso, saltando trechos ilegíveis, voltando atrás quando alguma coisa lhe chamava a atenção:

5 de julho. Voamos de Ulaanbaatar para Khatgal, na região de Khövsgöl, terra de xamãs na fronteira com a Rússia. O Antonov aterrissa aos sacolejos na pista de terra mal nivelada. [...] É o começo de minha viagem. Meu objetivo é fotografar os tsaatan, criadores de renas que vivem isolados na fronteira com a Rússia, entre a taiga e as montanhas. Estão em vias de extinção. [...]

Parecia que estava ouvindo a mesma pessoa. De alguma forma, o desaparecido e o Ocidental tinham uma afinidade sinistra nas suas ideias etnocêntricas. [...]

Determinado a fotografar aquela paisagem, a cena da alucinação do lama, mas sem nenhuma indicação mais precisa, o desaparecido embarcou numa viagem cega, com Purevbaatar, pelos montes Altai: A paisagem não se entrega. O que você vê não se fotografa.[8]

No começo do intrincado romance, o personagem-narrador, diplomata aposentado, toma conhecimento da morte de um colega por meio de uma notícia de jornal. Além de motivo para a narrativa, o fato, filtrado pela imprensa, dá início às várias vozes que vão se juntando para compor a trama, desbravar o mistério cujo final, aparentemente, está resolvido desde o início, dado pela voz jornalística. O Ocidental, um dos protagonistas da história, morreu num tiroteio. O narrador/autor, que há tempos adia um projeto de ser escritor, até o final da história, puxará o fio condutor da narrativa, identificando-se, visualmente, pelo mesmo tipo de letra e pela sua condição de *criador*, como indica o último capítulo: "Escrevi este texto em sete dias [...] depois de mais de quarenta anos adiando o meu projeto de escritor. A bem dizer, não fiz mais do que transcrever e parafrasear os diários, e a eles acrescentar a minha opinião. A literatura quem faz são os outros".[9]

Esse narrador instaura outras vozes que darão consistência e verossimilhança à sua. Uma delas é a do Ocidental, recuperada por meio dos diários desse protagonista. O projeto do narrador/autor é *transcrever e parafrasear os diários, acrescentando sua opinião.* Observe-se que os verbos *transcrever* e *parafrasear* são muito importantes para a compreensão do romance como um todo e para a percepção da maneira como o condutor da narrativa lançará mão das informações e *jogará* com elas. Antes mesmo de ele explicitar que sua opinião será incluída na recuperação do texto dos diários, esses dois verbos antecipam essa atitude, funcionando como um importante indício para o leitor.

Enquanto *transcrever* indica praticamente um trabalho de cópia, de fidelidade ao texto original, *parafrasear* significa interpretar, reproduzir ideias e textos alheios dando-lhes redação pessoal. Os resultados são, evidentemente, diferentes. Pela paráfrase obtém-se uma espécie de tradução livre, o que singulariza a *reprodução.* Já no início da invocação da voz do Ocidental, observa- se a maneira como o narrador/autor combina transcrição e paráfrase, modulando a voz do outro a partir de estratégias narrativas e de jogos linguisticamente autorizados.

Por um lado, é possível afirmar que os diários aparecem sob a forma de transcrição objetiva, seguindo as regras de introdução da voz de outro numa narrativa. De fato, o relato, que correspondente à voz do narrador/autor, é interrompido por intermédio de dois pontos e, um texto em itálico, localizado entre as páginas 16 e 19, expõe um longo trecho dos diários do Ocidental. O espaço entre a fala do narrador e a do Ocidental se dá por meio da frase "Era mais um pesadelo:", finalizada, como se vê, por dois pontos, indicadores do início de outra voz que não a do narrador. Sem dúvida, essa frase representa a opinião do primeiro narrador, parafraseada do que foi lido nos diários. Assim, tem-se o primeiro indício da dificuldade de identificar, com clareza absoluta, as particularidades de cada uma das vozes que perpassam a narrativa, embora, da perspectiva unicamente visual, elas estejam marcadas por fontes diversas.

Se esses aspectos, aí incluída a opinião explícita do narrador, ajudam a entender o peso da paráfrase nessa narrativa, outro elemento, colocado antes do início explícito da segunda voz – "*1º de junho. Faz uma semana que estou aqui*" –, funciona como mais um traço de ambiguidade transcrição/paráfrase. Trata-se do intertítulo UM PALÁCIO NO DESERTO. Mesmo destacado das sequências anteriores pela fonte e pelo deslocamento espacial, seria possível perguntar: Esse intertítulo pertence a qual das narrativas? Foi colocado pelo primeiro narrador, como interpretação do texto do segundo, ou faz parte dos diários do Ocidental?

Há ainda outro elemento que modaliza a segunda voz em função da primeira, relativizando a objetividade pretendida. Como isso acontece, se formalmente tudo está respeitado, incluindo-se a diferença entre o tipo de letra: normal para um e itálico para outro? Do ponto de vista textual, das marcas de intromissão/opinião/tradução não se pode esquecer que o narrador introduz a segunda voz no momento escolhido por ele, subordinando, do ponto de vista da sintaxe textual, a voz do outro ao seu projeto narrativo, a seu processo de escritura.

Que o leitor fique muito atento! As pistas são muitas e, como em qualquer romance de suspense, de busca, há uma abundância de indícios, de referências camufladas (até mesmo literárias), de caminhos matreiros. Não se pode descartar a ideia de que a multiplicidade de vozes, visualmente demarcadas, seja não um índice de *polifonia*, mas um arranjo magistralmente tramado pelo narrador/autor para conduzir sua história e guiar o leitor à *mina* por ele esquadrinhada.

Formalmente, um terceiro narrador é introduzido para colaborar na construção da narrativa e da solução do mistério. Trata-se do desaparecido, objeto da busca, motivo da viagem do autor dos diários/segundo narrador, à Mongólia. Esse terceiro protagonista, fotógrafo profissional, também deixou um diário, encontrado pelo Ocidental, que vai se revelando como mais uma sofisticada dobra do mapa. Embora difícil de decifrar, essa parte do mapa se oferece como conjunto de peças do quebra-cabeça que, se decifrado, poderá ao menos auxiliar a reconstrução de um caminho que explicará o desaparecimento do fotógrafo. Mais uma diferença visual se estabelece: os trechos pertencentes ao diário do fotógrafo estão registrados em um terceiro tipo de letra.

A impressão visual de objetividade, de narrativa construída pela colagem de trechos de diferentes diários, também é ambígua. Quem estabelece esse terceiro tipo de letra é o narrador/autor, logo depois de ter afirmado: "O Ocidental passou o resto da tarde no quarto, lendo o diário, ou melhor, tentando decifrar a caligrafia medonha. Pareciam hieróglifos". Mas o leitor não tem acesso à caligrafia, aos traços indecifráveis. A caligrafia está decifrada, transformada em letra de forma: "O Ocidental seguiu noite adentro pelas páginas do diário escrito um ano antes, em busca de pistas. Ia lendo ao acaso, saltando trechos ilegíveis, voltando atrás quando alguma coisa lhe chamava a atenção: [espaço separando os dois pontos e o início do trecho do diário] 5 de julho. Voamos de Ulaanbaatar para Khatgal, na região de Khövsgöl, terra de xamãs na fronteira com a Rússia. O Antonov aterrissa aos sacolejos na pista de terra mal nivelada. [...] É o começo de minha viagem".

Os trechos dos diários fazem dialogar *fronteiras*, tensões, contradições, valores, motivos essenciais desse romance: ocidente/oriente; verbal/visual; visível/invisível; vozes/pontos de vista em tensão; ver/ler; ficção/realidade. Se esses aspectos vão sendo exibidos na diferença das letras, na profissão de cada narrador – diplomatas e fotógrafo (que embarca numa viagem cega...) –, e na atividade de detetives/escritores que acabaram exercendo, a maneira como são costurados também institui um leitor que, necessariamente, terá de ser um detetive atento às pistas verbais e visuais. Uma delas é que, sendo fotógrafo, o terceiro narrador teria de deixar fotografias. Pela narrativa, sabe-se que elas não foram *encontradas*. Entretanto, um leitor/detetive verá (lerá?) que, por exemplo, a primeira capa do romance recupera uma delas, descrita à página 171, assim como, antes do início da narrativa, um sugestivo mapa antecipa tortuosos caminhos.

É por meio das fontes, das formas das letras, que o leitor acompanha um relato que, feito por um narrador em terceira pessoa, vai multiplicando as formas, compondo a paisagem que não se deixa fotografar, um mundo de vias tortas, em que ninguém fala direto, mas por aproximação...

Nessa narrativa multiformal e multicultural, portanto, o leitor é chamado, de muitas maneiras, a participar do desvendamento de um mistério que entrelaça diferentes povos, hábitos, histórias, personagens, aproximando verbo-visualmente universos aparentemente tão inconciliáveis como a gama de fontes utilizadas, cuja função é compor/recompor as memórias registradas.

Outro escritor brasileiro, Rubem Fonseca, também chama a atenção do leitor para as dificuldades da leitura. Só que, desta vez, o alvo é uma bula de remédio, focalizada pelas lentes irônicas de uma crônica.

Não ler pode ser fatal

Quando nos colocamos diante de um poema, sabemos que ele tem o objetivo e a força de nos retirar do lugar-comum, dum estado exclusivo de comunicação, para nos fazer ver o mundo por um prisma especial. Lírico ou dramático, longo como as epopeias ou curto como os haicais, os poemas pressupõem um tipo de leitor disposto a enfrentar a linguagem para, de maneira intransitiva, transitiva direta ou indireta, conhecer, usufruir sensações, refletir sobre o cotidiano, sobre o cosmos, sobre a condição humana.

Todo texto traz implícito um tipo de leitor que, mesmo coabitando um só indivíduo, responde ativa e diferentemente aos diversos tipos de textos a que tem acesso. A pressuposição, portanto, é a de que um mesmo cidadão enfrente de maneira diversa um poema e uma bula de remédio. Da bula, ao contrário da literatura, o leitor espera explicações, informações acerca da composição, da posologia, das indicações e contraindicações do medicamento que deverá utilizar, organizadas num texto claro, objetivo, apropriado a quem, estando *doente*, deve receber instrução para uso do medicamento e nada mais. Mas sabemos que não é assim. A dificuldade da leitura das bulas levou a Anvisa (Agência Nacional de Vigilância Sanitária) a criar resoluções e decretos para melhorar a acessibilidade desses textos, o que, até o momento, ainda não resultou na fórmula ideal. Tanto que inspirou a irônica e certeira crônica "Exitus Letalis", incluída em *O romance morreu*.

Criador de *Mandrake* – detetive e protagonista de vários de seus textos, juntamente com o delegado Raul e Wexler, protagonizou a série televisiva que leva esse nome –,[10] Rubem Fonseca interessa-se pelas linguagens artísticas que se entrecruzam em suas obras, e pelas cotidianas, que caracterizam épocas, comunidades, camadas sociais. Considerado um dos maiores contistas brasileiros, estreou em 1963 com *Os prisioneiros*. A esse seguiram-se muitos outros, caso de *A coleira do cão, Lúcia McCartney, Feliz Ano Novo, O cobrador*, que aparecem em *Contos reunidos* (1995), *64 Contos de Rubem Fonseca* (2004) e *Ela e outras mulheres* (2006); escreveu quase uma dezena de romances, dentre eles *A grande arte, Bufo & Spallanzani, Agosto*; recebeu cinco vezes o Prêmio Jabuti, além do Prêmio Camões em 2003.

Na crônica "Exitus Letalis" vamos encontrar um Rubem Fonseca um pouco diferente do contista e do romancista, embora o cotidiano e a linguagem sejam os alvos de sua narrativa. Aqui, não é apenas a dificuldade de leitura que é ironicamente mostrada, mas especialmente a sofisticada elaboração textual de uma *simples* bula, visando salvaguardar os interesses da indústria e não a clareza de informações ao leitor.

> *Exitus Letalis*
>
> A bula, da mesma forma que a poesia, tem as suas metáforas, os seus eufemismos, os seus mistérios, e as partes melhores são sempre as que vêm sob os títulos "precauções e/ou "advertências" e "reações adversas". Essa parte da bula é certamente produzida por uma equipe da qual fazem parte cientistas, gramáticos, advogados especialistas em ações indenizatórias, poetas, criptógrafos, advogados criminalistas, marqueteiros, financistas e planejadores gráficos. Você tem que alertar o usuário dos riscos que ele corre (e, não se iluda, todo remédio tem um potencial de risco), ainda que eufemicamente, pois se o doente sofrer uma reação grave ao ingerir o remédio, o laboratório, por intermédio dos seus advogados, se defenderá dizendo que o doente e o seu médico conheciam esses riscos, devidamente explicitados na bula.

> Vejam esta maravilha de eufemismo, de figura de retórica usada para amenizar, maquiar ou camuflar expressões desagradáveis empregando outras mais amenas e incompreensíveis. Trecho da bula de determinado remédio: "Uma proporção maior ou mesmo menor do que 10% de..." (não cito o nome do remédio, aconselhado pelo meu advogado) "pode evoluir para '*exitus letalis*'" (o itálico é da bula).
>
> Qual o poeta, mesmo entre os modernos, os herméticos ou os concretistas, capaz de eufemizar, camuflando de maneira tão rica, o risco de morte – "evoluir para '*exitus letalis*'"?[11]

O paralelo inicial entre bula e poesia se dá como forma de introduzir a questão de que tanto os textos pragmáticos como os artísticos podem lançar mão do mesmo tipo de recursos de linguagem, sem que isso signifique objetivos e resultados semelhantes. Utilizar metáforas, eufemismos, mistérios não implica qualidade estética. Ao contrário, pode significar uma forma de manipulação da linguagem com fins puramente retóricos ou, pior ainda, forma de dificultar o acesso às informações.

Considerando a organização, a forma de composição e o estilo das bulas, o autor chama a atenção para a parte em que se concentram os alertas ao usuário, o qual deve estar atento, prestar muita atenção, pois qualquer resultado negativo de uso indevido do medicamento será atribuído unicamente a ele que, além de *doente*, será considerado mau leitor e sofrerá as consequências físicas e legais dessa *falha*. Nesse sentido, os termos *precauções* e/ou *advertências* e *reações adversas* funcionam argumentativamente, de forma a implicar, coagir o leitor e, ao mesmo tempo, abonar o enunciador da bula.

Precaução é medida antecipada que visa prevenir um mal, funcionando como qualidade de quem é precavido, prudente, cauteloso. Esse é o caso do enunciador, e essa qualidade deverá se estender ao consumidor. O antônimo, o ato contrário, isto é, o *desleixo*, não mais poderá ser imputado ao enunciador que se incluiu na precaução. *Advertência*, por sua vez, tem carga semântica ainda mais coercitiva. Funciona não apenas como aviso, observação, chamada, mas como repreensão antecipada que poderá ser destinada, por pessoa investida de autoridade, àquele que incorre numa falha. Ambas têm a função de persuadir o leitor a ler *Reações adversas* como risco pelo qual ele deverá se responsabilizar.

O gênero bula, que deveria apresentar-se por meio de um texto trivial, direto, um pequeno manual de instruções a um leitor fragilizado, mostra-se complicadíssimo, cheio de mistérios, indecifrável. De forma irônica, indicando ao leitor que o problema é das bulas e não de quem as lê, Rubem Fonseca sugere que uma sofisticadíssima *equipe* as redige: "cientistas; gramáticos; advogados especialistas em ações indenizatórias, poetas, criptógrafos, advogados criminalistas, marqueteiros, financistas e planejadores gráficos".

E as bulas, muito longe da clareza pretendida, parecem elaboradas, dentre outros especialistas, por dois que, em princípio, não teriam nada a ver com esse gênero de texto. Os *criptógrafos*, pessoas especializadas em criptografia, que é a arte de escrever de maneira cifrada, em código, tornando o texto incompreensível aos não iniciados. E os *marqueteiros*, que, segundo os dicionários, são pessoas encarregadas de elaborar um conjunto de estratégias e ações para promover o desenvolvimento, o lançamento e a sustentação de um produto ou serviço no mercado consumidor, visando aumentar a aceitação e fortalecer a imagem do produto.

Não se trata, todavia, de maldade dos escribas das bulas, aí incluídos os advogados de diferentes especialidades. O fato é que qualquer texto, mesmo os mais corriqueiros, estão sujeitos às injunções sociais, às características dos tempos e das sociedades e às particularidades do gênero a que pertencem. Para configurar a manipulação da linguagem das bulas e, consequentemente, do leitor, Rubem Fonseca mostra, dentre outras coisas, a dominância do eufemismo, figura de retórica que consiste em suavizar a expressão de uma ideia.

Diferentemente do uso do eufemismo na poesia ou em um comunicado cujo conteúdo seja doloroso para o receptor, na bula, essa figura de retórica faz parte do dissimulado arcabouço persuasivo e das regras jurídicas que regem sua produção, circulação e recepção. No caso tomado como exemplo, o texto assume a erudição científica (uso do latim), camuflando o impacto dos riscos reais representados pelo remédio. "Exitus letalis", como explica Rubem Fonseca num outro trecho,

> evita vocábulos e expressões que pudessem dizer diretamente, em bom vernáculo, o que significa esse risco que o usuário enfrenta: falecer, morrer, expirar [...] (Eles os autores da bula, evidentemente não poderiam dizer, como deviam, para que a coldra os entendesse: "Se você tomar este remédio pode bater as botas" ou "ir para a cucuia". O departamento jurídico não deixaria.)[12]

O que se pode deduzir do conjunto de reflexões aqui apresentado, por meio da leitura dos trechos e escritores escolhidos, é que a produção de sentidos se dá nas fluidas fronteiras entre a linguagem e a vida. E a literatura é um lugar privilegiado para observar essas fronteiras, assim como o papel do escritor, da língua em sua infinita variedade, e do leitor, que, se não entrar em cena, impede a eclosão dos sentidos.

Para concluir, dois linguistas, especializados em análise de discurso e linguística textual, respectivamente, portanto sem preconceitos com relação a textos, apresentam sua forte experiência com a literatura.

■ Minha relação com a literatura

José Luiz Fiorin

Meu encontro com a literatura ocorreu quando me enturmei com o pessoal do Sítio do Pica-pau Amarelo. Com eles, vivi muitas aventuras e aprendi o poder do faz de conta: visitamos o Reino das Águas Claras; encontramo-nos com o Gato de Botas, Aladim, a Branca de Neve, a Cinderela e outras personagens; fomos ao Reino das Fábulas, onde vimos La Fontaine escrevendo e onde Emília, que já sabia o final dessas histórias, interfere em seu enredo; estivemos no País das Mil e Uma Noites; viajamos até o céu, vasculhando o universo. Também com eles aprendi muito, pois visitei o País da Gramática, onde fiz um passeio ortográfico, travei conhecimento com a tribo dos advérbios, estive na casa dos pronomes, conversei com a Senhora Etimologia. Conheci deuses e semideuses; também fui apresentado a ninfas, náiades, dríades e sátiros; tive medo do Minotauro e de seu labirinto; viajei por todo o Brasil, do sul ao norte; fui à Terra do Fogo, ao Círculo Polar Ártico, à Groenlândia, à África e à Ásia, ao mar Vermelho e ao mar Mediterrâneo, à Itália, à Inglaterra e à França; frequentei a península Ibérica e os rios da Europa. Assisti aos 12 trabalhos de Hércules: subi numa árvore para evitar o Leão de Nemeia, explicando a Hércules que, para matá-lo, era preciso sufocá-lo. Contemplei a esfinge e ouvi o oráculo de Apolo. Ouvi dona Benta contar a história do menino que não queria crescer e da Terra do Nunca. Andei por tempos remotos, o da construção das pirâmides, o da guerra de Troia; vi em ação a loba romana, o monstruoso Nero, os monges da Idade Média; acompanhei as grandes descobertas; estive na Grande Guerra e assisti aos acontecimentos de Hiroshima. Cacei com Pedrinho. E o projeto de reforma da natureza, com a mudança das frutas de lugar? Fantástico. Ler era viver outras realidades e aprender.

Acentua-se, com o tempo, essa possibilidade, de mergulhar em outras realidades, suspendendo a vida besta de uma cidadezinha qualquer e vivendo aventuras maravilhosas. Cavalguei pelo Curdistão bravio; estive ao lado do apache Winnitou em suas lutas contra os comanches; percorri a cordilheiras dos Andes; peregrinei através do deserto, onde havia areia, sol, areia, calor, areia...; embrenhei-me nos desfiladeiros dos Bálcãs. Viajei pela África, de Zanzibar ao Senegal, em um balão, durante cinco semanas; naveguei vinte mil léguas no submarino Nautilus ao lado do capitão Nemo; desci, com Axel, dr. Otto e Hans, ao centro da Terra; com Phileas Fogg e Jean Passepartout, dei a volta ao mundo em oitenta dias; participei da expedição de resgate do capitão Grant; acompanhei Miguel Strogoff, o correio do czar, por 5.500 km, em meio a obstáculos quase insuperáveis, para entregar ao grão-duque uma mensagem que o soberano lhe confiara; vivi intensamente a trama política que se desenrolou na Livônia. Torci por Jean Valjean contra Javert. Assisti, sem fôlego, à luta titânica de Peri com a palmeira e vi, aliviado, Peri e Ceci desaparecerem no horizonte sobre ela. Acompanhei Estácio em sua busca pelo mapa das minas de prata de Robério Dias. Entreguei-me com delícia às aventuras de Ana Terra, do capitão Rodrigo e de sua descendência. Senti junto com o Marquês de Marialva a morte de seu filho, o Conde dos Arcos, na última corrida de touros em Salvaterra.

Com o tempo, aprendi que a literatura é uma forma de conhecimento do homem e suas paixões e das posições sociais em conflito numa formação social. Falcão, de *Anedota pecuniária*, de Machado de Assis, desvelou-me o modo de ser de um avaro; Juliana, de *O primo Basílio*, de Eça de Queirós, e Miranda, de *O cortiço*, de Aluísio Azevedo, fizeram-me conhecer o íntimo do ressentido; o ódio entre irmãos foi dissecado para mim em *Esaú e Jacó*, de Machado de Assis; esse autor pintou, com riqueza de detalhes, a ganância em Cotrim, a ambição em Lobo Neves, ambos de *Memórias póstumas de Brás Cubas*; o ciúme em Bentinho, de *Dom Casmurro*; o interesse em Palha e Sofia, de *Quincas Borba*, a ambição em Guiomar, de *A mão e a luva*, e em Iaiá Garcia, do romance homônimo. Retrataram-se a cólera e a impaciência em *Um copo de cólera*, de Raduan Nassar. Machado mostrou-me que cada paixão adquire uma configuração determinada numa dada época. É assim que o interesse em Rubião é a forma como esse estado de alma se manifesta no capitalismo (cf. capítulos I e II de *Quincas Borba*). Em *Gobseck*, de Balzac, examinaram-se a avareza e os prazeres proporcionados pela posse da riqueza; em *Otelo*, de Shakespeare, desvelaram-se para mim o ciúme e a manipulação dos estados de alma de outrem; em *Il Gattopardo*, de Tommaso di Lampedusa, deram-se a conhecer a descrença e o enfado com a mudança; no episódio do ferimento do príncipe

Andrei, em *Guerra e paz*, de Tolstoi, delineou-se o sutil problema da vergonha do medo e do medo da vergonha. Fiz, assim, minha educação sentimental. Em *Germinal*, de Zola, aprendi a confiança na revolução. Acompanhei as dúvidas de Pablo Ortega e, assim, comecei a refletir sobre o papel do intelectual diante das injustiças e das arbitrariedades e diante das obrigações que os partidos lhe querem impor. Com essa figura, aprendi que os literatos antecipam dramas que vamos viver muito tempo depois. Num sanatório de Davos, afastei-me, com Hans Castorp, da vida "na planície", desliguei-me do **tempo**, da carreira e da **família** e fui atraído pela **doença**, pela introspecção e pela **morte**; enquanto amadurecia, travava contato mais profundo com a **política**, a **arte**, a **cultura**, a **religião**, a **filosofia**, o caráter subjetivo do tempo e o **amor**; acompanhei, apaixonadamente, as discussões de Lodovico Settembrini e Leo Naphta, representantes das duas posições ideológicas predominantes na Europa de antes da guerra. Em Balzac, aprendi as contradições de uma formação social.

Mais tarde, descobri a literatura como fonte de prazer. Primeiro, as sonoridades: o ritmo variado de "I-Juca-Pirama"; a música seráfica de Alphonsus; a oscilação das ondas em Bandeira; o movimento do trem em Ascenso; o ritmo binário do Pescador da barca bela; os sons delicados das cantigas de ninar em Cecília; os barulhos da chuva de pedra em Augusto Meyer; o ritmo da valsa em Casimiro; a cadência da poesia de Dom Diniz; a harmonia imitativa das sibilantes no poema "Vila Rica", de Bilac... Depois os jogos com os sentidos: os oxímoros de *Amor é fogo que arde sem se ver*; as combinações inesperadas em Machado ("Gastei trinta dias para ir do Rocio Grande ao coração de Marcela..."; "Marcela amou-me durante quinze meses e onze contos de réis..."); a luxuriante criação lexical em Guimarães Rosa... Depois, foi fonte de prazer descobrir diferentes camadas de sentido, as várias leituras possíveis de um texto. E aí vem Cabral, vem Drummond... E os poemas de José Paulo Paes com seus encantos, com sua remissão constante a outros poemas... Fui-me deliciando com a linguagem: os jogos enunciativos em Machado, o uso dos tempos em *La modification*, de Butor; o discurso indireto livre em Graciliano... E aí as experiências vão ficando cada vez mais refinadas: a ambiguidade do ser em Guimarães Rosa, as múltiplas poéticas nos heterônimos pessoanos, a subjetividade do tempo em Proust, a polifonia em Dostoievski; a questão da realidade em Cervantes; a ironia em Swift; o fluxo de consciência em Joyce... Poderia continuar a rememorar. Ao longo de meus 60 anos de vida, foram tantos autores, tantos livros...

A literatura, para mim, sempre foi uma forma de aprendizagem sobre a língua e sobre o mundo, uma fonte de prazer, uma possibilidade de viver uma suprarrealidade, de sonhar... A literatura sempre teve para mim um caráter subversivo: ao falar não somente daquilo que existe, mas também daquilo que poderia existir, mostra-me que a realidade em que vivemos não é única, não é destino, mas é uma entre outras. Essa subversão estende-se sobre a linguagem, sobre a textualização. Para mim, a literatura é alguma coisa indispensável. Poderia parafrasear o poeta Emanuel Marinho, dizendo: Literatura não compra sapatos. Mas como andar sem literatura?

■ Eu e a literatura

Ingedore Villaça Koch

Minha relação com a literatura começou bem cedo. Aos 10 anos de idade, quando frequentava a quarta série do ensino fundamental no Grupo Escolar Rodrigues Alves, na avenida Paulista, em São Paulo, e o diretor da escola resolveu criar uma biblioteca para a meninada e convidou-me para ser a bibliotecária. Regalia: como tal, eu tinha licença para levar livros para ler em casa! E não perdia tempo: três livros por dia, que devorava avidamente, já pensando em retirar mais três no dia seguinte.

Mas esse caso de amor era até mais antigo. Eu costumava participar, uma vez por semana, de um programa de auditório na Rádio Record, a "Escolinha Risonha e Franca", que distribuía prêmios – livros e brinquedos – às crianças que vencessem uma competição, respondendo corretamente a uma série de perguntas. Assim, todas as quartas-feiras, eu participava dessa gincana e, sempre que ganhava, escolhia livros: *A estrelinha cadente*, *Quando o céu se enche de balões*, *Histórias da Dona Baratinha* foram alguns dos que mais me marcaram.

O *Cazuza*, de Viriato Correa, era uma paixão. Mas os livros que povoariam toda a minha infância e parte da adolescência foram os de Monteiro Lobato. Creio que li inteira a obra infantil do autor e me deliciava com todas as suas histórias, particularmente aquelas que se passavam na Grécia antiga (a mitologia grega era outra de minhas paixões), como *O minotauro* e as que tinham a Emília como "assessora" do herói (*Os doze trabalhos de Hércules*) ou em que a boneca se propunha a reformar o mundo (*A reforma da natureza*). Em seguida, passei a "devorar" a literatura brasileira (Alencar, Macedo, Machado...) e todos os poetas, especialmente os românticos, muitos de cujos poemas até hoje sei de cor.

Com o pouco dinheiro que me sobrava das aulas particulares que ministrava desde os 14 anos, para ajudar em casa e custear minhas (pequenas) despesas pessoais, comprava nos sebos de rua tudo o que podia pagar: autores nacionais e traduções de obras de autores estrangeiros (algumas até de qualidade literária um tanto duvidosa). Algum tempo depois, tornei-me sócia do Círculo do Livro e passei a adquirir nas bancas a coleção "As melhores obras da literatura universal". Para mim, o que importava era ler, ler, ler. Dizia minha mãe que, quando eu lia, "sentava-me em cima dos ouvidos" – ficava surda a qualquer chamamento.

Durante o curso clássico, tive um aprendizado mais sistemático das literaturas brasileira e portuguesa. Além dos autores que já conhecia, desfilaram diante de meus olhos, depois da poesia trovadoresca, Gil Vicente, Camões, Herculano, Garret, Castelo Branco, Guerra Junqueiro, Fernando Pessoa, Fernando Namora e outros autores d'além mar, bem como Taunay, Bernardo Guimarães, Raul Pompeia e outros brasileiros que ainda desconhecia. Dos poetas franceses, sabia declamar Musset, Felix Arvers, Lamartine e lia Balzac, Hugo, Maupassant... Assim, quando prestei o vestibular para a Faculdade de Direito da USP, não tive grande dificuldade em me preparar para o exame de português: já havia lido quase todas as obras que constavam da bibliografia e sabia de cor – como era exigido – um poema, pelo menos, de cada poeta listado.

Mas aí aconteceu um fato curioso. O escritor sorteado no exame oral de português foi Alberto de Oliveira, que, dos parnasianos, era justamente o que, na época, menos me entusiasmava. Conhecia o soneto "O vaso chinês", mas não o tinha tão presente na memória como os de Olavo Bilac, Raimundo Correia, Vicente de Carvalho. Tentei lembrar pelo menos a estrofe final, mas faltou-me, por inteiro, o penúltimo verso. Então, conhecedora como era da métrica e da rima do poema, "inventei-o" na hora. E o examinador nem percebeu (ou não quis dizer nada)... e me deu nota dez!

Durante o curso, deixei-me influenciar pelo clima das Arcadas, a "velha e sempre nova Academia", povoada dos fantasmas de Castro Alves, Álvares de Azevedo e tantos outros, e vim a "cometer" alguns poemas – sempre sonetos –, alguns dos quais foram publicados no jornal e na revista do *Onze de Agosto*. E não perdia as noitadas lítero-musicais, em que colegas inspirados declamavam maravilhosamente poemas como o "Navio Negreiro".

Devo, porém, confessar que minha vocação verdadeira era mesmo o curso de Letras neolatinas. Tanto a gramática e a literatura portuguesa e brasileira, bem como as de língua francesa, espanhola e latina fascinavam-me intensamente. Convidada a lecionar em um colégio de São Paulo, decidi pendurar na parede meu diploma de Direito e fui dar aulas no ensino fundamental e médio (na época, ainda não se exigiam as licenciaturas, de modo que os portadores de diploma superior podiam lecionar). Tornei-me, então, professora de português.

Alguns anos depois, já madura, pude fazer a graduação em Letras. No decorrer do curso, fui convidada pelo professor de Língua e Literatura Latina e pela professora de Teoria Literária para exercer as funções de monitora. Era uma opção difícil, mas acabei me decidindo pelo latim. Adorava a gramática latina, as traduções e versões que o professor exigia e, em especial, a literatura latina. Escrevi uma monografia sobre a *Medeia*, de Sêneca, comparando-a com a de Eurípedes e acompanhando as retomadas do tema até chegar à *Gota d'água*; e outra sobre o canto IV da *Eneida*, de Virgílio. Perscrutei, ainda, o percurso através do tempo do tema do avarento, desde Plauto até Suassuna. Tive a oportunidade de aprofundar meus conhecimentos de literatura portuguesa e brasileira, aqui particularmente sobre os poetas e prosadores modernos, pós Semana de 22 (e dos que haviam sido "esquecidos" em seu tempo, como Sousândrade e Kilkerry). Nova geração de escritores passava pela minha retina: Mário de Andrade, Oswald de Andrade, Menotti Del Picchia, Guilherme de Almeida, Graciliano Ramos, José Lins do Rego, Rachel de Queiroz, Jorge Amado e os poetas concretistas!

Houve uma ocasião em que, em virtude do afastamento da colega que na época era responsável pelas aulas de literatura no colégio de 2º grau onde eu então lecionava língua portuguesa e técnicas de redação, fui instada a assumir a disciplina. Aceitei com o máximo prazer, mas nada me deixava mais irritada do que quando os alunos me perguntavam se deviam fazer as anotações no caderno de português ou de literatura; ou ainda quando reclamavam de eu tirar pontos na prova de literatura devido aos "erros de português" ou de utilizar, nas aulas ou provas de língua portuguesa, textos literários. Tentava fazê-los entender que tanto gramática como literatura brasileira faziam parte do estudo de uma língua, quando entendida atividade interativa de sujeitos sociais, que nela se constituem e são constituídos, de modo que não fazia sentido separá-las como se fossem duas "matérias" estanques.

Obtida a licenciatura em Letras, uma dúvida: fazer o mestrado em Letras (clássicas ou neolatinas) ou em Linguística, a qual me havia fascinado durante a graduação, em parte pela novidade, em parte pelo excelente professor que tivera. Pensei primeiro no latim e cheguei a fazer uma entrevista na USP. Foi quando vi anunciados no jornal os cursos de mestrado da PUC/SP: Linguística e Língua Portuguesa. Novo dilema: qual deles? Acabei optando por um meio termo: matriculei-me no programa de língua portuguesa e fiz todas as minhas optativas na linguística.

Foi então que vim a conhecer em profundidade Saussure, Chomsky, Benveniste, Fillmore e Ducrot, para citar apenas os mais apaixonantes. Sucessivamente, fui me familiarizando com a fonologia, a morfologia, a sintaxe, a semântica, a estilística. Depois, já no doutorado, vim a conhecer a pragmática... E – claro – só podia acabar entrando em contato com a Linguística de Texto, que se vinha desenvolvendo na Alemanha. Sabendo do meu novo interesse, um colega, que havia feito seu doutorado na Alemanha, emprestou-me uma 'montanha' de obras ali publicadas sobre esse ramo que lá frutificava. Que maravilha: poder aliar a Linguística, que então tanto me fascinava, com a pesquisa sobre o texto – todo e qualquer tipo de texto, inclusive, é claro, os literários!

Não era mesmo que Harald Weinrich, um dos pioneiros da Linguística Textual na Alemanha, pregava que não deveria haver separação entre os estudos de língua e os de textos literários, visto que, da mesma forma que os primeiros traziam subsídios importantes para melhor compreender os segundos, estes, por sua vez, muito nos poderiam nos ensinar sobre primeiros? Todos os textos que ilustram sua obra seminal sobre os tempos do discurso (*Tempus: besprochene und erzählte Welt*) são extraídos da literatura universal. Segundo ele, há tempos de comentar e tempos de narrar. Isto é, os tempos verbais do discurso dividem-se em dois grandes grupos: enquanto no mundo comentado o tempo base é o presente, no mundo narrado há dois tempos básicos: o perfeito do indicativo (que marca o primeiro plano da narrativa) e o imperfeito (que assinala o segundo plano).

Muito bem: as gramáticas e manuais de redação afirmam que os tempos da descrição são o presente e o imperfeito, mas não apresentam uma explicação para o fato. Ora, em se tratando de uma narrativa, as descrições de personagens, ambientes etc. virão no imperfeito. Já quando se trata de um comentário, em que não há distinção de planos, as descrições deverão vir também no presente. E mais: a transposição do estilo direto (mundo comentado) para o indireto (mundo narrado) ou vice-versa, visto que consiste em uma mudança de mundo, vai não só a uma "tradução" dos tempos verbais de um mundo para outro, como também dos dêiticos próprios a cada um. No caso do estilo indireto livre, a transposição não se faz por inteiro: mudam os tempos, mas os dêiticos permanecem os mesmos.

Weinrich mostra outro caso interessante: a evolução do imperfeito do indicativo na língua francesa e, em particular, em textos literários. Com base no exame dos vários estilos de época, verifica que, nos textos literários em língua francesa, até o século XIX, havia predominância absoluta do perfeito do indicativo, como no *Cândido*, de Voltaire, em que o imperfeito está absolutamente ausente. Já na época do realismo/naturalismo, o imperfeito não só começa a ganhar terreno, como chega a sobrepor-se ao perfeito, visto que nela a tônica recaía sobre a crítica da sociedade e de seus costumes, portanto, o pano de fundo (segundo plano) da trama propriamente dita.

Na minha (longa) prática docente, bem como nos livros que tenho escrito, tive sempre por hábito recorrer a crônicas, contos, trechos de romances, poemas, ao lado de matérias jornalísticas, textos publicitários e humorísticos, quadrinhos, tiras, letras de canções, além de muitos outros gêneros, para exemplificar ou explicar os fenômenos em estudo. Lourenço Diaféria, Rubem Alves, Luiz Fernando Veríssimo, Millôr Fernandes, João Ubaldo Ribeiro, Ignácio de Loyola Brandão, Jorge Amado, Carlos Drummond de Andrade, Machado de Assis, entre muitos outros, têm estado sempre presentes em minhas aulas, palestras e escritos.

Assim, a literatura foi para mim uma companheira constante. Mesmo com a vida agitada que tenho levado e com tanta literatura acadêmica que sou obrigada a ler e digerir, volto, sempre que possível, à minha paixão de infância. Além de ter lido todos os volumes de Harry Potter, que minha filha e meu neto devoravam avidamente e me emprestavam a seguir, tenho conseguido, quando a agitação da vida me permite, soltar as asas da imaginação na leitura de *best-sellers* como *A casa dos espíritos* e outras joias de Isabel Allende; *O caçador de pipas*, *A menina que roubava livros*, *Budapeste*, para citar apenas alguns dos meus preferidos. Desse modo, vou levando a minha vida de leitora apaixonada.

Ah! Esquecia-me de dizer: minha mãe, antes de emigrar para o Brasil, havia sido, na Alemanha, poetisa e declamadora. E, quando eu era bem pequena, gostava de ler e declamar para mim alguns de seus poemas preferidos, que tenho até hoje gravados na memória...

NOTAS

[1] Cristovão Tezza, "Modernidade bucólica", *Folha de S.Paulo*, Ilustrada, 16 jan. 2009, p. E4 [Rodapé Literário].
[2] Idem, *Entre a prosa e a poesia:* Bakhtin e o formalismo russo, Rio de Janeiro, Rocco, 2003.
[3] Idem, *O filho eterno*, Rio de Janeiro, Record, 2007, pp. 221-2.
[4] Idem, "Material didático: um depoimento", *Educar em Revista*, n. 20, Curitiba: Editora UFPR, jul./dez. 2002, pp. 35-42. [Disponível em <http://www.cristovaotezza.com.br>.]
[5] Chico Buarque, *Leite derramado*, São Paulo, Companhia das Letras, 2009, pp. 18, 41, 80.
[6] Entrevista concedida a Aida Ramezá Hanania em 5/11/1993. Transcrita e editada por ARH. Disponível em <http://www.hottopos.com>. Acesso em: 18 jun. 2010.
[7] Milton Hatoum, *Relato de um certo Oriente*, São Paulo, Companhia das Letras, 1989, p. 92.
[8] Bernardo Carvalho, *Mongólia*, São Paulo, Companhia das Letras, 2003, pp. 9, 13, 16, 17, 24, 25, 38, 39, 50, 148.
[9] Idem, p. 182.
[10] HBO Latin American, Ole Originals e Conspiração Filmes Brasil, 2005 e 2007, primeira e segunda temporadas respectivamente.
[11] Rubem Fonseca, *O romance morreu*, São Paulo, Companhia das Letras, 2007, pp. 28-9.
[12] Idem, p. 29.

BILIOGRAFIA

BUARQUE, Chico. *Leite derramado*. São Paulo: Companhia das Letras, 2009.

TEZZA, Cristovão. Modernidade bucólica. *Folha de S.Paulo*. Ilustrada, 16 jan. 2009, p. E4 [Rodapé Literário].

_____. *Entre a prosa e a poesia*: Bakhtin e o formalismo russo. Rio de Janeiro: Rocco, 2003.

_____. *O filho eterno*. Rio de Janeiro: Record, 2007.

_____. Material didático: um depoimento. *Educar em Revista*, n. 20, Curitiba: Editora UFPR, jul./dez. 2002, pp. 35-42. [Disponível em <http://www.cristovaotezza.com.br>]

CARVALHO, Bernardo. *Mongólia*. São Paulo: Companhia das Letras, 2003.

HATOUM, Milton. *Relato de um certo Oriente*. São Paulo: Companhia das Letras, 1989.

FONSECA, Rubem. *O romance morreu*. São Paulo: Companhia das Letras, 2007.

Cantando língua e literatura

Eu arranjei uma dona boa lá em Cascadura/Que boa criatura mas não sabe ler/E nem tão pouco escrever/Ela é bonitona, bem feita de corpo/E cheia da nota/Mas escreve gato com "j"/E escreve saudade com "c"/Ela disse outro dia que estava doente/Sofrendo do "estrombo"/Levei um tombo... caí durinho pra trás.../Isso assim já é demais!/Ela fala "aribú", "arioplano" e "motocicréta"/Diz que adora fejoada "compréta"/Ela é errada demais!/Vi uma letra "O" bordada em sua blusa/Eu disse é agora/Perguntei seu nome ela disse "Orora"/E sou filha do "Arineu"/Mas o azar é todo meu...
Gordurinha e Nascimento Gomes

A canção, entendida de maneira genérica como composição musical acompanhada de um texto poético destinado ao canto, certamente estará mutilada se isolarmos um dos componentes definidores de seu todo. Aqui, apesar da consciência dessa realidade, serão recuperadas somente letras de canções, às quais língua e literatura servem de mote, ficando para o leitor o prazer e a completude que a audição proporciona.

A letra que serve de epígrafe a este texto é um exemplo em que o humor (hoje considerado politicamente incorreto) baseia-se em considerações sobre pronúncia e ortografia. Produzida nos anos 1960, *Orora analfabeta*, de Gordurinha e Nascimento Gomes, junta-se a outras composições pertencentes à música popular brasileira, cujos alvos são variantes da norma culta, da norma oficial. Essa não é uma forma desprezível de tematizar língua. Ao contrário, ela oferece, para além do humor, vasto material sobre o imaginário social a respeito das diferentes formas de expressão e, ainda, da classificação (desclassificação?) social dos falantes que as utilizam. Como se observará, as escolhidas para análise também trazem língua, literatura e variantes linguísticas como forma de compreensão de sujeitos, identidades, diferentes tempos e espaços.

"Por quê?",[1] de Caetano Veloso, com seus parcos três versos, sugere uma viagem *interlínguas*, enrubescendo portugueses e ampliando o escopo linguístico dos brasileiros. "Capitu",[2] a poderosa personagem de Machado de Assis, é evocada pelo músico, crítico e semioticista Luiz Tatit, que a faz transitar das páginas do romance às telas da internet, reiterando sua eterna força provocativa, sedutora, enigmática. "Gramática",[3] de Sandra Peres e Luiz Tatit, é uma saborosa lição sobre terminologia gramatical e suas definições, escancarando, por meio delas, relações insuspeitadas entre a língua e seus falantes. *Nóis é jéca mais é joia*,[4] de Juraildes da Cruz, apresenta, de forma matreira, irônica e crítica, um jeito caipira de ser e enfrentar os estereótipos que lhe são impingidos.

Para concluir esse conjunto, evocamos não uma canção, mas palavras do poeta e prosador angolano Ondjaki, nascido em Luanda em 1977, sobre sua relação com a língua portuguesa. *Da língua que se fala à língua que se sonha (autocomentários em quatro andamentos)* é um testemunho poético, quase uma canção, que articula, pela língua, as dimensões do vivido e do sonhado.

É LÍNGUA PORTUGUESA? COM CERTEZA!

A reforma ortográfica é um tema que, acolhido pela mídia, tem levado muitos brasileiros, não apenas os especialistas em questões linguísticas, a refletir sobre um dos aspectos que sinalizam diferenças e semelhanças existentes entre o português do Brasil e o de Portugal. Se um oceano nos separa dos falantes de Portugal, e de outros países de fala portuguesa, se nossos ouvidos captam as diferenças sonoras, se discutimos há quase um século se vamos ou não adotar a mesma grafia, cabe a pergunta: "Afinal, falamos ou não falamos a mesma língua?". Com certeza, não será o acordo ortográfico, necessário e urgente por inúmeras razões, que colocará o ponto final nessa questão. A língua portuguesa, em sua disseminação pelo mundo e em sua multiplicidade oral e escrita, revela-se muito mais rica, complexa e diversificada do que demonstram os embates ortográficos.

Há inúmeros acontecimentos linguísticos que poderiam ser explorados para comprovar a dinâmica das aproximações e dos distanciamentos que testemunham a pluralidade da língua portuguesa e a maneira como os sujeitos que a falam se constituem como tal e se relacionam com ela. Vamos nos deter aqui em um deles, com o objetivo de conhecer outros aspectos, além da sonoridade e da grafia, que diferenciam o português de Portugal do português do Brasil, mas que, nem por isso, significam ruptura ou impossibilidade de comunicação entre falantes. Os ouvintes do disco *Cê*, de Caetano Veloso, certamente se recordam da faixa número dez, intitulada "Por quê?".

Dadas as suas peculiaridades, muitos ouvintes brasileiros simplesmente deixam de ouvi-la ou, ouvindo-a uma vez, questionam-se sobre seu significado. Reiterando o título "Por quê?", cabe perguntar a razão do estranhamento e sublinhar as razões linguísticas que o provocam. Trata-se de uma pequena canção: três versos a constituem e sua duração é de três minutos e cinquenta e um segundos. Nesses poucos minutos, marcados pela repetição do primeiro verso, concretiza-se uma dimensão exemplar da produtiva complexidade da plural língua portuguesa, surpreendida no diálogo entre duas esferas, entre dois campos de comunicação e expressão. De um lado, uma fatia do cotidiano, diferentemente designada em Portugal e no Brasil; de outro, a esfera artística, trazendo para os brasileiros a possibilidade de surpreender peculiaridades de uma língua que, sendo a mesma, mostra-se tão diversificada.

> Estou-m'a vir
> e tu como é que te tens por dentro?
> por que não te vens também?

Colocada dessa maneira, sem qualquer referência, como que extraída aleatoriamente de um poema, ela grita por um contexto, por algo que possa permitir ao leitor/ouvinte apreendê-la, apropriar-se dela e conhecer alguns de seus possíveis sentidos. Talvez isso não se aplique a um falante do português de Portugal, um conhecedor das variantes lusitanas da língua portuguesa. É possível que esse destinatário tenha imediatamente identificado a significação de cada um dos versos, da sintaxe textual e discursiva que os articula e, portanto, tenha construído uma significação para a estrofe.

Mesmo que isso tenha acontecido, certamente esse destinatário se pergunta ainda pelo sentido, uma vez que a estrofe, desprovida de contexto, produz como tema um questionamento e não necessariamente um sentido possível ou efeitos possíveis de sentido.

Para os que não dominam as variantes lusitanas da língua portuguesa, um aspecto linguístico é imediatamente apreendido, resultando também numa interrogação. Se por um lado o uso do *tu* e da expressão *estou-me a vir*, em lugar de (provavelmente) *estou vindo*, remete a um conhecimento genérico e estratificado sobre o português de Portugal, é o uso inusitado, ao menos para os brasileiros, do verbo *vir*, em dois dos três versos, que aponta para algum lugar e, ao mesmo tempo, para lugar nenhum: "estou m'a vir", no primeiro verso; e "por que não te vens", no terceiro. Como resolver, ainda que parcialmente, esse impasse? Que lugar é esse para onde o verbo *vir* aponta?

É preciso saber que esse conjunto de versos aparece dentro de um contexto específico: é uma faixa composta unicamente por esses três versos. A (necessária) audição de "Por quê?" oferece um dado a mais em relação à leitura dos versos isolados, sinalizando uma possível interpretação ou ao menos alguns efeitos de sentido, que terão consequências importantes. O sotaque lusitano escolhido pelo intérprete, que no caso é o próprio autor da canção, sinaliza um lugar de vida da língua portuguesa que não é o Brasil, instaurando, no mínimo, uma dualidade de vozes, um plurilinguismo: de um lado, a articulação letra-música, possibilitada pelas especificidades da canção enquanto texto que circula na esfera artístico-musical. De outro, um conhecido falante do português do Brasil, Caetano Veloso, simulando o falar de Portugal para interpretar a canção.

É, portanto, uma canção, composta por um brasileiro, que a interpreta com sotaque de além Brasil, indicando um acontecimento discursivo constitutivo de "outra língua", de outra cultura, mas que está circulando na esfera artística brasileira.

A partir daí, instauram-se caminhos para a busca de significações, de sentidos possíveis. E a pergunta se torna mais explícita: do que trata essa canção? Certamente, o falante da variante lusitana não se fez essa pergunta: compreendeu de imediato a prática discursivo-social que gerou a canção. Os brasileiros, entretanto, ainda carecem desse referente discursivo-social, que escapa inteiramente à vivência linguística e cultural do português do Brasil.

Uma saída possível é recorrer ao dicionário, esse poderoso utilitário linguístico, para acessar significações do verbo *vir* flexionado, uma vez que ele não faz parte do léxico ativo dos brasileiros. O sotaque utilizado pelo intérprete indicia-o como componente do léxico do português lusitano. No *Dicionário eletrônico Houaiss da Língua Portuguesa*, como 26ª acepção do verbo vir aparece: verbo vir *pron. P* atingir o orgasmo.

E agora fica tudo mais claro. O poeta/cancionista trouxe para os brasileiros, na perspectiva da esfera musical, a possibilidade de conhecer, por outro ângulo, sob um novo olhar, com outra dimensão linguístico-discursiva, o que na prática se conhece tão bem: atingir o orgasmo.

Se por um lado o dicionário explica a significação do verbo *vir pronominal*, mostrando a riqueza e as possibilidades de uma língua que, sendo a mesma, se desdobra em tantas outras, por outro, resta saber que discursos essa transposição de uma esfera a outra implicou. Vale a pena prosseguir um pouco mais para saber como a busca de significações vai, também, revelar discursos que constituem os sujeitos que entram em contato com a canção e, o que é muito importante, descortinando formas de produção de sentido ou de efeitos de sentido, explicitando, em diferentes interações, as relações *língua/discursos em circulação*, como pontos de vista a partir dos quais os sujeitos se revelam ou deixam revelar sua ideologia, seus valores.

A leitura de uma entrevista concedida por Caetano Veloso à revista RG VOGUE, mais precisamente no trecho em que fala da canção "Por quê?", ajuda a exemplificar essa perspectiva. Na entrevista, o compositor-intérprete tenta explicar a significação da canção a partir de *vir-se*. Como se verá, ele faz curiosas observações linguísticas, incluindo o que chama de interpretação "errônea" de um crítico que, ao ouvir o sotaque lusitano, interpretou a canção como sendo "uma piada".

> Ora, a canção é séria, sobre um assunto sério e, para mim, tem mais valor por causa da observação linguística. É que nós, brasileiros, usamos o verbo "gozar", assim como os franceses usam "jouir", com o significado de alcançar o orgasmo. Esses verbos se referem à curtição, à fruição do momento do orgasmo, enquanto que o equivalente inglês, "to come", parece o ponto final de alguma coisa, assim como o espanhol "acabar". Mas os portugueses dão a volta por cima nessa questão, pois usam o verbo "vir", na forma reflexiva: vir-se. A pessoa se vem. Acho isso muito bonito. E o tal crítico só pode ter pensado que se tratava de uma piada por supor que tudo o que se fala com sotaque lusitano é uma piada. É a interpretação mais vulgar que uma canção tão invulgar pode ter encontrado.[5]

Esses textos – o da canção que circula na esfera artística, o do crítico e o do autor, que circularam na esfera da mídia impressa –, mostram alguns aspectos da complexidade e da riqueza produzidas pelas intersecções língua, esferas de circulação, discursos circulantes.

A primeira delas é o fato de um autor, no caso um criador de canções brasileiras, portanto falante do português do Brasil, ter descoberto uma expressão característica de uma prática discursiva do cotidiano dos portugueses de Portugal – *vir-se* –, mais especificamente a maneira como o português de Portugal traduz linguisticamente uma particularidade da relação sexual e, a partir da descoberta, ter se encantado com ela, a ponto de transportá-la para outra esfera, ou seja, a esfera artística em que circula a canção.

Essa transposição, sem dúvida, funciona como uma forma discursiva de redirecionar o olhar cultural dos brasileiros. O que era discurso do cotidiano de uma fração da cultura portuguesa em condições muito marcadas, passa a discurso artístico da cultura brasileira, a partir de um deslocamento que reacentua a expressão e a coloca em outras condições sócio-históricas.

Essa passagem, porém, não se faz de maneira tranquila e sem consequências discursivas e avaliações por parte dos sujeitos aí envolvidos. Basta observar o estranhamento que acomete os ouvintes brasileiros da canção, levando-os, por exemplo, a consultar um dicionário da língua portuguesa. Ou, ainda, a reação do crítico, que imediatamente oferece sua versão, apoiado unicamente no sotaque lusitano praticado pelo intérprete que, para ele, é um índice de "piada". E para culminar, a necessidade de o autor construir uma explicação *a posteriori*. A passagem de uma expressão corriqueira da língua portuguesa praticada em Portugal, veiculada normalmente na esfera do cotidiano, para a língua portuguesa praticada no Brasil, acolhida pela esfera artístico-musical, revela não apenas a complexidade linguística e a carga significativa da expressão, mas também a amplificação discursiva provocada pela nova esfera e as diferenciadas relações dialógicas aí instauradas.

Percebe-se, por exemplo, que ao causar estranhamento nos ouvintes e no próprio crítico, um ouvinte diferenciado, a canção apontou, mesmo antes da explicação do autor, para lugares discursivos e sócio-históricos estranhos a ela, mas não exteriores à língua portuguesa e aos discursos em que seus falantes estão mergulhados. É como se a canção gritasse por sentido, pelo redirecionamento do olhar, do ouvido, e os interlocutores respondessem do lugar em que se situam por meio dos discursos que os constituem e passam a constituir a canção.

Esses lugares permitem encontrar, pelo ponto de vista da língua, pela esfera em que a expressão passou a circular e pelos discursos costurados e descosturados pelo uso, a maneira como duas diferentes culturas apresentam pontos de vista que criam diferentes dimensões para a "mesma prática social" e "mesma língua". O olhar da língua, o olhar das línguas em convergência, o olhar do autor, o olhar do crítico, os diferentes olhares das línguas, recuperadas na explicação do autor, dimensionam a diferença, a variedade, o dessemelhante criado pela variedade.

Ao mesmo tempo em que, à moda de um linguista, Caetano Veloso explica, na esfera da mídia impressa, as diferentes maneiras como um aspecto da prática sexual é dimensionado em diferentes línguas, revelando diferentes pontos de vista culturais sobre o que imaginamos ser absolutamente idêntico para todas as culturas, ele também apresenta suas avaliações, como um mortal usuário e apreciador dos falares do mundo, deixando entrever discursos que o constituem como sujeito histórico, social, cultural. Nesse sentido, afasta-se do olhar de um linguista para fazer avaliações estéticas, como cabe naturalmente a um artista. Mas nada disso ele poderia explicitar na esfera artístico-musical, sem tornar a canção outro texto: um manifesto, talvez.

O discurso do crítico, por sua vez, está constituído por um preconceito, como bem assinala Caetano, revelando um ponto de vista discursivo que configura um discurso corrente no Brasil sobre o falar português, estigmatizado como piada. Não importa se o crítico tem ou não consciência do lugar discursivo que ocupa ao fazer essa interpretação. O sentido é produzido, os discursos passam a circular, vistos ou ignorados por quem profere o enunciado. São traços deixados *sem que talvez* [o sujeito] *tenha consciência disso*, como diria Michel Foucault.[6]

A canção "Por quê?" oferece uma dimensão exemplar da produtiva complexidade que se estabelece na intersecção da plural língua portuguesa, surpreendida no diálogo entre duas esferas discursivas, que aparentemente apontam para uma mesma prática social. Se a prática social parece ser a mesma, na verdade as práticas discursivas que a veiculam dimensionam-na de modo distinto, mobilizando diferentes sujeitos, diferentes discursos, diferentes sentidos e formas de conhecimento. Revisto na intersecção cultural promovida pela língua em diferentes esferas – produção, circulação e recepção –, o orgasmo passa de clímax de um ato físico a evento discursivo artístico.

Se Caetano amplia nossos conhecimentos linguísticos e culturais em relação à língua portuguesa, sua amplitude e o imaginário de seus falantes, outro compositor, Luiz Tatit, traz para o mundo da internet uma das mais famosas personagens da literatura brasileira: Capitu. Sempre pela criativa exploração de linguagens que, ancoradas na língua portuguesa, articulam produtivamente diferentes universos.

Capitu: www.poderosa.ponto.com

As grandes obras, além de falar do mundo e dos homens de forma inusitada, têm a qualidade de dialogar com outras criações, reaparecendo sob diversas formas, em diferentes momentos. Esse é o caso da personagem Capitu, protagonista do romance *Dom Casmurro*, de Machado de Assis. Se considerarmos a primeira edição da obra como sendo a data de seu nascimento, podemos dizer que Capitu está entre nós desde 1889. Daí em diante, nunca mais deixou de causar polêmica e provocar admiração. Graças à sua intrigante maneira de ser e às dúvidas que pairam sobre um possível adultério, muitas reaparições já foram e continuam sendo promovidas. Da lista, para ficarmos apenas em algumas, fazem parte: *Capitu sou eu*, coletânea de contos de Dalton Trevisan, *Amor de Capitu*, adaptação literária de Fernando Sabino, e *Capitu*, roteiro para cinema que Lígia Fagundes Telles escreveu juntamente com Paulo Emílio Salles Gomes. Isso sem contar a grande quantidade de sites e blogs que se intitulam Capitu ou existem para discutir essa intrigante criatura machadiana.

A música popular brasileira também se rendeu à sedução dessa personagem, como se comprova na canção "Capitu", de autoria do compositor Luiz Tatit. Nessa obra, o autor constrói, com engenho e arte, a dimensão de um feminino, de um forte imaginário sobre a mulher, que, vindo do século XIX literário, chega ao século XXI via internet. Mesmo quem jamais ouviu falar da personagem (o que é difícil, mas não impossível) terá, nos versos da canção, as características da Capitu machadiana, musicalmente simuladas. Dentre as qualidades de uma canção capaz de fazer reviver Capitu está, sem dúvida, o trabalho com a linguagem, com as riquezas da língua portuguesa, criando um forte e vivo diálogo entre ficção literária, canção e internet.

De um lado
Vem você
Com seu jeitinho
Hábil, hábil, hábil
E pronto
Me conquista
Com seu dom

De outro
Esse seu site
Petulante
www

Ponto
Poderosa
Ponto com

É esse o seu
Modo de ser ambíguo
Sábio, sábio
E todo encanto
Canto, canto
Raposa e sereia
Da terra e do mar
Na tela e no ar

Você é virtualmente
Amada amante
Você real é ainda
Mais tocante
Não há quem não se encante
Um método de agir
Que é tão astuto
Com jeitinho
Alcança tudo,
Tudo, tudo
É só se entregar
E não resistir
É capitular

Capitu
A ressaca dos mares
A sereia do sul
Captando os olhares
Nosso totem tabu
A mulher em milhares
Capitu

No site o seu poder
Provoca o ócio, o ócio
Um passo para o vício
Vício, vício
É só navegar
É só te seguir
E então naufragar

Capitu
Feminino com arte
A traição atraente
Um capítulo à parte
Quase vírus ardente
Imperando no site
Capitu[7]

Na primeira estrofe, por meio da expressão "De um lado" inicia-se a face Capitu machadiana. O compositor constrói um universo semântico que presentifica, nos versos, alguns traços marcantes da personagem de ficção. Vários elementos compõem essa ardilosa teia: o verbo "vir" no presente, que funciona como uma ponte entre o mundo do romance e o da canção; o diminutivo "jeitinho", que torna familiar e juvenil a relação entre o enunciador e sua musa; a repetição do termo "hábil", que reitera uma maneira de ser e dialoga diretamente com o "Capítulo XVIII – Um plano", de *Dom Casmurro*, no qual se lê: "Capitu, aos quatorze anos já tinha ideias atrevidas [...] mas não eram só atrevidas em si, na prática faziam-se hábeis...".[8]

A ideia da conquista vem associada ao *dom*, que certamente diz respeito a uma qualidade *inata*, a um poder, mas também à forma de tratamento que aparece no título do romance – *Dom Casmurro* –, aspecto que aponta para dimensão da conquista "literária" e entabula a forte intertextualidade canção/romance.

Com a expressão "De outro", verso inicial da segunda estrofe, tem início a Capitu internáutica. Se a anterior foi caracterizada como hábil, sutilmente astuta, essa é mais agressiva, ágil, identificada com a linguagem da *internet* e com o *petulante* endereço: www.poderosa.ponto.com. No jogo sonoro entre "p", "d"/"t", "o", destaca-se a aliteração, recurso que consiste na repetição do mesmo som ou sílaba, no verso ou na estrofe, e que estabelece a simetria entre os qualificativos. Ao reproduzir a estrutura sonora/rítmica da sigla www, o compositor dá voz ao que na tela é apenas sinal gráfico, amplificando o efeito semântico e reinstaurando o poder da personagem machadiana.

A sequência *modo de ser ambíguo*, isto é, que admite interpretações diversas e até contrárias, estabelece a síntese entre as faces da personagem, assinalando a mais marcante das características de Capitu e do importante romance que lhe dá vida.

Ainda na terceira estrofe, observa-se a exploração do termo *encanto*, qualificando o *modo de ser ambíguo*, em que *canto* é rima, é repetição, é eco, criando a ambiguidade entre *quem canta* e *quem é cantado*. É um magnífico jogo entre a personagem, sua existência na e pela canção e sua dimensão mítica, que é explicitada no verso seguinte, por meio do termo *sereia*: a que encanta cantando. Esse trabalho reaparece em outros versos, por meio dos termos *tocante* e *se encante*.

O compositor, articulando recursos rítmicos, sonoros e semânticos, vai trazendo para dentro da canção símbolos, mitos, lendas, personificações que auxiliam a compreensão da ambiguidade da personagem. Esse é o caso de *raposa e sereia*, cuja coordenação recupera a personagem imortalizada na fábula de La Fontaine, e que também designa pessoa matreira, astuta, e o complexo mito que vem da Antiguidade Clássica, presente na *Odisseia*, de Homero, e cuja característica é atrair para a morte todos os que se deixam levar por seu canto e encantos.

Não são apenas as referências literárias que vão presentificando Capitu. Da canção de Roberto Carlos e Erasmo Carlos vem a *amada amante*; de Freud vem *totem tabu*. As duas, como as demais referências, vêm agregadas a elementos que redimensionam a "citação" em benefício de uma melhor definição e expansão da personagem. *Você é virtualmente/Amada amante* é diferente de *E você, amada amante/Faz da vida um instante/Ser demais para nós dois*. O pronome possessivo e as minúsculas em *Nosso totem tabu* trazem a discussão psicanalítica para um cotidiano em que Capitu se torna, ao mesmo tempo, um símbolo sagrado, uma divindade, um emblema e algo proibido.

O verbo *capitular*, que aparece no último verso da quarta estrofe e que significa *render-se, entregar-se*, como anunciam os dois versos anteriores, também traz em si o nome Capitu, englobando ação e designação. E é a partir desse verso que, na estrofe seguinte, pela primeira vez, o enunciador, inteiramente seduzido, evoca Capitu e se deixa capturar.

Na quinta estrofe, iniciada e finalizada com o nome Capitu, os demais versos parecem literalmente capturados, sem saída. O segundo verso, *a ressaca dos mares*, reinventa a famosa designação dada a Capitu por Bentinho, no "Capítulo XXXII – Olhos de ressaca": "[...] traziam não sei que fluxo misterioso e energético, uma força que arrastava para dentro, como a vaga que se retira da praia, nos dias de ressaca".[9]

O verbo *naufragar*, embora fazendo parte da penúltima estrofe, que se refere à Capitu internáutica, sintetiza as palavras, e consequentemente as ações que, no romance, referem-se aos "olhos de ressaca". Não se pode deixar de perceber que ele está muito próximo, semântica e sonoramente de *navegar*, que o antecede e metaforiza a ação dos que são capturados pelo poderoso olhar (tela do computador?).

A canção reitera, na estrofe final, a articulação entre a criatura machadiana, definida como *um capítulo à parte*, e o termo vírus, aquilo que contamina e pertence tanto à linguagem da internet como a da patologia.

Literatura e outras linguagens

Sendo um vírus ardente, sintoniza invasão, paixão, dominância. Como no "Capítulo cxv – "Dúvidas sobre dúvidas": "Pois aqui mesmo valeu a arte fina de Capitu!".[10]

A audição da canção trará outros elementos que estão amalgamados aos aspectos verbais, amplificando as *virtualidades* da poderosa e imortal Capitu.

É o mesmo Luiz Tatit, associado a Sandra Perez, que estabelece uma divertida e produtiva ponte entre gramática, arte e vida.

ARTES COM A GRAMÁTICA

Muitas vezes, parece difícil ensinar e aprender gramática. É como se um bando de homens dispostos a atormentar os semelhantes tivesse inventado nomes estranhos para serem decorados, sem nenhuma relação com a língua que todos falam, com os jeitos de falar, com a vida que se leva. Pior: eles existem há séculos, cuidando de todas as línguas que conseguem alcançar. Os mestres-escolas, sem muita saída, correm atrás de ensinar o que podem, fazendo malabarismos para que os discípulos acreditem que tudo aquilo serve realmente para alguma coisa. Mas que coisa?

O fato é que a gramática não foi criada para colocar etiquetas nas línguas. Muito menos num suposto estágio ideal, dimensão estática que estaria acima de tudo e todos, atuando soberana sobre os falantes. Sendo a língua produto da fala de todos, sua existência acompanha, necessariamente, as mudanças sociais, culturais, históricas. A gramática, sempre a serviço da língua, tem a função de descrevê-la em suas particularidades, em sua variedade, nas modalidades oral e escrita e, ainda, no que apresenta em comum com as demais, colocando-a no amplo guarda-chuva da linguagem humana. Se os gramáticos são vistos como ditadores de normas, torturadores impiedosos, isso já é outra história, que tem a ver com o uso normativo que se faz das gramáticas, com as regras da escrita e, principalmente, com a luta de poder travada entre as variantes linguísticas que caracterizam todos os estágios de uma língua.

As artes, por sua vez, atentas ao que ocorre no mundo, incluindo a existência das gramáticas e dos termos que nelas circulam, dão um jeito de traduzi-las, aproximando-as da vida e, consequentemente, dos falantes. Esse é o caso da canção "Gramática", de Sandra Peres e Luiz Tatit, uma lição de usos e abusos.

Gramática

O substantivo
É o substituto
Do conteúdo

O adjetivo
É nossa impressão
Sobre quase tudo

O diminutivo
É o que aperta o mundo
E deixa miúdo

O imperativo
É o que aperta os outros
E deixa mudo

Um homem de letras
Dizendo ideias
Sempre se inflama

Um homem de ideias
Nem usa letras
Faz ideograma

Se altera as letras
E esconde o nome
Faz anagrama

Mas se mostro o nome
Com poucas letras
É um telegrama

Nosso verbo ser
É uma identidade
Mas sem projeto

E se temos verbo
Com objeto
É bem mais direto

No entanto falta
Ter um sujeito
Pra ter afeto

Mas se é um sujeito
Que se sujeita
Ainda é objeto

Todo barbarismo
É o português
Que se repeliu

O neologismo
É uma palavra
Que não se ouviu

Já o idiotismo
É tudo que a língua
Não traduziu

Mas tem idiotismo
Também na fala
De um imbecil[11]

À moda de um dicionário, esse outro poderoso instrumento de trabalho com as línguas, os autores selecionam termos recorrentes nas gramáticas e os apresentam de forma poética, com dicção que aproxima o leitor/ouvinte dos significados da temida (e muitas vezes indigesta) terminologia gramatical. O resultado é um conjunto de estrofes de três versos, tramadas com jogos linguísticos que exploram a sonoridade, a semântica, a viva e cotidiana relação entre os termos e as pessoas que os utilizam. É, portanto, uma gramática cheia de ritmo de ginga que, sem perder a natureza descritiva, interage com a sensibilidade dos ouvintes/leitores/escreventes, inserindo aprendizes, *ensinantes* e ensinamentos no mundo da linguagem de *em dia de semana*.

Se o substantivo denomina diferentes entidades, apresentando-se como *substituto* de coisas, pessoas, fatos, o adjetivo se justapõe a ele para imprimir a apreciação do falante, conforme nos mostra a canção: "O substantivo/É o substituto/ Do conteúdo/O adjetivo/É nossa impressão/Sobre quase tudo". Observe-se que a aproximação entre o termo a ser definido e o que ele significa (substantivo/substituto/conteúdo), assim como entre os termos que estão sendo definidos (substantivo e adjetivo), se dá também, e especialmente, pela constituição/exploração gráfico-sonora (rimas, por exemplo) possibilitada pelos versos da canção, cuja natureza distancia-se bastante da linguagem técnica, em prosa, das gramáticas.

O diminutivo, mesmo rimando com imperativo e tendo em comum a função de *apertar*, age de forma diferente sobre o mundo e sobre os homens. O *aperto*, no primeiro caso, significa *compressão, diminuição de tamanho*. No segundo, *pressão, coação, imposição* de alguém que corta a palavra do outro, emudecendo-o.

Explorando os diferentes sentidos de palavras e expressões, esse dicionário/gramática joga com a importante relação entre *letras* e *ideias* e, em quatro humoradas estrofes, revela possibilidades significativas dessa combinatória. Juntar letras e ideias pode tanto resultar no discurso *inflamado* de um letrado, de um orador, como na economia minimalista de um *ideograma* que, como a formação da palavra de origem grega atesta, é o amálgama *ideialetra*: "Um homem de letras/Dizendo ideias/Sempre se inflama/Um homem de ideias/ Nem usa letras/Faz ideograma".

Ou, ainda, dar um novo arranjo às letras de uma palavra ou de uma frase pode resultar num jogo de esconde, num disfarce. Esse jogo linguístico também era conhecido pelos gregos que o denominaram *anagrama* (olha a *letra* aí disfarçada!). Para finalizar esse bloco, rimando com ideograma e anagrama, outra forma de comunicação é evocada: o *telegrama*. Hoje pouco utilizado, essa *letra* que vem de longe, guarda semelhanças com o *e-mail* (correio eletrônico) e também com o Twitter: texto curto, rápido, com redução do número de letras das palavras, comunicação à distância sem prejuízo da ideia a ser transmitida.

A identidade expressa na língua, e classificada pela gramática, está situada no *verbo ser*, antecedido na canção por *nosso*, marcando o núcleo de existência e a propriedade do falante, formulação que desfaz a dimensão abstrata da definição, puxando o termo para a vivência do falante: "Nosso verbo ser/É uma identidade". Três outras estrofes, dando continuidade ao tema, apresentam outro tipo de verbo, jogando linguisticamente com dois termos gramaticais: sujeito e objeto. Entretanto, saltando novamente de um nível abstrato para o concreto, o jogo se faz pelo dimensionamento do sujeito social, histórico que, por sua realidade, tanto pode ser senhor de afetos e ações como submisso (*sujeitado*), desprovido de identidade e, por isso, relegado à condição de objeto: "No entanto falta/Ter um sujeito/Pra ter afeto/Mas se é um sujeito/ Que se sujeita/Ainda é objeto".

As quatro estrofes finais apresentam a designação dada pela gramática a termos considerados, por diferentes razões, à margem, seja do português, seja de outras línguas. Curiosa e criticamente, as palavras inseridas nessas categorias são mostradas como tendo existência, identidade, apesar de *repelidas, não ouvidas, não traduzidas*. Essa condição é dada na medida em que os termos *barbarismo, neologismo* e *idiotismo* aparecem como sujeitos do verbo *ser*, o que garante sua existência e participação na língua, apesar da condenação gramatical ou falta de correspondência em outra língua: "Todo barbarismo/É o português/Que se repeliu/O neologismo/é uma palavra/que não se ouviu".

Num último gesto de apreensão poética e crítica da gramática, o termo *idiotismo* é utilizado em sua associação com idiotice, bobagem, qualificando, no caso, *a fala de um imbecil*, de alguém designado como "sem noção", inadequado: "Já o idiotismo/É tudo que a língua/Não traduziu/Mas tem idiotismo/ Também na fala/De um imbecil".

Essa canção nos aproxima da gramática, trazendo a descrição linguística para o presente, para a vida, assim como a canção anterior fez com a literatura brasileira, com uma de suas mais significativas personagens. Agora é hora de olhar de perto uma variante linguística e um tipo brasileiro, sobre os quais o imaginário social construiu tantas piadas (positivas e negativas), tantas histórias, e que a canção "Nóis é jeca mais é joia" recupera e incorpora: o caipira.

LÍNGUA E CULTURA: AS SINGULARIDADES DO PLURAL

Se alguém perguntasse a falantes e/ou estudiosos do português do Brasil e da cultura brasileira – O que significa *caipira*? –, certamente receberia várias respostas reveladoras da complexidade que o termo assumiu no decorrer de sua longa história e que têm a ver, necessariamente, com o *lugar* de onde fala a pessoa que responde. Alguém poderia dizer que *caipira* vem do tupi *Ka'apir* ou *Kaa-pira*, que significa *cortador de mato*. Essa é a designação que os índios guaianás, do interior do estado de São Paulo, deram aos colonizadores caboclos, brancos e negros. Outro diria que o termo designa habitantes do interior, por oposição aos das grandes regiões metropolitanas e do litoral, principalmente regiões situadas no sudeste e centro-oeste do país. O *Dicionário do folclore brasileiro*, de Câmara Cascudo, ampliaria essas respostas:

> Homem ou mulher de pouca instrução que não mora em centros urbanos. Trabalhador rural, de beira-rio ou beira-mar, ou de sertão. É chamado também de *caboclo, jeca, matuto, roceiro, tabaréu, caiçara, sertanejo*, dependendo da região onde habita.[17]

Nos casos destacados, o termo situa-se em dimensões semanticamente negativas, caso da via *ecológica*, "cortador de mato", da oposição centro urbano/ interior rural e, especialmente na ideia de ausência de instrução. Também os sinônimos apontam para esses sentidos. *Jeca*, largamente difundido, opõe caipira a refinado, designando pobre, humilde, da zona rural, reconhecido pelo estereótipo da barba rala, dos calcanhares rachados, do postar-se de cócoras. Estabelecido a partir do personagem Jeca-Tatu da obra *Urupês* (1918), de Monteiro Lobato, foi num primeiro momento caracterizado como trabalhador rural paulista, abandonado pelo poder público, dominado por doenças, atraso, indigência. O termo não perdeu sua aura negativa, mesmo depois que Monteiro Lobato mudou sua perspectiva e transformou o Jeca num símbolo de brasilidade. O conceito pejorativo mantém-se até hoje.

É verdade também que o *caipira* mereceu e continua merecendo, por parte de sociólogos, antropólogos, linguistas, poetas, pintores, estudos e representações que o qualificam, designando uma maneira de ser, uma fala com características próprias, uma cultura situada histórica e geograficamente. Esse é o caso, por exemplo de Almeida Júnior, que retratou o caipira em várias pinturas, e do compositor Juraildes da Cruz, que na canção "Nóis é jeca mais é joia" expõe de maneira irônica e bem humorada as contradições a que o caipira está submetido.

Nóis é jeca mais é joia

Se farinha fosse americana
mandioca importada
banquete de bacana
era farinhada

Andam falando qui nóis é caipira
qui nossa onda é montar a cavalo
qui nossa calça é amarrada com imbira
qui nossa valsa é briga de galo
Andam falando qui nóis é butina
mais nóis num gosta de tramoia
nóis gosta é das minina
nóis é jeca mais é joia
mais nóis num gosta de jiboia
nóis gosta é das minina
nóis é jeca mais é joia

Se farinha fosse...

Andam falando qui nóis é caipira
qui nóis tem cara de milho de pipoca
qui o nosso roque é dançar catira
qui nossa flauta é feita de tabóca
nóis gosta de pescar traíra

183

ver as bichinha gemendo na vara
nóis num gosta de mintira
nóis tem vergonha na cara
ver as bichinha chorando na vara
nóis num gosta de mintira
nóis tem vergonha na cara

Se farinha fosse...

Andam falando que nóis é caipora
qui nóis tem qui aprender ingrês
qui nóis tem qui fazê xuxéxu fóra
deixe de bestáge
nóis nem sabe o portuguêis
nóis somo é caipira pop
nóis entra na chuva e nem moia
meu ailóviú
nóis é jeca mais é joia

Tiro bicho-de-pé com canivete
mais já tô na internet
nóis é jeca mais é joia[13]

O título popular, divertido e criativo, "Nóis é jeca mais é joia", vale-se do jogo sonoro e da sintaxe frasal para estruturar um argumento por meio do qual o caipira se define linguística e culturalmente, expondo sua identidade multifacetada e fazendo pender a balança para o seu lado. O termo *nóis*, em lugar de *nós*, assim como *mais*, em lugar de *mas*, constituem exemplos clássicos das diferenças fonéticas existentes entre a variante caipira e a variante culta do português do Brasil. Cada um dos termos assume-se como caipira, concretizando sonora e formalmente uma identidade linguística.

Não termina aí, entretanto, o papel identitário dos dois termos: são eles que instauram uma coletividade que se expressa pela primeira pessoa do plural e que assume a dupla condição de *jeca* e de *joia*. Além da proximidade sonora que une os dois termos, estabelecendo uma relação de complementaridade, a posição em relação à conjunção, *jeca* antes e *joia* depois, confere ao segundo termo um peso maior, dando ao conjunto uma dimensão semântica positiva. O sentido do conjunto seria sem graça, desqualificado poeticamente, negativo, se o título fosse: Nós é joia, mas é jeca.

O refrão, por sua vez, dá o tom nacionalista à canção e é o mote para a exposição humorada das contradições vividas pelo cidadão brasileiro denominado caipira: "Se farinha fosse americana/mandioca importada/banquete de bacana/era farinhada". Tomando *mandioca, farinha* e *farinhada* como autênticos itens da alimentação brasileira, que remontam à cultura indígena e que dizem muito a respeito da colonização e dos dias atuais, esse mote expõe, pelo jogo sonoro e semântico, um confronto, uma oposição, que explicita o fato de, na atualidade, o caipira ter de se defrontar, também, com a representação idealizada do estrangeiro, especialmente do americano.

Por meio da expressão *andam falando que nóis*, que se repete várias vezes ao longo da canção, o narrador, o eu poético, aquele que aqui participa de uma coletividade que se assume como *jeca* e como *joia*, instaura o *outro* indefinido, a voz que se contrapõe ao caipira e que o representa por meio de estereótipos; caipira, butina, caipora, calça amarrada com imbira, cara de milho de pipoca, flauta feita de taboca etc. O universo semântico recuperado por essa voz, marcado especialmente pelo léxico, constrói-se confirmando as clássicas oposições capital/interior, mar/campo, instruído/sem instrução, que estigmatizam o caipira.

Ao mesmo tempo, pela recuperação da estratégia sintática do título, ou seja, pela adversativa [*mais*], o texto estabelece o contraponto com a voz do *outro*, assumindo a caipirice e agregando a ela qualidades morais e sexuais que o diferem desse *outro*, de forma bastante matreira, seguindo outra tradição: a de que o caipira é esperto, brincalhão e dissimulado. A qualificação do caipira assumido tem, necessariamente, como pressuposto, a desqualificação da voz que lhe imputa estereótipos: "mais nóis num gosta de tramoia/nóis gosta é das minina/nóis num gosta de jiboia/nóis gosta de pescar traíra/ver as bichinhas gemendo na vara/nóis num gosta de mintira/nóis tem vergonha na cara".

As últimas estrofes arrematam a ironia humorada dominante na construção da canção, a qual joga com as representações veiculadas pelas diferentes vozes que estão em disputa: "Andam falando [...] qui nóis tem qui aprender ingrêis/qui nóis tem qui fazê xuxéxu fora/deixe de bestáge/nóis nem sabe o portuguêis/nóis somo é caipira pop/nóis entra na chuva e nem moia/meu ailóviú". Observe-se que, para contrapor-se às exigências de americanização, aspecto que já estava presente no início da canção (*Se farinha fosse americana*), o assumido jeca, o *caipira pop*, exagera nos estereótipos linguísticos e deixa escapar sua condição de falante diferenciado, no sentido negativo: "deixe de bestáge/nóis nem sabe portuguêis".

Embora a última estrofe esteja apenas na internet, no site dos músicos, e não no CD, ela acrescenta, juntamente com a penúltima, mais elementos ao lugar que o caipira ocupa, de fato, no imaginário e na atualidade e, especialmente, a maneira como ele se apropria dessa identidade complexa, ambígua, e a explora a seu favor. A voz caipira instaura, desde o início, uma rica identidade, marcadamente nacional, confluência de contrários, diferente da unilateralidade negativa e simplista dada pela voz daquele que se diz moderno, da cidade, identificado com a valorização do estrangeiro, apto a dizer ao caipira como ele deve ser e falar.

A representação linguística exagerada faz ouvir a voz do caipira, não pela sua forma real de falar, mas pela estereotipia fonética, pela caricatura, aí incluída a pronúncia do inglês, língua que o cidadão urbano pretende que o caipira adote em suas músicas. Ao mesmo tempo, são esses elementos linguísticos que expõem, pelo jogo humorado e irônico, a desqualificação da variante caipira, reiterando a ideia de falta de instrução impingida pelo que se diz falante do *verdadeiro português*. É bem verdade que dentre as várias histórias e piadas existentes a respeito dos estereótipos do caipira, muitas revelam que o jeito de simplório é apenas uma estratégia para passar a perna no homem da cidade. Essa canção comprova essa matreira condição de sobrevivência e criatividade.

As canções escolhidas para mostrar a variação e as particularidades da língua portuguesa e a maneira como é tratada por diferentes compositores, merecem um fechamento feito por um olhar que, amando essa língua, fala de outro lugar: Luanda/Angola/África, mais um rico universo em que se fala português. Com a palavra o escritor Ondjaki, que *montou* seu texto especialmente para este livro.

■ Da língua que se fala à língua que se sonha
(autocomentários em quatro andamentos)

Ondjaki

1.

Se há segredo, é muito público: há um grupo de gente humana que ama a língua portuguesa. Tal qual ela foi inventada, tal qual ela vai sendo reescrita e ressonhada. Nasci numa capital africana onde a língua tinha toda a importância do mundo: instrumento de aprendizagem escolar e social, era também arma de arremesso nas brincadeiras infantis. O nosso mundo era falado durante o dia e sonhado (ainda com palavras) todas as noites.

> Cresci num tempo e num lugar onde havia gente de todas as cores e peles para todos os tons.
>
> Nesse tempo, um mais-velho era um mais-velho. Na Luanda em que cresci respeitávamos os gestos, as vozes e as estórias dos mais velhos. [...] nesse lugar cheio de estórias urbanas, a oralidade que conheço e que me foi passada aconteceu num cenário urbano, alimentado pelas constantes faltas de água, de luz, e referências a todas as guerras que aconteciam muito mais a sul de Luanda. [...] naquele tempo, em pleno socialismo angolano, disseram-me – e eu acreditei – que a caneta era a arma do pioneiro.[14]

A escola foi, durante anos, a minha segunda casa. Sempre só gostei da disciplina de Português. O resto era paisagem, intervalo, túnel do tempo para a frente e para as escritas que viriam.

> [...] um lugar, mesmo que demarcado geograficamente, era e seria sempre um espaço de variedades linguísticas que apontavam, obviamente, para variedades étnicas e culturais. Entendi que a modernidade e todas as suas consequências, as boas e as más, não eram exclusivas da América ou da Europa. Todo o continente africano, nas suas múltiplas crenças, cores, tradições, ideologias, expressões tradicionais e expressões tradicionais revistas pelos criadores atuais, todo esse continente era uma entidade viva e dinâmica. Secular e complexa. Sofrida e ternurenta.[15]

Os que viam África desde uma longínqua janela não se permitiam entender que "a África" eram várias. O continente nunca foi um só – assim como o corpo de um poema tem mil afluentes subentendidos, regeneradores, híbridos.

Nós somos plurais como os rios. Gostamos das escritas que aparecem vindas da linguagem, dos sofridos dicionários, mas sobretudo cavamos dentro de nós. O escritor hesita entre o sonho do que já sonhou e as falas que uma voz do futuro insiste em profetizar. A escrita é uma urgência que se faz aprendendo a descobrir novas linguagens dentro da língua matriz. A maturidade chega, talvez, quando o escriba aprende a desrespeitar com delicadeza as regras e os ritmos da sua voz. Sabendo dos caminhos para manusear atalhos.

> Os autores africanos que eu lia, ou pelo menos assim eu os li, iam murmurando verdades suaves: que a literatura se fazia dos lugares, das geografias, das cores e das gentes, mas que os lugares eram, também, coisas internas; que o escritor, africano ou outro, podia falar do seu lugar e partir das suas tradições para se reinventar na sua ficção, mas não esquecendo que no ato sagrado da escrita, as geografias que mais gritam, são as de dentro.[16]

2.

Talvez aqueles que estão demasiado presos à criação da língua pensem que é bom estarem acorrentados a uma língua imutável. Talvez quem aprenda para ensinar não mexa na língua do mesmo modo que quem sonha para escrever, e escreve para se expressar. Mas não é da mistura e da contradição estética que se alimenta o futuro?

> É que isto das estórias e do sorriso em torno delas, não está em nós, não está nas estórias: está na vivência aumentada de cada um enquanto espectador da vida. Se a vida está cheia de silêncios misteriosos, a tendência cultural depois das misturas é que as pessoas cedam à vontade de fazer ruído, talvez porque seja seu destino anotarem as suas urgências ficcionadas, talvez porque no ruído das falas faladas e das falas escritas se aplaquem os medos humanos, se celebre uma espécie de destino cultural.[17]

Por vezes mexo na língua ao contrário. Sem sequer me saber explicar o fenômeno. Isto seja: vou ao passado, munido de lágrimas e de medos, para entender o sal que lá verti. Há diamantes da memória cuja raiz vive na infância. Há infâncias que só passam a ser verdadeiras se contadas de novo – com todas as propriedades da arte angolana de "falar à toa".[18] Busco os símbolos que outrora eram reais e tento ajustá-los aos símbolos estéticos do (meu) presente. Seguindo o instinto do sonho literário. Escrevo para celebrar a liberdade que a minha língua permite. E para ser feliz.

> Em letras, o que era palpável se torna etéreo; o que outrora foi grito pode virar poesia de murmúrio: um barulho pode brotar entre dois talos de relva; e mesmo na chegada de uma lágrima ao chão pode haver vasto ruído. No fundo, desejamos salvar as estórias do esquecimento – é a resposta intuitiva e defensiva face à nossa própria condição de humanos.[19]

3.

Viajar pela língua é celebrar. Portanto.

Viajar pelo tempo que se percorreu é apreender o limite máximo dos erros e dos sucessos. Lembrar para prosseguir. Escutar a poesia das entrelinhas, da linha misteriosa, do mistério do não lido nem dito. E, no que falta dizer, no que numa língua falta inventar, o escritor avança. O seu sonho desperta e dá alguns passos. A tal de língua sorri – porque sente o crescimento chegar. Escrever é também deixar o eco das regras imutáveis influenciar as regras mutáveis.

> Sou atraído por viagens abstratas. Daquelas que me arrastam ao barulho de uma
> fonte de água já sem água. Como se o regresso ao desconhecido fosse ainda e sempre
> o começo da viagem. Como se as viagens fossem coisas de acontecer dentro – no
> território dos olhares, na não densidade da razão.[20]

A escrita é a interminável viagem? O desafio impenetrável? A língua fica
mais bonita sendo um corpo ou sendo o voo desse corpo? Há muitos anos que
as pedras, os poetas e os loucos responderam a esta questão.

> A viagem começa sempre ontem. As palavras, como o sangue, são a viagem que
> nos acontece ser. No suor do parto, no primeiro arfar: falando para inventar ecos;
> buscando a profunda simplicidade do verbo; escrevendo – para aprender a esquecer...

4.

Do que se ouve e do que se fala, algo permanecerá no mundo escrito. Como
se fosse guardar um novo segredo. Como se fosse para ofertar mundos a gente
que não conheceu determinadas dimensões. Mas também para exercer o direito
humano de inventar e celebrar a vida pela arte. A arte de se dizer (apesar do
que foi visto), o que ainda não foi dito.

> Reinventando a oralidade, a escrita acaba por criar um código novo – não
> hermético – cuja raiz existiu num tempo e espaço específicos. A oralidade não
> é fonte directa, exclusiva matéria-prima de trabalho, mas tão somente ponto de
> partida, referente privilegiado originário de uma estética que se há-de reconhecer
> em algumas escritas.
> Havendo estética intencional, parece-me que é a do instinto. [...]
> A escrita, no sentido da literatura ficcional, em prosa ou verso, em discurso
> pensado ou improvisado, ela é sempre um exercício da intimidade intelectual e
> cultural de cada um [...].[21]

As línguas, que são tantas embora tantas vezes pareçam a mesma, servem
mais é para celebrar. Para enfrentar o cotidiano cultural dos povos. O seu
pensamento. O seu sentir.

Com os anos, adormecem as regras. Sopram ventos flageladores com tristezas
e novidades. Mas muitas margens tem cada língua. Cada cultura.

> [...] é sabido pelos mais-velhos que uma Língua grávida pode parir culturas, cores
> novas e contornos imprevistos em pessoas humanas. [...] À mistura estão as pessoas –
> que são as margens da cultura, e os destinos da Língua revistos por aqueles que a
> manejam como utensílio quotidiano. Que esta linguagem seja, pois, ferramenta e

prazer, veículo seguro mas maleável; que as gerações vindouras nela vejam molde aberto para memória e labor criativo. Porque bonitas são as Línguas depois de manejadas e celebradas pelas pessoas.[22]

Na infância, a gramática da camarada professora esteve sempre presente. A escola me deu os instrumentos de navegação, as bússolas e a leitura das estrelas. Mas munido de materiais etéreos, eu inventei a minha viagem.

As minhas bússolas hoje são objetos de abrir lembranças. A escola é o meu refúgio para os sonhos noctívagos e antídoto para certas tristezuras. Usei, confesso, os instrumentos de navegação para perseguir as estrelas. Já toquei algumas – foi perto do coração da língua.

Vivi, feliz, uma infância que já mexia na língua de falar e de escrever. Conheci as tendências das crianças que queriam moldar a língua ao ponto do barro, e os limites dos adultos que a queriam cozinhada, quieta, como que depois do forno.

Mas a língua não é o molde nem a cozedura. A língua são as mãos sujas das crianças no barro. O riso alegre das crianças com as mãos durante o barro. E o riso desassossegado do barro – com medo de ser cozido.

O sonho do barro não era ser, sempre, areia úmida?...

NOTAS

[1] A análise dessa canção aparece em duas outras publicações: B. Brait, "O texto mostra a língua, costura e descostura discursos", em *Filologia e linguística portuguesa*, 9, 2008, pp. 169-83; B. Brait, "O vir pronominal de Caetano Veloso", *Revista Língua Portuguesa*, n. 32, 2008, pp. 34-5.

[2] Sob o título "Poderosa Capitu" e com modificações, a análise apareceu em *Revista Língua Portuguesa*, n. 20, 2007, pp. 34-5.

[3] Sob o título "Palavra cantada: artes com a gramática", com modificações, a análise apareceu em *Revista Língua portuguesa*, n. 41, 2009, pp. 34-5.

[4] Com modificações, a análise apareceu em *Revista Língua Portuguesa*, n. 39, 2009, pp. 34-5.

[5] Caetano Veloso, *RG VOGUE*, outubro, ed. 55, 2006, p. 86.

[6] M. Foucault, *As palavras e as coisas*, trad. António Ramos Rosa, Lisboa, Portugália, s.d., pp. 458-9. [Primeira edição, Paris: Gallimard, 1966].

[7] Luiz Tatit, "Capitu", em *O Meio*, São Paulo, Selo Dabliú, 2000.

[8] Machado de Assis, *Dom Casmurro*, em *Obras completas*, Rio de Janeiro, Aguilar, 1971, v. 1, p. 829.

[9] Idem, p. 843.

[10] Idem, p. 920.

[11] Sandra Peres e Luiz Tatit, "Gramática", em *Canções curiosas/Palavra Cantada*, MCD, 2005.

[12] Luís da Câmara Cascudo, *Dicionário do folclore brasileiro*, 4 ed., São Paulo, Global Editora, 2005, pp. 97-8.

[13] Xangai, *Cantoria de Festa*, Kuarup Discos.

[14] "As raízes do arco-íris" (Ou: "o camaleão que gostava de frequentar desertos"), Turin/2007.

[15] Idem.

[16] Idem.

[17] "Na pluralidade das línguas", em *Actas do VIII Congresso da AIL: da Galiza a Timor – a Lusofonia em foco*, Santiago de Compostela, Universidade de Santiago de Compostela, 2005, pp. 1905-8.

[18] "Falar à toa": atividade verbal ou mesmo escrita muito levada a sério em Angola. Comporta fenômenos do comentário verbal, da reinvenção dos fatos, da reavaliação da intensidade de situações aparentemente menos sérias. Do "falar à toa" deriva parte dos mujimbos sociais angolanos e grande parte da ficção literária e mesmo política. Esta atividade acontece em escala nacional e chega a ter consequências políticas e estéticas. Também pode ser um fenômeno social meramente lúdico-ocupacional do ponto de vista da fruição do tempo (em *Dicionário angolano da terminologia urbana não catalogada,* Luanda, Dzzz, 2007).

[19] "Na pluralidade das Línguas", em *Actas do VIII Congresso da AIL: Da Galiza a Timor: a lusofonia em foco*, Santiago de Compostela, Universidade de Santiago de Compostela, 2005, pp. 1905-8.

[20] "Curta viagem pelo silêncio das palavras". Conferência do autor em Matosinhos, 2007.

[21] "Oralidade e escrita: dançar com as palavras quietas". Conferência do autor no Rhode Island College, EUA, 2006.

[22] "Outras margens da mesma Língua", em Comunicação feita na conferência *A Língua Portuguesa:* presente e futuro, realizada na Fundação Calouste Gulbenkian, dias 6 e 7 de dezembro de 2004, Lisboa.

BIBLIOGRAFIA

ASSIS, Machado de. *Obras completas.* Rio de Janeiro: Aguilar, 1971. [v. 1. *Dom Casmurro.*]

CÂMARA CASCUDO, Luís da. *Dicionário do folclore brasileiro.* 4. ed. São Paulo: Global, 2005.

FOUCAULT, M. *As palavras e as coisas.* Trad. António Ramos Rosa. Lisboa: Portugália, s.d.

ONDJAKI. *As raízes do arco-íris* (ou: o camaleão que gostava de frequentar desertos). Conferência do autor em Turin, 2007.

_____. Na pluralidade das línguas. *Actas do VIII Congresso da AIL: Da Galiza a Timor. A Lusofonia em Foco.* Santiago de Compostela: Universidade de Santiago de Compostela, 2005, pp. 1905-8.

_____. *Dicionário angolano da terminologia urbana não catalogada.* Luanda: Dzzz, 2007.

_____. *Curta viagem pelo silêncio das palavras.* Conferência do autor em Matosinhos, 2007.

_____. *Oralidade e escrita:* dançar com as palavras quietas. Conferência do autor no Rhode Island College, EUA, 2006.

_____. Outras margens da mesma Língua. Comunicação feita na conferência. *A Língua Portuguesa:* presente e futuro. Fundação Calouste Gulbenkian, 6 e 7 de dezembro de 2004, Lisboa.

PERES, Sandra; TATIT, Luiz. "Gramática". *Canções curiosas/Palavra cantada*, MCD, 2005.

TATIT, Luiz. "Capitu". *O Meio.* São Paulo: Selo Dabliú, 2000.

VELOSO, Caetano. "Por quê?" *Cê.* Produção Universal Music, dirigida por Pedro Sá e Moreno Veloso, 2006.

_____. *RG VOGUE.* Edição 55, out. 2006.

XANGAI. *Cantoria de Festa*, Kuarup Discos, 1997.

Tramas verbo-visuais da linguagem

*O rio que fazia uma volta atrás de nossa casa
era a imagem de um vidro mole que fazia uma
volta atrás de casa.
Passou um homem depois e disse:
Essa volta que o rio faz por trás de sua casa
se chama enseada.
Não era mais a imagem de uma cobra de vidro
que fazia uma volta atrás de casa.
Era uma enseada.
Acho que o nome empobreceu a imagem.*
Manoel de Barros

*Imagem: semelhança ou vestígio das coisas, que se pode conservar
independentemente das próprias coisas.*
Abbagnano

A dimensão verbo-visual da linguagem participa ativamente da vida em sociedade e, consequentemente, da constituição de sujeitos e identidades. Em determinados textos ou conjuntos de textos, artísticos ou não, a articulação entre os elementos verbais e visuais forma um todo indissolúvel, cuja unidade exige do leitor, e notadamente do analista, a percepção e o reconhecimento dessa particularidade. São textos em que a verbo-visualidade se apresenta como constitutiva, impossibilitando o tratamento excludente do verbal ou do visual e, especialmente, das formas de articulação assumidas por essas dimensões para produzir sentido, efeitos de sentido, construir imagens de enunciadores e enunciatários, circunscrever destinatários etc.

Assim sendo, a linguagem verbo-visual será aqui considerada uma enunciação, um enunciado concreto articulado por um projeto discursivo do qual participam, com a mesma força e importância, a linguagem verbal e a linguagem visual. Essa unidade significativa, essa enunciação, esse enunciado concreto, por sua vez, estará constituído a partir de determinada esfera ideológica, a qual possibilita e dinamiza sua existência, interferindo diretamente em suas formas de produção, circulação e recepção.

Esse é o caso, por exemplo, de uma foto que, pertencendo à esfera do jornalismo impresso, vem, necessariamente, acompanhada de uma legenda, a qual atua na produção de sentidos, sinalizando caminhos para a compreensão do conjunto. Foto e legenda formam um todo indissociável: o lugar ocupado na página, a forma de composição que as associa e a relação de proximidade – geralmente a legenda vem sob a foto, ocupando toda a sua largura – as torna um enunciado, uma totalidade textual.

O projeto discursivo verbo-visual característico da esfera jornalística permite observar, por exemplo, que uma mesma foto deslocada dessa esfera e apresentada numa exposição ou em um livro de arte – esfera de circulação diferente da jornalística – torna-se outro enunciado concreto, outra enunciação, transferida da condição de documento, de *testemunho do real*, para a condição mais ampla de objeto de arte. Essas duas formas de fazer circular uma foto diferem do enunciado constituído por um retrato em um passaporte, por exemplo, o qual circula numa esfera institucional, administrativa, oficial. Aí, foto/nome/digitais/número instituem o verbo-visual como prova de identidade.

Ainda com relação à esfera jornalística, compõem o projeto discursivo verbo-visual desenhos, ilustrações, gráficos e infográficos, sempre articulados a textos verbais com os quais estão constitutivamente sintonizados a partir da disposição das matérias numa dada página, da organização das páginas em cadernos, do forte diálogo mantido entre os cadernos e as formas diferenciadas de organizar verbal e visualmente os assuntos. Um mesmo assunto poderá fazer parte de diferentes cadernos e, como consequência, produzir diferentes sentidos e efeitos de sentidos. E o leitor do jornal, incluído no projeto jornalístico, alfabetizado, por assim dizer, nessa maneira de organizar a linguagem, participa ativamente da produção dos sentidos. Considerando essa e outras esferas, fazem parte das produções de caráter verbo-visual charges, propagandas, capas e páginas de veículos informativos, as formas de apresentação dos jornais televisivos (apresentadores, textos orais, vídeos), poemas articulados a desenhos, comunicação pela internet, textos ficcionais ilustrados, livros didáticos, *outdoors*, placas de trânsito etc.

A concepção de texto aqui assumida, que pode ser designada semiótico-ideológica, ultrapassa a dimensão exclusivamente verbal (oral e escrita) e reconhece visual, verbo-visual, projeto gráfico e/ou projeto cênico como participantes da constituição de um *enunciado concreto*, de sua arquitetura, de sua inerente propriedade discursiva de oferecer-se como resposta que engendra sempre novas perguntas. Assim concebido, o texto deve ser analisado, interpretado, reconhecido a partir dos mecanismos que o constituem, dos embates e das tensões que lhe são inerentes, das particularidades da natureza de seus planos de expressão, das esferas em que circula e do fato de que ostenta, necessariamente, a assinatura de um sujeito, individual ou coletivo, constituído por discursos históricos, sociais e culturais, mesmo nos casos extremos de ausência, indefinição ou simulação de autoria em textos ou conjuntos de textos veiculados, por exemplo, pela internet.

Neste capítulo, serão examinados textos em que a dimensão verbo-visual se apresenta como constitutiva, caso de receitas culinárias, reproduzidas em um livro acadêmico-artístico, a partir de cadernos caseiros; de um artigo opinativo apresentado em forma de *coluna social*; de um romance contemporâneo que se constrói a partir das marcas autorais de um grande pintor holandês do século XVII; de dois poemas em que a verbo-visualidade se realiza de maneira bastante diferente, mas igualmente expressiva.

Todos eles foram escolhidos em função da possibilidade de rastrear, na mão dupla representada pela *verbo-visualidade*, memória, estilo, autoria, construção de imagem dos interlocutores etc. Para tanto, é necessário que o texto seja meticulosamente observado na situação de *publicação* escolhida e que esta seja tomada como elemento sinalizador do contexto mais amplo, ou seja, aquele em que discursos de diferentes fontes constituem e dinamizam o texto. Isso significa que o texto não é autônomo, fixo, imutável, mas que, apesar de sua aparência eterna, sofre variações na produção de sentidos, de acordo com as especificidades da circulação, da invocação de diálogos com outros enunciados, outros textos com os quais mantém vizinhança mais próxima ou mais longínqua, dependendo das condições de recepção do leitor e, em última instância, do lugar de onde um leitor o captura.

Doce sabor de Brasil antigo

Delícias das sinhás: histórias e receitas culinárias do final do século XIX e início do século XX[1] é uma obra realizada por pesquisadores da Unicamp, que teve como fonte antigos cadernos caseiros de receitas culinárias, escritos manualmente. Nas 32 primeiras páginas que antecedem a exposição das receitas, o leitor vai encontrar uma primorosa arquitetura gráfica, formada por textos que funcionam como apresentação da obra e fotos antigas de importantes casarões, ruas e famílias de Campinas/SP, utensílios de cozinha, página de inventário, cardápios, fogão a lenha, ilustrações do pintor francês Jean Batiste Debret (1768-1848). Tudo com legendas esclarecedoras e notas de pé de página com indicações bibliográficas precisas.

O primeiro texto está assinado por uma empresa de restaurantes corporativos, sendo a obra caracterizada como um projeto empenhado na "preservação de uma tradição, no resgate e divulgação de uma história da época dos Barões do Café e na disseminação de receitas caseiras do século XIX". O segundo, intitulado "Apresentação", está assinado pela diretora do Centro de Memória da Unicamp, a qual esclarece que o livro foi gestado nesse centro de documentação e pesquisa, com o objetivo de reunir vestígios sobre a memória gastronômica da cidade de Campinas e da região, nos séculos XIX e início do XX, com o propósito de resgatar, compreender, adaptar e divulgar as receitas contidas em cadernos manuscritos, pertencentes a *sinhás* moradoras dessa região, bem como organizar e divulgar o conhecimento que advém deles.

Aparecem ainda: um prefácio, assinado pela historiadora Leila Mezan Algranti, professora e pesquisadora da Unicamp; um alentado estudo sobre receitas e história da alimentação, assinado pelo organizador, Fernando A. Abrão, que é também historiador e pesquisador do Centro de Memória da Unicamp; e, finalmente, um quinto texto, escrito por Fernando Kassab, jornalista ligado ao campo da culinária.

Três desses textos têm caráter científico, entonação acadêmica, enunciando o lugar discursivo, social, cultural, a partir do qual foi possível recuperar e tornar as receitas legíveis em mais de um sentido. Esse lugar configura-se como espaço instaurador das condições necessárias para que as receitas possam ser lidas, vistas, subtraídas do passado para se instalarem no presente como testemunhas de outros tempos. São textos que têm o objetivo primeiro de devolver às receitas culinárias a voz capaz de enunciar um passado que, aparentando restringir-se à cozinha, a manuscritos contidos em surrados cadernos caseiros de receitas, revela, pelo seu modo de dizer, a maneira de ser de uma região, de seus habitantes, de um típico trabalho feminino, do falar de uma época, das singularidades da escrita, dentre outras coisas.

Dando acabamento ao caráter científico, à tonalidade acadêmica, a assinatura marca a identificação profissional que circunscreve o espaço universitário e confere credibilidade aos enunciadores, aos textos, à obra. Essa dimensão discursiva promove a adesão não dos cozinheiros, especialmente, mas dos pares da comunidade acadêmica. Há, portanto, um estilo acadêmico, configurando a autoridade, a autoria que concede à receita culinária a imagem e a condição de documento histórico, etnográfico, social e, necessariamente, discursivo. Esses elementos conferem novo *status* às receitas, mesmo antes de elas serem conhecidas pelo leitor.

Os dois outros textos, que também participam da série de apresentações, têm outra identidade. Um deles, assinado pela empresa, constitui uma espécie de apêndice, em função de sua condição e tom de patrocinador, não compartilhando, portanto, traços configuradores da imagem, do lugar discursivo, da autoria, do estilo e do cientificismo acadêmico. É verdade que, num determinado ponto, o enunciador desse texto se apropria do tom científico que marca os demais, afirmando que a obra é um projeto empenhado na "preservação de uma tradição, no resgate e divulgação de uma história da época dos Barões do Café e na disseminação de receitas caseiras do século XIX". Mas isso se dá somente aí. O restante do texto é dedicado à importância da empresa, a significação do investimento.

Esse texto, mesmo descartado do sumário, excluído da comunidade acadêmica, assinado como pessoa jurídica e não como pessoa física, ou justamente por isso tudo, implica uma maneira de enunciação do todo, da obra como conjunto. Ele instaura uma autoria partilhada, um estilo que destitui a hegemonia científico-acadêmica da obra para dar lugar a uma associação. Justapondo-se à imagem acadêmico-científica e ao caráter documental das receitas, a autoria empresarial coloca-se como o fiador econômico, um dos viabilizadores dessa empreitada de conhecimento.

Esse acréscimo autoral transforma a imagem científico-acadêmica, sem descartá-la, em imagem de divulgação acadêmico-científica patrocinada. Ao participar da esfera de produção, o patrocinador alavanca outra esfera de circulação, mais ampla, menos especializada, cujos destinatários vão além dos pares da academia.

As consequências imediatas dizem respeito à esfera de circulação da obra e à ampliação de sua imagem, ou seja, destinada não somente às estantes das bibliotecas, mas também à distribuição gratuita para os clientes da empresa patrocinadora e às vitrines das livrarias, nos espaços reservados às belas obras de receitas culinárias, grande filão contemporâneo do mercado livreiro.

O último texto de apresentação confirma o hibridismo da imagem da obra, do partilhar de autorias, da conjunção de estilos, da esfera de recepção a que se destina, da imagem dos diversos destinatários que vão sendo construídos. Ele é assinado por um consultor gastronômico que, mesmo não fazendo parte do espaço universitário, do centro de documentação, participou da realização do projeto, operando a passagem dos textos antigos, registrados nos caderninhos das sinhás, para formas atuais, legíveis (e realizáveis) por qualquer leitor-cozinheiro. A finalidade dessa autoria, obviamente, não era dimensionar linguística ou discursivamente as receitas, sob o enfoque acadêmico-científico. Se fosse, os organizadores teriam chamado um linguista ou um analista de discurso para assiná-lo. O intuito era configurar, pela versão moderna, o público amante de receitas, especialmente as que identificam uma região, tocando nostalgicamente sua sensibilidade e qualificando-o como interessado em conhecer o contexto histórico, social, cultural que gerou as receitas e que nelas deixou suas marcas.

Essa autoria/imagem suplementar, componente do hibridismo característico da obra, se realiza, juntamente com os demais textos da obra, a cada página reservada às receitas: justaposta à versão moderna das receitas e sua foto, está a reprodução de um pedaço da página amarelada de um velho caderninho, com a letra caprichada da sinhá que a registrou e um comentário sem assinatura, sintomaticamente denominado "Ouvindo as musas", que sem dúvida remete novamente às vozes insinuantes e inspiradoras que chegam com as receitas.

Esses textos iniciais, portanto, assumem papel de apresentação, de contexto de recuperação das receitas. Eles circunscrevem a obra não como um livro comum de receitas, dirigido simplesmente a quem entra na cozinha para tentar fazer uns doces *antiguinhos*, mas como resultado de um projeto de pesquisa realizado no espaço da universidade, por pesquisadores profissionais, a partir de um centro de documentação.

Talvez a noção mais forte ligada à imagem das receitas culinárias seja a de memória. Guardadas como segredo das famílias, preservadas em cadernos, *caderninhos*, livros muito cuidados, elas contribuem para a memória histórica, social e cultural dos povos, via hábitos alimentares. Tanto é verdade que passaram a objeto de estudo no Brasil a partir de Gilberto Freire.

Mas seria possível identificar estilo, autoria, em relação a um texto como a receita culinária? Enquanto texto, enquanto discurso, e não enquanto documento, ela não estaria enquadrada nas mesmas condições dos manuais de instrução, dos formulários administrativos, das bulas de remédio?

Mesmo evidenciando-se mais explicitamente em determinados tipos de textos, em determinados discursos, estilo e autoria são constitutivos de qualquer acontecimento discursivo – verbal, visual, verbo-visual –, possibilitando leituras consistentes no que diz respeito às relações subjetividade/intersubjetividade/ alteridade implicadas na linguagem e tecidas social e culturalmente.

De forma geral, além de indicar como selecionar e misturar ingredientes, permitindo que o leitor/ouvinte/cozinheiro produza pratos suculentos, nutritivos, saborosos, exóticos e até mesmo afrodisíacos, as receitas culinárias, enquanto texto e enquanto confluência de discursos, vão muito além de sua comportada função didática dominante. Produzidas em condições sociais, culturais, econômicas e existenciais específicas, as receitas testemunham os hábitos alimentares e linguísticos das pessoas e das sociedades em diferentes épocas, o papel da alimentação nas relações familiares e sociais, os intercâmbios culinários entre povos e comunidades, os registros e a circulação das diferentes formas que o homem encontra para transformar uma necessidade em arte de viver e, o que interessa aqui mais diretamente, elas expõem o estatuto de uma maneira de dizer que é também uma maneira de ser, o que, discursivamente, implica estilo, autoria, identidade e memória.

As receitas aqui selecionadas confirmam a ideia de que sua função didática dominante, a que lhes parece conferir absoluta transparência de sentidos e de propósitos, incluindo certo esquematismo no que diz respeito à organização do texto, fica relativizada dependendo da forma de produção, circulação e recepção. A versão da receita, do português do final do século XIX e começo do século

Baba-de-moça

Ingredientes (para cerca de 500 g):

500 g de açúcar
250 ml de água
300 ml de leite de coco
6 gemas

Preparo:

Com o açúcar e a água, faça uma calda ao ponto de bala mole. Retire do fogo e deixe esfriar.
Misture o leite de coco às gemas passadas em peneira e mexa bem; despeje essa mistura na calda e volte com a panela ao fogo moderado.
Cozinhe-a pelo tempo desejado, deixando-a mais líquida ou mais firme.
Sirva em cálices, polvilhando com canela em pó e decorando com pau de canela.

Ouvindo as musas: Não é comum no Brasil de hoje comer a baba-de-moça da maneira sugerida pelas sinhás. De qualquer forma, é sobremesa para se comer em pequena quantidade, pois é bem doce. É mais usual vê-la cobrindo e recheando bolos e tortas, ou como cobertura de pudins e manjares.

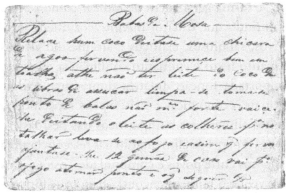

Foi o doce em calda favorito do segundo Império. Fino e leve, era insubstituível nos jantares da aristocracia rural. Em algumas compilações culinárias é chamado de beiços-de-moça. (Luís da Câmara Cascudo, *História da Alimentação no Brasil*, São Paulo: Edusp; Belo Horizonte: Itatiaia, 1983. v.2, pp.661-2.)

xx para o português de hoje, foi feita de maneira global, ou seja, considerando todos os aspectos implicados no texto.

Para a compreensão linguística do manuscrito, foi adicionada uma *tradução linguística*, feita por uma especialista em manuscritos. Essa forma de compreensão das receitas não faz parte da obra analisada, mas estabelece uma ponte que ajuda os leitores a enxergar especificidades de um dado momento da língua portuguesa. Assim, o objeto de análise – *receitas culinárias* – é enfrentado no contexto específico da obra que o apresenta, nas peculiaridades do projeto gráfico da página que o acolhe, exibindo a receita modernizada, a fonte em forma caligráfica e os comentários especializados, e, em função das especificidades aqui pretendidas, a tradução linguística do manuscrito.

O que é e o que mostra o manuscrito?

Sobre papel amarelado, envelhecido, o manuscrito impõe-se visualmente como sobreviventes de um tempo passado. As caligrafias têm aspectos comuns, embora sejam diferentes e indiquem que os textos não foram escritos pela mesma pessoa. Em todos os textos a *letra de mão* é caprichada, levemente inclinada para a direita, dispensando tratamento especial às maiúsculas, prolongando verticalmente determinadas consoantes. Há ainda outros detalhes e desenho das letras que funcionam como marca da relação do enunciador com sua enunciação.

Acontece, algumas vezes, de o texto, no início ou no final, vir acompanhado de sinais particulares, caso do signo tipográfico *esperluette* no final, dos traços que ladeiam o título, de vinhetas e de outros elementos que imprimem à receita um acabamento visual quase monogramático, muito próximo a um bordado.

Essa dimensão verbo-visual, já que se trata de caligrafia traçada em folha amarelada, sem pauta, desloca o leitor de hoje de sua posição de possível cozinheiro, destinatário previsto pela receita culinária, para outro espaço-tempo, afetando-o sensivelmente. Alguma coisa da experiência sensível dos interlocutores envolvidos nessa enunciação verbo-visual, nesse evento discursivo, se põe em movimento. Dessa forma, modificam-se os lugares discursivos normalmente implicados numa receita culinária. Antes mesmo de enfrentar os conteúdos de cada receita, esse leitor, esse destinatário de hoje, é transportado para outros tempos, outros espaços, construindo, progressiva e metonimicamente, o corpo insinuado pelo texto.

Inicialmente, é a imagem da mão, conduzindo uma caneta, de forma mais ou menos segura (isso varia em cada texto), que vai estabelecendo a relação

Broinhas

Huma libra d'assucar refinado, oito óvos, quatro sem claras; bate-se as claras n'uma vazilha [...] até ficar bem grossa, deita-se uma libra de farinha de trigo, mecho-se bem; uma libra de farinha de trigo, digo passa-se a broinhas; e depois ao forno não m.to quente.

Isto é moderno: é do tempo de Noé.

Biscoitos de cará

Duas duzias de óvos uma l.a de assucar refinado uma garafa de leite uma chicra de gordura da mão de porvilho ua oita de cará batido em óra escumiando um pouco de sal ivis pratos de fubá mimoso co forno m.o que [...] que he p.a pão delle.

constitutiva entre o corpo que escreve, a escrita que fica para lhe dar consistência, permanência, e, finalmente, o corpo alterado do leitor. É a maneira de dizer verbo-visualmente que se configura como maneira de ser, instalada na enunciação, na sua história, capaz de criar e despertar memórias, tocar o leitor, provocar sua adesão.

Mesmo considerando que a caligrafia é vista como marca de identidade de uma pessoa, no sentido psicológico e também jurídico, aqui, o corpo que se insinua, ainda que individualizado em cada texto, desenha a imagem de um tempo em que as pessoas aprendiam a escrever primeiro a lápis e, depois, com uma caneta com pena de ponta dupla, que, para escrever, tinha de ser mergulhada num tinteiro.

Os textos, entrevistos pela caligrafia, remetem a um padrão de época, a um tipo caligráfico datado, a uma relação ao mesmo tempo particular e coletiva com a escrita, com a elaboração visual do texto. Hoje, quem escreve assim, dispondo harmoniosamente o texto em papel não pautado? Como a resposta é "ninguém escreve assim", "quase ninguém escreve mais à mão", é possível inferir que a experiência visível/sensível deflagrada pelo estilo caligráfico dos textos configura-se como nostálgica. É a imagem de um caderno com esse tipo de letra, guardado numa gaveta, num velho armário de uma avó, bisavó, madrinha, que desenha a figura sinestésica de uma mulher que aí deixou sua marca, entre o aroma do doce feito na cozinha e servido numa bela vasilha, seu suave perfume e o amarelo do papel.

Portanto, a caligrafia, essa *arte da escrita*, engloba em sua natureza, ao mesmo tempo, a dimensão verbal e a visual.

Além da singularidade verbo-visual, elemento que deixa marcas e aberturas para a construção de imagens dos interlocutores envolvidos com esses textos, outros aspectos dimensionam a historicidade e exigem dos destinatários de hoje diversos procedimentos para acesso às formas verbais, aos conteúdos, às competências linguísticas, enunciativas, discursivas dos enunciadores. Se num primeiro momento, e por força da caligrafia, a memória mobilizada é a sensível, a afetiva, construída com as reminiscências de um tempo vivido ou apenas entrevisto nas conversas familiares, adentrar esses textos exige outros movimentos, outras posições.

Dentre esses aspectos estão a grafia das palavras, as abreviaturas por letras sobrepostas, a necessidade de restauração por deficiência do suporte etc. O esclarecimento a respeito de formas gráficas, desaparecidas na escrita contemporânea exige, naturalmente, conhecimentos especializados, não de cozinha ou de alimentação, mas de grafia, de escrita.[2] Pela *tradução* especializada, exibida em letra de forma, é possível compreender melhor as palavras e enxergar as diferenças com as formas contemporâneas da língua portuguesa.

Broinhas

Huma libra d'assucar refinado, oito
óvos, quatro sem claras; bate-se as cla=
ras n'uma vazilha espaçoza até ficar
bem grossa, deita-se uma libra de fa=
rinha de trigo, meche-se bem; uma li=
bra de farinha de trigo, digo passa-se as
broinhas; e depois vai ao forno não
m(ui)to quente. m^{to}. abreviatura por letra sobreposta
Isto é moderno: é do tempo de Noé.

Biscoito de caza

Duas duzias de óvos úma l(ibr)a de assucar refi= l^a. abreviatura por letra sobreposta
nado úma garafa de leite úma chicra de
gordura úa mão de porvilho úa dita de cara   *20* lançado na entrelinha superior
batido em <úa> escumando ûm pouco de sal   *úa* riscado
dois pratos defubá mimozo eo forno m(uit)o que m^o. abreviatura por letra sobreposta
te que he p(ar)a pão delló. && p^a. abreviatura por letra sobreposta; finaliza com
     um sinal interpretado como a esperluete: &

Em que essa versão difere do manuscrito (p. 202), além do aspecto visual? Enfrentado dessa maneira, o texto deixa de funcionar como receita culinária com finalidade didática. Ele assume a condição de documento linguístico, histórico, antropológico. Isso significa uma transformação do *status* dos interlocutores, uma mudança do gênero discursivo, uma nova imagem, uma nova autoria, que dependem de outras formas de adesão. No caso do especialista em linguagem, empenhado em desvendar linguística e discursivamente o texto, a sensibilidade mobilizada é a que diz respeito às diferentes formas e imagens da língua e dos usuários, impressas no texto. Embora o texto seja o mesmo, ele vai assumir, sob esse novo ângulo, uma nova dimensão discursiva, construindo diferentes imagens dos enunciadores e dos destinatários.

A leitura sinaliza, por exemplo, maneiras de dizer corriqueiras para locutores e destinatários do momento em que o texto circulou, mas hoje desaparecidas, caso das abreviaturas na escrita, da variação das formas assumidas pelo pronome *se*, tanto da perspectiva da grafia quanto do lugar ocupado depois do verbo. Ou, ainda, marcas de oralidade, na medida em que muitas vezes o destinatário era o próprio enunciador, funcionando o registro como memória necessária para a realização das receitas, que certamente estavam previstas para passar de mão em mão entre as mulheres da família, não extrapolando os limites da cozinha, da mesa, da casa. Jamais imaginadas como objetos históricos, de pesquisa, habitando um centro de documentação como aconteceu com essas e muitas outras. Dessa perspectiva, a percepção do estilo, da autoria, da memória, não é mais a entrevista a partir do texto manuscrito.

Essas constatações permitem observar, por exemplo, que a ideia mecânica de gênero não dá conta da análise do texto, na medida em que este não é unidade autônoma, mas dependente de aspectos ligados à sua produção, circulação e recepção, tanto no sentido situacional específico como no que diz respeito ao contexto mais amplo. A consequência das diferentes imagens que o texto pode assumir, dependendo das diferentes esferas de circulação e recepção, é que as noções mobilizadas para enfrentá-lo não são fixas, constantes, invariáveis. Elas advêm, necessariamente, das relações complexas entretidas entre o texto e suas formas de circulação, de suas diferentes maneiras de entabular interlocuções, interações, dos diferentes discursos que se entrecruzam para iluminar esta ou aquela camada, este ou aquele aspecto que o constitui numa dada interação.

Quando se faz uma versão, um comentário explicativo, como os que foram construídos por um especialista, embora o *conteúdo* seja praticamente o mesmo, a imagem nostálgica construída pelo destinatário do texto manuscrito, a partir das marcas disseminadas pelo enunciador dá lugar às imagens da língua portuguesa no final do século XIX e começo do XX. Além das diferenças individuais, que podem ser observadas na pontuação ou em comentários, por exemplo, esses textos constroem a imagem, a maneira de ser de um determinado momento da língua, observada em condições específicas. A autoria assume, assim, a forma do falante/escrevente da língua e não mais da *senhora* envolvida por saberes e sabores do passado.

A versão contemporânea das antigas receitas revela algo que não se podia ver nos manuscritos e na tradução especializada?

O texto vertido para o português contemporâneo, escrito em computador, utilizando diferentes fontes e cores, muito bem organizado da perspectiva do projcto gráfico, da conjunção verbo-visual, associa texto/foto e, por todas essas características, é também marca de uma época. Da nossa época. Embora sem o aconchego do papel personalizado, das vinhetas, das diferenças de caligrafia, de letras desaparecidas nas dobras que o tempo imprimiu às páginas, fala mais de perto e mais diretamente ao consumidor atual de receitas culinárias.

Broinhas

Ingredientes (30 a 35 unidades):

500 g de açúcar refinado
8 gemas peneiradas
4 claras levemente batidas
500 g de farinha de trigo
1 colher (sopa) de sementes de erva-doce

Preparo:

Unte com manteiga e polvilhe com farinha de trigo duas assadeiras grandes, mantendo-as longe das fontes de calor.
Bata as gemas e as claras com o açúcar, até obter uma mistura fofa e homogênea.
Vá acrescentando a farinha de trigo aos poucos, misturando bem até obter uma massa lisa, não muito firme. Adicione a erva-doce e misture de vagar.
Aqueça o forno a 180 graus.
Usando uma colher grande, vá retirando pequenas porções de tamanhos iguais e coloque-as sobre as assadeiras preparadas.
Leve ao forno e deixe até que fiquem coradas por igual.
Retire do forno, deixe esfriar e guarde em vasilhas com tampas.

Ouvindo as musas: Para muita gente, broinha é sinônimo de fubá – o que também é uma verdade. Mas, como bem anotou o escrivão "B." sobre a receita acima: "Isto é moderno: é do tempo de Noé". Essa graça pode ser traduzida por "se queres simplicidade, aqui a tens". Afinal, com apenas cinco ingredientes, fica a quilômetros de distância do requinte observado em quase todas as outras receitas de broinhas, descritas nos cadernos das sinhás. São deliciosas e perfeitas para o café da manhã.

Biscoitos de casa

Ingredientes
(para aproximadamente 600 g de biscoitos)

1 dúzia de ovos levemente batidos
250 g de açúcar
300 ml de leite
120 g de banha
50 g de polvilho azedo
1 colher (sopa) de fermento em pó
200 g de fubá
Uma pitada de sal

Preparo:

Misture todos os ingredientes, menos o fubá, e faça uma massa bem homogênea.
Acrescente o fubá aos poucos e amasse muito bem sobre uma superfície lisa e bem limpa, rasgando a massa com as mãos até obter uma mistura compacta; deixe descansar por 30 minutos.
Aqueça o forno a 200 graus.
Polvilhe a bancada com um pouco de fubá, abra a massa com rolo de macarrão e corte com carretilha ou cortadores.
Coloque em assadeiras e leve para assar até que fiquem levemente corados.

Ouvindo as musas: O fubá garante um biscoito crocante e muito delicado, ideal para o lanche ou café da manhã. Durante o preparo, observe: se a massa ficar muito firme, pingue mais um pouco de leite, cuidando para não ficar mole demais e desandar a receita – porque não adiantará juntar mais fubá, pois será necessário aumentar todos os ingredientes.

Observe-se, entretanto, que não existe, por exemplo, nenhum elo gráfico entre o texto produzido e seu produtor, entre a mão que escreve e a escrita que fica para testemunhá-la. Ou melhor, existe sim: ninguém escreve mais, no sentido gráfico/caligráfico. As pessoas digitam e a máquina se interpõe como corpo que filtra e dissolve a imagem gráfica do enunciador. Ele não tem mais uma caligrafia que o identifique psicológica e juridicamente. A imagem gráfica dessas receitas contemporâneas indiferencia os enunciadores: as receitas foram escritas com as mesmas fontes e distribuídas, enquanto texto, de maneira padronizada, sem qualquer traço de individualização. O uso da cursiva no título e nos subtítulos tenta impor singularidade, certa tonalidade de manuscrito à receita. Sem sucesso: essa fonte está prevista entre as existentes e não singulariza o *digitador*. A imagem, mostrando a delícia que resultará da receita, faz dialogar texto e imagem, mas sem qualquer memória da antiga autoria, e mesmo da moderna.

O texto manuscrito, como se pode constatar, transcorre sem segmentações. Após o título, centralizado entre duas linhas feitas pela escriba, inicia-se a indicação dos ingredientes e do modo de prepará-los. Alinham-se alguns ingredientes, separados por vírgula e finalizados por um ponto e vírgula. A esse sinal seguem-se os procedimentos e o tipo de utensílio que deve ser usado para tratá-los. Existe, portanto, pela via da pontuação, uma certa padronização do modo de apresentar a receita antiga.

A receita contemporânea padrão apresenta os ingredientes e, depois, o modo de prepará-los. Essas diferenças mobilizam sentidos e efeitos diferenciados, de forma que a mesma receita não é mais a mesma, prevendo leitores diferentes. Para entender a receita antiga, temos de nos colocar num lugar diferente do que ocupamos diante da receita contemporânea. Tanto que houve, por parte dos organizadores do livro, a necessidade de uma versão atualizada.

A maneira como os enunciadores de cada um dos textos dirigem-se a seus interlocutores, considerando-se o uso verbal, poderia dar a ideia de que o texto da receita contemporânea aproxima-se mais do seu leitor, o que seria uma forte marca de interação entre interlocutores. Entretanto, isso não se confirma inteiramente. Dois elementos singularizam a receita antiga, marcando os sujeitos nela envolvidos. Não fosse pelas outras coisas já indicadas com relação às marcas de sujeito nesse enunciado, há um inequívoco traço de oralidade, que escapa pelo uso de *digo*, por exemplo, e a finalização da receita com o comentário irônico, diretamente dirigido ao leitor. O modo de ser do texto desenha a sinhá campineira e seu interlocutor, revelando contato afetivo e espírito brincalhão capaz de ironizar o fato de alguém precisar de uma receita tão antiga e tão simples como a de broinhas.

Uma última observação quanto ao belo livro de receitas aqui focalizado para explicitar a produtividade da verbo-visualização dos textos: o título da obra tem dois aspectos curiosos, constitutivos das imagens que vão sendo construídas e percorrem suas páginas. O termo *sinhá*, designação típica das senhoras em determinadas regiões brasileiras, caso de São Paulo e outros estados, está antecedido do qualificativo, da expressão *delícias das*. Por um lado, o termo *sinhá* garante a identidade feminina, não como individualidade, mas como uma típica representante da mulher, esposa, dona de casa, com um papel bem definido na estrutura da família brasileira do século xix e começo do xx, na aristocracia paulista do café.

Essa identidade, em lugar de uma personagem sisuda, mesmo preservando a "senhora", o estereótipo da relação cozinha/receitas/feminino, rege-se pelas delícias que lhes são próprias: *delícias das sinhás*. O termo refere-se a sabor, podendo ser diretamente ligado aos prazeres da culinária, à paixão gastronômica. Não deixa de sugerir, entretanto, um espectro mais amplo de prazeres. Alguns títulos das receitas ajudam a apreender essa *imagem* menos ortodoxa das sinhás: "Baba de moça"; "Beijinhos de moças corriqueiras", "Beijos de claras", "Beijos de amêndoas", "Meiguice de sinhá", "Melindres", "Suspiro do coração".

Portanto, definir o gênero *receita culinária* não é tão simples como pode parecer quando sua atuação é limitada tão somente à maneira clara e precisa como a dimensão verbal ensina a selecionar e misturar ingredientes. Embora a ideia de receita culinária implique fórmula, composição, aspectos que a distinguem de uma reza, de um poema ou de uma notícia de jornal, os exemplos aqui escolhidos demonstram que o tempo interfere no gênero: sendo o mesmo, sem perder sua função de ensinar a cozinhar, ele se torna diferente, pela grafia das palavras, pelas medidas que mudam com o tempo, pela forma de composição e, de maneira geral, por uma nova arquitetura, implicando novos interlocutores, novas relações, novas tensões produtoras de sentido.

Se o valor de uma coletânea de receitas é indiscutível para historiadores, antropólogos e sociólogos, não é menor para um estudioso da língua, da linguagem. Pelas formas linguísticas aí impressas, pela organização verbo-visual dos textos, é possível entrever sujeitos deixando suas marcas, desenhando suas figuras, falando de si e de seu tempo. Sabor e saber aí se juntam para perpetuar conhecimentos e, no caso das sinhás, desenhar um estilo feminino de assinar a gastronomia paulista, brasileira, com forte sotaque que mistura português, tupi, caipira e africano.

Mas não são somente as receitas culinárias que surpreendem enquanto maneira de mostrar o mundo para além das expectativas de seus *usuários* mais óbvios: um pesado *artigo de opinião* pode camuflar-se nas ligeirezas de uma *coluna social*.

LETRAMENTO VERBO-VISUAL: SUBVERTENDO A ORDEM

A compreensão de um texto implica conhecimentos que vão bem além do que se poderia chamar de *alfabetização formal* em uma determinada língua. Por um lado, o dia a dia exibe pessoas que nunca frequentaram a escola e que são capazes de tomar ônibus, distinguir cédulas e moedas, reconhecer o preço dos alimentos nas feiras e supermercados, conferir troco, responder adequadamente a um sem número de situações para as quais, em princípio, seria necessário o *letramento* verbal. Por outro, e de maneira cada vez mais gritante, pessoas com formação regular, tanto em língua materna como em língua estrangeira, são incapazes de ler um texto, no sentido de compreender a ponto de resumir, acompanhar o raciocínio nele desenvolvido, tomar uma posição diante das propostas do autor, reconhecer que o texto tem uma autoria e que não brotou da internet, das páginas de um livro ou de um jornal por magia do *boto cor de rosa*.

Apesar do esforço contínuo para a melhoria da escolaridade, seria importante reconhecer que é a linguagem, e não apenas a língua, que está em jogo e que, a cada partida, um complexo de vivências e conhecimentos interfere decisivamente no desempenho e nos resultados, isto é, na leitura e na produção de textos. Mas essa realidade parece ainda distante da escola, em todos os níveis. As teorias sobre a linguagem esforçam-se para descrever esse fenômeno humano, indicando aspectos que ajudam a entender a complexa relação homem/linguagem. O problema é que a banalização das teorias, transformadas em ferramenta única, não é capaz de formar leitores proficientes em textos.

Há uma coisa muito importante ligada à leitura: o mesmo indivíduo transforma-se em leitor diferente, dependendo do tipo de leitura que está fazendo. Um gramático, por exemplo, não lê texto apenas para descrever e interpretar fenômenos linguísticos. Ele pode empenhar todo um fim de semana para curtir seu gênero preferido: o suspense. Nada impede, entretanto, que o olhar profissional surpreenda excelentes exemplos para sua pesquisa. Os textos oferecem, sempre, esse acolhimento de diferentes olhares. Basta que o leitor proficiente se coloque ou desloque conforme os lugares ocupados pelo texto. Esse é o caso do texto intitulado "Coluna social",[3] que, de imediato, faz o leitor do jornal se perguntar: por que a *coluna social* foi deslocada para a página 2 do *Primeiro Caderno?*

Coluna social
Marcos Augusto Gonçalves

SÃO PAULO — *Sebastião da Silva e família deixam os Jardins. Passam a receber a partir desta semana em Santa Cecília.*

Mais precisamente, debaixo do elevado da Amaral Gurgel.

★

Quem está rindo à toa é o petutinho Rosival da Silva. Depois de idas e vindas pelos corredores oficiais, descobriu que sua conta do FGTS estava em ordem.

O dinheiro sai no mês que vem.

E vai dar para uma semana.

★

O globe-trotter Jair da Silva vai passar mesmo o verão em Sampa.

Bem que o rapaz tentou, mas um pequeno problema com a segurança do Aeroporto Internacional impediu seu giro à Europa. A bordo do trem de pouso de um Airbus da Varig.

★

A pobrete Joana da Silva abre as portas de sua residência no East-Side paulistano.

No menu, feijão e asa de frango.

Sobras da campanha do Betinho.

★

O lasanha João da Silva cansou. Não frequenta mais o Trianon.

O moço agora só atende a domicílio. E com hora marcada.

★

A "baianidad" está em polvorosa. Apesar dos esforços de FHC, a inflação devora, como nunca, os salários da construção civil.

★

O potin da semana é a revelação dos diários de Paulo Sérgio Espírito Santo: suas declarações sobre a síndrome de Michael Jackson ainda causam frisson entre os modernetes do circuito teen-teen.

★

Agora é definitivo. Romildo da Silva deixa mesmo seu cargo numa importante metalúrgica paulistana.

Vai assumir o escovão numa multinacional de limpeza.

★

Os importados continuam em alta. Que digam os animados big-shots do Monkey Hill, no Rio. Acaba de desembarcar no pedaço mais um carregamento de Uzis israelenses.

São de deixar qualquer ministro militar de água na boca.

Para o leitor acostumado a ler jornal diário, considerado sério, que prioriza e hierarquiza assuntos, o que se denomina *coluna social* é um *texto* que não ocupa os primeiros cadernos, destinados à economia, à política e a outros assuntos de interesse geral. Se quiser lê-la, ele sabe que vai encontrá-la em outro lugar. Por essa razão, no dia 20 de janeiro de 1994, uma quinta-feira, quando o leitor do jornal *Folha de S.Paulo* se deparou com o texto intitulado "Coluna Social", impresso na página 2 do Caderno 1, estranhou bastante.

Observou que a assinatura era de um comentarista conhecido: Marcos Augusto Gonçalves, articulista, editor da Ilustrada, de Especiais da Folha, do Caderno Mais!, com presença constante na página 2, destinada a textos opinativos. Não conhecia a condição de colunista social desse jornalista nem sabia que o jornal havia sofrido mudanças em sua organização. Qual a razão da *coluna social* ter sido deslocada para o Caderno 1 e passar a ser assinada por esse jornalista?

Mesmo antes de ler o texto, portanto, o leitor identifica traços que pertencem a duas diferentes colunas, a dois tipos de seleção, organização e tratamento de informações. Isso faz parte da proficiência textual de qualquer leitor de jornal, de sua condição de indivíduo que lê tanto os textos de opinião quanto os da coluna social, considerando suas semelhanças, já que ambos fazem parte do discurso jornalístico, mas entendendo suas diferenças, suas especificidades.

Observando o texto em questão, constata-se que a organização geral, apreendida visualmente, remete à formatação típica da *coluna social*: períodos curtos, separados por asterisco, o que justifica, além do título, o estranhamento do leitor. Ao mesmo tempo, a expressão SÃO PAULO, em maiúsculas, iniciando a *coluna*, remete a textos informativos, ligados a um espaço do jornal que não é o da *coluna social*.

Juntando as duas coisas, o leitor coloca-se num lugar ambíguo, sem saber exatamente como se posicionar: leitor da *coluna social* ou de textos informativos/opinativos, conforme tradicionalmente apresentados nas primeiras páginas do Caderno 1? De fato, essa dúvida, ainda que normalmente não explicitada de forma clara e consciente, demonstra atuação múltipla. Se o texto parece ser *bivocal*, ter duas vozes expressando-se ao mesmo tempo, o destinatário também amplia suas antenas. É com essas munições que parte para o restante do texto.

Ao iniciar a leitura, um primeiro aspecto lexical chama sua atenção: os nomes próprios – *Rosival da Silva, Jair da Silva, Joana da Silva, João da Silva, Romildo da Silva*. São todos absolutamente comuns, confundindo, mais uma vez, o foco de leitura. As notas separadas por asterisco, apresentadas aparentemente como típicas da *coluna social*, deveriam dizer respeito a personalidades da vida mundana e artística, a frequentadores dos acontecimentos das classes abastadas, políticas, de projeção. Não a desconhecidos como acontece no texto. Quase todos com nomes e sobrenomes reconhecidos como sendo comuns a brasileiros, especialmente os desconhecidos.

Estaria o comentarista criando uma ficção para simplesmente provocar o riso no leitor? Mas por que o jornal permitiria uma brincadeira desse tipo, desestabilizando a organização das informações e sua disposição nas páginas e nos cadernos? Para obter a resposta, o leitor terá de ler o texto até o final, sem perder a ambígua articulação que, em momento algum, deixa de lado os aspectos típicos da *coluna social* e, ao mesmo tempo, os comentários a respeito dos acontecimentos que foram ou estavam sendo notícia durante a semana, como se verá mais adiante.

No que diz respeito à dimensão linguística, além da designação dos protagonistas dos fatos reportados, muitas expressões sinalizam os diferentes lugares que estão sendo articulados no texto, mantendo a ambiguidade, mas puxando o leitor para uma resposta às perguntas iniciais. A maioria dos termos e expressões, por exemplo, remete *à coluna social*, que se caracteriza pelo abuso dos jargões de uma determinada classe, de um determinado momento, assim como a abundância de termos estrangeiros: *deixam os Jardins; passam a receber; o globe-trotter; a pobrete; O lasanha; A "baianidad"; O potin da semana; causam frisson entre modernetes do circuito teen-teen; big-shots do Monkey Hill.*

Essa não é, normalmente, a linguagem utilizada pelo texto de opinião colocado na primeira página do primeiro caderno. A articulação entre os nomes próprios e esses termos e expressões, entretanto, configura a ironia. Se num primeiro momento a estrutura textual irônica causa o riso, na sequência causa desconforto, prolongando o suspense e a sensação de que há aí mais que uma simples brincadeira.

Onde o texto pretende chegar com esse jogo que subverte gêneros, embaralha espaços jornalísticos, provoca o leitor e prende sua atenção, mais do que a coluna social ou o texto de opinião colocados em seus devidos lugares?

Para tentar compreender a maneira como a produção de sentidos aconteceu e acontece, comecemos pela historicidade do texto e pelo contexto que o abrigou. O leitor de hoje, mesmo sendo leitor do jornal de onde o texto foi recortado, terá dificuldades de saber, por exemplo, que todas as notas, apesar da *tonalidade* superficial, conferida pela linguagem própria da *coluna social*, referem-se a acontecimentos do cotidiano vivido pelo país em 1994. Hoje, como naquele momento, o texto está apontado para fora de si mesmo, chamando o leitor a uma leitura mais atenta. Aceitando essa sinalização e buscando o momento em que o texto foi publicado, o leitor encontrará algumas respostas, incluindo as razões que justificam o procedimento do jornalista e a aceitação por parte do jornal.

Nenhum nome é fictício. Todos os protagonistas viveram esses dramas urbanos e os clichês *glamourosos* servem apenas para simular, pela ironia, a banalização que a linguagem informativa pode provocar. Essa é uma estratégia para expor esses acontecimentos de uma forma diferente, tirando o leitor da letargia que o faz percorrer mecanicamente as páginas do jornal, obrigando-o a enfrentá-los. Se o texto todo aponta para isso, um exemplo claro é o termo *baianidad*, deslocado de determinados registros, funcionando como tradução para o politicamente incorreto *baianos*, utilizado para designar os profissionais da construção civil: *A "baianidad" está em polvorosa. Apesar dos esforços de* FHC, *a inflação devora, como nunca, os salários da construção civil.*

A informação que gera essa frase, assim como as demais que compõem o texto, serão localizadas se o leitor recuperar um exemplar do jornal daquele dia: olhando apenas algumas páginas da *Folha de S.Paulo*, é possível localizar vizinhanças desse texto que, no dia 20/1/1994 fez o leitor parar, mudando sua costumeira atitude.

O jogo irônico, percebido no final, mas que foi sendo montado paulatinamente, depende de muitos fatores. O que se percebe, mesmo à distância, é que o texto, inovando do ponto de vista do gênero, do deslocamento de formas de organizar informações, desestabiliza o leitor, arranca-o de sua condição confortável, chamando a atenção para acontecimentos naturalizados pela leitura diária do jornal e pela banalização do sofrimento humano. O título, ao final da leitura, refere-se não a uma seção intitulada *coluna social*, que serviu de pretexto ao autor do texto, mas a uma fatia significativa da sociedade, exposta pela aparente via da superficialidade.

Das receitas e do texto de jornal que podem nos ensinar muito sobre a relação entre a linguagem e a vida, salta-se para um texto literário que, em diálogo com produções visuais, discute a construção da assinatura, da autoria, no trabalho realizado e reiterado pelos textos de um autor. Mantém-se, portanto, a perspectiva de que autoria é muito mais que um nome e, para ser autor, o indivíduo tem de inscrever-se numa linguagem. Não basta saber, mecanicamente, o que é um gênero.

Um autor constrói sua assinatura nas tramas da linguagem

A discussão sobre autoria vem de longa data e acirra-se com a difusão da internet. Cada vez mais, os internautas nativos, ou seja, aqueles que nasceram na era dos *chips* e *clipes* e estão sendo amamentados pelas telas do computador, estranham a ideia de que os textos, as informações e o que mais estiver ao alcance de uma tecla, de um clique, de um www, sejam produtos do trabalho de algum ser humano com nome, endereço, identidade. As ideias de geração espontânea, propriedade coletiva e livre apropriação assumem proporções de tal monta que a discussão em torno de autor e autoria desloca o foco de uma ética da recepção para a do bem comum assumido, consumido e modificado de acordo com os interesses do usuário.

Se nesse terreno pantanoso as coisas parecem irreversíveis, para outros universos – artístico, filosófico, linguístico – a reflexão sobre o que é um autor e o que significa autoria ganha outros contornos, em embates que, entre outros aspectos, apontam para as diferenças existentes entre autor pessoa física, empírica, e autor criador, que só toma forma a partir de sua obra.

Entre um autor e sua produção há, de fato, um curioso caminho. A obra, para existir, depende de um ser humano pensante e capaz de traduzir sua visão de mundo por meio de alguma linguagem. A partir daí, mesmo que todos os dados biográficos desse autor desapareçam, a autoria continua existindo, marcada nas singularidades assumidas pela linguagem em que o autor se inscreveu, se constituiu, perpetuando sua assinatura para além da marca identificadora firmada num ponto específico do trabalho.

> Encontramos autor (percebemos, compreendemos, sentimos, temos a sensação dele) em qualquer obra de arte. Por exemplo, em uma obra de pintura sempre sentimos o seu autor (o pintor), contudo nunca o *vemos* da maneira como vemos as imagens por ele representadas. Nós o sentimos em tudo como um princípio representador puro (o sujeito representador), mas não como imagem representada (visível). Também no autorretrato não vemos, é claro, o autor que o representa, mas tão somente a representação do pintor. Em termos rigorosos, a imagem do autor é um *contradictio in adjecto*. A chamada imagem de autor é, na verdade, uma imagem de tipo especial, diferente de outras imagens da obra, mas é uma *imagem*, e esta tem o seu autor, que a criou. [...] Podemos falar de autor *puro* para diferenciá-lo de autor parcialmente representado, mostrado, que integra a obra como parte dela.[4]

Literatura e outras linguagens

Essa discussão em torno da autoria se dá, de maneira muito fértil e criativa, no romance *O quadro da menina azul*, de Susan Vreeland. Diferentemente de *Moça com brinco de pérola*,[5] em que Tracy Chevalier concentra-se num dos mais famosos quadros do holandês Jan Vermeer (1632-1675), Vreeland tematiza a possibilidade de existência de uma obra desconhecida, sem assinatura: "Uma pintura extraordinária na qual uma menina usando uma túnica curta, azul, sobre uma saia cor de ferrugem, estava sentada a uma mesa, de perfil, perto de uma janela aberta".[6] O quadro que sai da imaginação da escritora está baseado nas cenas domésticas, nas figuras femininas nas janelas que filtram a luz dos quadros e nas técnicas utilizadas pelo pintor holandês.

Oito narrativas, que poderiam funcionar como contos autônomos, situam o percurso dessa obra imaginária, numa viagem em que diferentes olhares, ao longo de quatro séculos, recuperam os contornos indeléveis da assinatura do pintor. Vozes masculinas e femininas vão sendo alternadas, tendo em comum um narrador que, por diferentes razões, estabelece relações profundas com o quadro, o qual vai passando por eles em diferentes épocas, lugares, situações. Os dois primeiros episódios situam a obra no século XX. O primeiro mostra um tímido professor como proprietário da pintura. A explicação de como ela chegou a suas mãos vem da recordação da morte do pai, um agente de deportação que a havia confiscado de uma família judia durante a ocupação alemã em Amsterdã. Da segunda história até a última, acompanhamos o quadro, rastro atrás, até o século XVII, momento em que está sendo pintado, tendo o pintor e a filha como personagens:

> Ele a conduziu até a mesa próxima da janela, trouxe a cesta de costura, colocou em seu colo a camisa de seu irmão sem botões, ajeitou a cadeira, abriu a janela, um pouco mais, depois menos, e descobriu que em determinado ângulo a vidraça refletia o rosto dela.[7]

O quadro protagonista vai sendo descrito de diferentes formas, por diversas personagens, em vários momentos, de maneira a ganhar forma, concretude, permitindo que o leitor tenha oportunidade de acompanhar sua viagem pelo tempo, seu profundo envolvimento com os acontecimentos em que está inserido. Pelo quadro e pela verossimilhança de sua existência, os leitores enxergam, literalmente, momentos históricos diversificados e vivenciam profundas relações ente arte e vida.

O trecho recuperado a seguir está na primeira narrativa, significando os movimentos iniciais de uma viagem, pelo tempo e pelas particularidades da pintura, que o leitor não pode perder.

Tanto amor

Então por que não poderia ser? É a mesma janela abrindo-se para dentro da casa, à esquerda, que ele usou tantas vezes, a mesma luz amarela e suave. Repare nas figuras da tapeçaria que cobre a mesa. É a mesma que se vê em outras nove pinturas. A mesma cadeira espanhola com remates em forma de leão que ele usou em onze telas, os mesmos cravos de metal aplicados sobre o couro. Os mesmos ladrilhos pretos e brancos dispostos obliquamente no piso. [...]

Estou vendo que você ainda duvida. Observe, se quiser, as várias gradações do fundo. Dê uma olhada na cesta de costura colocada na mesa, em primeiro plano, como ele sempre fazia, aliás, quase como um obstáculo entre o observador e a figura. Sua textura é difusa, levemente fora de foco, mas o rosto da menina é apresentado com perfeita nitidez. [...]

Não, não há assinatura. Mas isso não era incomum. Muitas vezes ele deixava de assinar seus trabalhos. Além disso, ele tinha pelo menos cinco estilos de assinatura. No caso de Vermeer, a assinatura não constitui uma prova conclusiva. A técnica sim. Observe a direção da pincelada, os minúsculos sulcos deixados pelos fios do pincel. Eles têm um lado claro e um lado escuro. Olhe para qualquer outro ponto. Você vai encontrar camadas sobrepostas de tinta, não mais espessas que um fio de seda, que dão uma diferença mínima de matiz. É isso que faz um Vermeer.[8]

Como se pode notar, o narrador dá voz ao personagem/professor, dono do quadro, que se empenha em convencer seu desconfiado interlocutor da autenticidade da pintura. Nesse sentido, o trecho apresenta um universo semântico cuidadosamente voltado para o elemento perceptivo que fundamenta a natureza da pintura: o olhar. É esse lugar que mobiliza e fundamenta a interação entre os interlocutores e entre o quadro e eles. Para instaurar esse ponto de vista, um conjunto de expressões e verbos ligados à visão combina-se de forma a posicionar estrategicamente os interlocutores. Um deles, totalmente interessado em fazer o outro enxergar o que ele enxerga, conduz, de maneira imperativa, analítica e reflexiva, o olhar do outro, de fora para dentro do quadro: *repare*; *se vê*; *estou vendo*; *dê uma olhada*; *fora de foco*; *olhe*.

Nesse percurso, que vai do convite à observação atenta contida em *repare*, passando por variações que indicam uma visão mais ou menos aguda, mas sempre conduzida pelo modo imperativo, a expressão *fora de foco* surpreende, no interior da pintura, uma das maneiras como o pintor faz ver e que pode ser constatada em outros quadros assinados.

No rol de argumentos a favor da autenticidade da obra está a tentativa de capturar a atenção do interlocutor/observador para alguns elementos que, participando desse quadro, constituem repetição de elementos presentes em outros quadros assinados e reconhecidos. Para atingir seu objetivo, o personagem/ professor dirige o olhar do observador não apenas para a janela, para a cadeira e para o piso, mas especialmente para o ponto que ocupam no espaço-quadro e para a função que desempenham na construção do conjunto, aí incluídas as particularidades da iluminação e da perspectiva.

A repetição, que está também marcada linguisticamente nos termos *mesma, mesmo, mesmos – a mesma janela*; *o mesmo piso*; *os mesmos ladrilhos –*, configura a reiteração como um processo característico do pintor holandês e que, nesse quadro, funciona como um dos traços que compõem o desenho de sua assinatura, a figura de autor que emerge do conjunto da obra.

Com a função quase didática de apresentar argumentos que levem seu interlocutor a enxergar cada vez mais o quadro, suas particularidades e a evidência da autoria, o aspecto focalizado nesse momento é de natureza diferente dos anteriores. A partir de um vocabulário especializado, de uma nomenclatura própria das artes visuais, a condução do olhar-leitor se dá a partir de um ponto de vista especializado, visualmente alfabetizado. Os termos pertencentes à gramática da pintura acuram a percepção visual do observador, fazendo-o circular ativamente por vários pontos: *gradações do fundo*; *primeiro plano*.

Aguça-se o olhar para os planos que compõem o quadro e que, dentre outras coisas, imprimem significado específico ao posicionamento da figura, assim como à passagem gradual de uma cor para outra, de uma tonalidade a outra, surpreendendo, novamente, reiterações, minúcias características dos demais quadros do holandês Jan Vermeer.

Dando continuidade a essa verdadeira aula em que o quadro vai se explicitando, não apenas para os interlocutores, mas especialmente para nós, leitores da obra de Susan Vreeland, o vocabulário especializado refina-se ainda mais e atua como uma lupa que coloca o olhar do observador rente ao quadro: *textura/ pincelada/ camadas sobrepostas de tinta/ matiz.* Aí desnuda-se parte da técnica do pintor, apanhada no tecido representado pela tela coberta de cores, pela íntima união entre as tintas e suas camadas, pelas direções assumidas pelo pincel, pelas nuanças aí impressas.

O que se vê não é mais o conjunto resultante do trabalho, mas, pelas palavras precisas, os movimentos que dão vida ao pintor, à leveza e ao mesmo tempo à potência de seus traços: *É isso que faz um Vermeer*, quer o quadro esteja assinado ou não.

A ideia de um quadro desconhecido, não assinado, é um forte argumento para a ficcionista, professora de inglês, redação criativa e artes, durante mais de trinta anos, discutir a autoria a partir do conjunto da obra formada pelas pinturas de Vermeer. Naturalmente, esse não é o único elemento que torna esse texto rico, mas é o que, juntamente com a função social e estética da arte, efetivamente aí contidas, ajuda a compreender a linguagem em múltiplos planos, sentidos, dimensões, sempre incluindo sujeitos humana e historicamente situados.

O dono do quadro não se contenta em apontar para o quadro para convencer seu interlocutor da autenticidade, da autoria da obra. Para tanto, vale-se de palavras, de seu poder de argumentação, de sedução, para abrir os olhos do interlocutor, aproximando-o da pintura. Com a finalidade de fazê-lo enxergar, vai construindo, com as palavras, um caminho que abrange o geral e, pouco a pouco, vai se aproximando do particular, do específico, do que é próprio da pintura e que é invisível para um olhar não treinado.

Qualquer observador de quadros precisa ser *alfabetizado*, do ponto de vista sensível e intelectual, para aproximar-se dessa forma especial de linguagem. Curiosamente, isso é possível pela via das palavras. E esse romance é um dos que demonstram a capacidade de fazer ver com palavras, munindo o leitor/espectador da lupa que amplia e faz ver os meandros de uma assinatura, de uma autoria.

Se Susan Vreeland, pela ficção, nos levou a enxergar as singularidades que caracterizam a pintura de Veermer, um poeta brasileiro sinalizará para um importante momento da história do Brasil, camuflando-se em ingênua placa de trânsito.

Várias vezes já inseri a análise dessa placa-poema em meus textos e minhas aulas. Insisto mais uma vez porque considero que ela/ele ajudam o leitor a entender que o texto sozinho não faz gênero, um pouco como o surrado ditado de que *uma andorinha não faz verão*. Como é possível que o *mesmo* texto funcione como placa de trânsito e como poema? Essa é a discussão que proponho a partir de um poema de José Paulo Paes.

Placa-poema: interdições sinalizadas

Uma placa de trânsito é um texto verbo-visual, produzido e regulamentado institucionalmente. Faz parte, como os demais dispositivos de segurança e sinais de trânsito, de uma prática social e discursiva objetivamente organizada, destinada a motoristas e pedestres, sem qualquer pretensão a efeitos de sentido estéticos e/ou ideológicos. Sua função é proporcionar maior segurança aos usuários das vias urbanas e rurais, alertando-os sobre situações de perigo que possam colocar em risco sua integridade física.

Sendo assim, que razão levou o poeta José Paulo Paes (1926-1998) a colocar a foto de uma placa de trânsito, juntamente com uma epígrafe do filósofo Demócrito, como primeiro texto de sua obra *Meia palavra: cívicas, eróticas e metafísicas?*[9] O deslocamento de uma placa, por meio da fotografia, pode torná-la um poema?

A resposta poderá ser positiva, desde que o conceito de poema não esteja atrelado necessariamente a versos, ritmo e rima, mas à ideia de poesia como "a capacidade de iluminar a linguagem de todos os dias, aprofundando-lhe os significados, tornando-os de tal modo memoráveis que eles nunca mais consigam separar-se do modo por que foram ditos".[10]

Inserindo a foto da placa de trânsito como texto inaugural de um livro de poemas publicado nos difíceis anos 1970, isto é, mudando a esfera de circulação, o gesto do poeta afetou diretamente a forma de produção e recepção do texto/placa, redimensionando a autoria, os sentidos das palavras, o estatuto dos interlocutores e a dimensão estético-ideológica do texto.

Em lugar da objetividade da placa, a sinalização se dá pela ampliação dos efeitos de sentido e reinstauração de discursos que circulavam conjuntamente com o dispositivo de segurança/insegurança representado pela placa e pela política brasileira. A ironia que funda o gesto poético está, também, no título – "sick transit" – presente, na primeira edição, apenas no sumário.

Tramas verbo-visuais da linguagem

"a palavra, so(m)bra da ação"
Demócrito

Para o leitor de hoje e para os que não conhecem a cidade de São Paulo, é necessário recuperar a placa imortalizada pela foto, uma vez que o texto não fala sozinho. Para compreendê-lo, o leitor terá de perceber que ele aponta para lugares que ajudam a estabelecer sua identidade, sua função, seu lugar de existência, seu diálogo com outros textos, sua abertura para múltiplas leituras. Uma das chaves, porém não a única, é a data da primeira edição da obra em que o poema apareceu: 1973. O leitor poderia fazer uma pesquisa e descobrir que, nos anos 1970, momento em que vigorava o plano de reurbanização do bairro da Liberdade, em São Paulo, o que incluía a expansão da Linha 1-Azul do Metrô, essa placa estava posicionada nas imediações da avenida da Liberdade. Sua finalidade era alertar os motoristas para o fato de que essa via pública estava em obras, interditada ao trânsito.

Naquele momento, portanto, a sequência LIBERDADE INTERDITADA, era decodificada, sem qualquer problema, por pedestres e motoristas paulistanos, como circulação impedida na *avenida da Liberdade*. A economia do texto, característica do imediatismo e pragmatismo da linguagem de trânsito, não dava margens a dúvidas, graças à localização do dispositivo de sinalização e

221

ao conhecimento geográfico-urbano dos usuários: a placa estava posicionada junto à avenida da Liberdade.

A seta, colocada logo abaixo da sequência LIBERDADE INTERDITADA, é um símbolo que faz parte do conjunto dos dispositivos de sinalização, sendo decodificada pelos *letrados em linguagem do trânsito* como indicação da direção a seguir. Assim como acontece com todos os sinais de trânsito, a seta faz parte de uma linguagem que implica não apenas decodificação, mas ação por parte do leitor/transeunte. As ações, rigorosamente prescritas pelo código de trânsito, não deixam escolhas: devem ser obedecidas. A não obediência transforma o usuário em infrator.

Pela combinação verbo-visual LIBERDADE INTERDITADA ⟹, os motoristas são informados da interdição da avenida e, obrigatoriamente, da direção a ser seguida: *direita*.

Outro elemento compõe a placa: a sigla Detran. Ela se interpõe entre a seta e as duas últimas palavras e funciona como marca da autoria, assinatura do autor da placa, informando que o texto não foi produzido por *qualquer um*, mas pela autoridade competente, pelo órgão público responsável pela regulamentação do uso das vias: Departamento de Trânsito. Essa assinatura torna a placa oficial.

Os leitores da placa seguiram pela direita, sabendo que chegariam ao PARAÍSO / V. MARIANA, mesmo que, por alguma razão, não identificassem, sob essas designações, dois conhecidos bairros paulistanos. De qualquer forma, sabiam que obedecer a sinalização era a única saída.

A pergunta que cabe, após a descrição da placa, é: Uma placa tão objetiva, simples, pontual, por que iria ser fotografada para integrar um livro de poemas? Qual o sentido desse gesto do poeta? Como esse gesto pode significar autoria, mudanças na produção de sentidos?

Em primeiro lugar, é preciso reconhecer que o texto, no livro, passa a ser uma articulação de elementos: a foto da placa, antecedida por epígrafe de Demócrito e a ausência de um título que, nas primeiras edições, só aparecia no sumário.[11] Se essa combinatória não for percebida e somente a foto da placa for considerada como texto, excluindo os dois outros componentes, a constituição textual estará comprometida, oferecendo-se como unidade fraturada. É como se excluíssemos o último capítulo de um romance de suspense. E aí, toda análise será arbitrária, parcial.

Situada na página da direita, a foto dialoga com a epígrafe – "a palavra so(m)bra da ação" –, assinada por Demócrito e colocada no final da página da esquerda, que antecede a foto. Epígrafe e foto compõem o todo. O contexto deixa de ser exclusivamente o espaço urbano em que a placa circulou para definir-se enquanto espaço poético. Nele, o texto/placa dialoga com a frase filosófica, de forma que um serve de legenda e referência ao outro. As peças do quebra-cabeça começam a tomar lugar. Pelo diálogo dos textos sinalizadores – a placa e a asserção filosófica sobre a palavra como sobra/sombra da ação –, um contexto mais amplo é sugerido, especialmente se articulado ao momento histórico em que a obra foi publicada: anos 1970.

Situado no espaço de um texto poético, o leitor enfrenta a sequência LIBERDADE INTERDITADA de maneira completamente diferente de motoristas e pedestres da década de 1970. Toma *liberdade* não como topônimo, mas como "grau de independência legítimo que um cidadão, um povo ou uma nação elege como valor supremo; como conjunto de direitos reconhecidos ao indivíduo, considerado isoladamente ou em grupo, em face da autoridade política e perante o Estado; como poder que tem o cidadão de exercer a sua vontade dentro dos limites que lhe faculta a lei". O termo *interditada*, aposto a *liberdade*, indica seu impedimento, evidenciando um estado de absoluta supressão de direitos.

A seta, por sua vez, continua indicando a direção a seguir: direita. Da mesma forma que na placa, ainda que sem elementos coesivos explícitos, a sequência verbo-visual LIBERDADE INTERDITADA ⟹ funciona como uma narrativa: dada a interdição da liberdade, a única possibilidade, politicamente prescrita, é ir para a *direita*, não no sentido geográfico, mas ideológico: esse caminho levará ao Paraíso e/ou à Vila Mariana.

Apesar da conotação positiva de *paraíso*, a região indicada engloba a paulistana rua Tutoia, endereço em que, na década de 1970, situava-se a 36ª Delegacia, sede da Oban, de triste memória.

A afirmativa *a palavra so(m)bra da ação*, assinada Demócrito, serve de legenda à foto. Se a placa servia para determinar de forma prática a ação dos motoristas, relida pelo perspicaz poeta e pelo fragmento do filósofo, agora sinaliza a relação entre linguagem, ação e memória. A interferência do poeta, colocando o *m* de sombra entre parêntesis, possibilita leituras dessa relação: *sobra, sombra, assombração*.

O título do poema, "Sick Transit", faz uma brincadeira séria (mais uma...) com a expressão "Sic transit gloria mundi"/"Assim passa a glória do mundo". Aproveitando apenas as palavras iniciais e, ainda, trocando *sic*, por *sick*, palavra inglesa que tanto pode significar *doente* quanto *instigar, açular*, o poeta instiga outras funções e leituras para uma simples placa de trânsito. Portanto, é o conjunto – foto/título escondido no sumário e epígrafe –, e não somente a foto da placa, que realiza o que o título da obra em que o poema aparece propõe: *Meia palavra: cívicas, eróticas e metafísicas*. O poeta se vale da *meia palavra* para dizer coisas sérias. Cabe ao leitor não se enganar, encontrando no texto completo a função sinalizadora da placa, dirigida ao contexto histórico, por força do título e da epígrafe e que, na primeira edição, apontava para o tom do conjunto da obra.

Como se pode constatar, a autoria poética se dá, especialmente, pela estratégia da citação, da invocação de discursos alheios que aparentemente não podem ser imputados ao autor do *poema*. Entretanto, armados dessa maneira, colocados em situação de diálogo no espaço discursivo criado pelo poeta, os textos/trechos se solidarizam na cívica empreitada de fazer ver. A composição os redimensiona, harmoniza-os como vozes com nova tonalidade, escancarando, pelo estilo inusitado e irônico, o famigerado e proibido assunto: liberdade interditada. E o poeta mostra o que quer, sem sofrer as sanções do rígido código em vigor naquele momento, uma vez que os segmentos citados – a placa, as palavras do filósofo e um título que, além de misturar duas línguas, esconde-se no sumário –, enquanto elementos isolados, não são de sua responsabilidade.

A tensão construtora de novos sentidos para velhos textos configura a resposta inusitada do poeta a discursos em circulação, conseguidos a partir de recursos discursivos também em circulação e à disposição de todos os cidadãos.

Nos versos "Este é tempo de divisas/tempo de gente cortada./[...]/É tempo de meio silêncio/de boca gelada e murmúrio, palavra indireta, aviso/na esquina",[12] Carlos Drummond de Andrade apresenta, pela poesia, a angústia vivida no momento da Segunda Guerra Mundial, que coincidia com a ditadura de Getúlio Vargas no Brasil. José Paulo Paes, nesse poema verbo-visual, zomba da censura e sinaliza, com um artefato do cotidiano, a ação repressiva dos anos 1970.

Para finalizar essa amostra de *Tramas verbo-visuais da linguagem*, um poema em que, curiosamente, a verbo-visualidade se dá apenas por palavras.

O POEMA-RETRATO

O espelho, o olhar, o olhar-se, enfim, a construção artística de uma imagem, não é privilégio das artes visuais. Com frequência e intensidade, aparece em poetas e prosadores, de forma que os artistas da arte verbal, à semelhança de pintores, fotógrafos, desenhistas, esboçam retratos e autorretratos, introduzem o espelho em suas obras, mostram e deixam ver faces recortadas pela afiada tesoura das palavras. Com elas – sua organização sintática, sua força semântica, sua disposição no texto –, tecem traços, cores, espaços, lançam olhares sobre as presenças de ausências constituídas por fotos e pinturas, trazendo para dentro do texto verbal a tensão da visibilidade do invisível.

Esse é o caso, para tomar apenas um exemplo, do gaúcho Mário Quintana (1906-1994) que em seu primeiro livro de poemas *Apontamentos de história sobrenatural* (1976) desenha, com referência explícita no título, "O espelho", "O autorretrato", "Retrato", "Retrato sobre a cômoda", "O velho do espelho", "Retrato no parque", "Aquarela de após-chuva", "Naturezas-mortas". Esses delicados poemas-pinturas compõem uma galeria em que o olho-câmera do poeta, postado de forma privilegiada, tudo espia e recria com palavras: "retratos na parede: janelas de onde olham avós hirsutos"; "quadros de antanho/quase tão horríveis como a palavra antanho... [...]/porque se pode ver entre o vidro e o retrato/uma folha outrora verde [...]/"e, na fotografia, alguém está sorrindo eternamente"; "Por acaso, surpreendo-me no espelho: quem é esse/Que me olha e é tão mais velho que eu?"; "Como se fosse numa tela [...]/O gesto, a cor, o movimento"; "No céu desenha-se um pálido sorriso".

Em "O autorretrato", soneto enxuto, de ritmo rápido, permeado de reticências, interrogação, exclamação, travessões, o eu lírico surpreende-se na incessante e meticulosa tentativa de compor seu *retrato*: compor-se, enxergar-se por meio da pintura/desenho/poema, reconhecer-se na analogia com a natureza, com as coisas perdidas, *significar* para si e para os outros, por meio da tensão expressiva de duas linguagens.

O autorretrato

No retrato que me faço
– traço a traço –
às vezes me pinto nuvem,
às vezes me pinto árvore...

às vezes me pinto coisas
de que nem há mais lembrança...
ou coisas que não existem
mas que um dia existirão...

e, desta lida, em que busco
– pouco a pouco –
minha eterna semelhança,

no final, que restará?
Um desenho de criança...
Corrigido por um louco![13]

Uma das particularidades do poema, em sua tentativa de assumir a condição de retrato/desenho/pintura, é a forte presença do léxico próprio das artes visuais. O título remete de imediato a um dos mais tracionais gêneros da pintura, o autorretrato, e os versos incluem em sua composição os termos *retrato, traço, lembrança, semelhança, desenho*, que, por meio dos verbos *fazer* e *pintar* em primeira pessoa, colocam em cena o sujeito a ser visto.

Nos primeiros versos, inicia-se o retrato, incluindo a ação reflexiva sobre a imagem que o eu lírico tenta fazer de si mesmo. Esse *me*, que tanto pode ser traduzido por "faço de mim" como "faço para mim", reformula o prefixo *auto-*, contido no título, trazendo para dentro da perspectiva lírica uma parte fundamental da designação do gênero. Ao mesmo tempo, o traço, gesto pictórico essencial, é assumido pela estrofe por meio de dois recursos: os travessões que o materializam – *traço a traço* –, e a rima que o integra à ação, *faço*/tra*ço* a tra*ço*, exibindo a forma meticulosa da composição verbo-visual.

Dois outros aspectos merecem destaque pela maneira como estabelecem o diálogo intrínseco entre poema e pintura, tempo/espaço, verbal e visual. Um deles é a repetição da expressão *às vezes*, nos dois últimos versos da primeira estrofe e no primeiro da segunda, introduzindo a ocorrência sucessiva, a frequência do gesto, as pinceladas que introduzem, no espaço tela/papel, marcas que conferem ao retrato não a condição de obra acabada, mas em constante estado de elaboração. O outro aspecto diz respeito ao fato de que, diferentemente do retrato ou do autorretrato figurativo tradicional, o resultado não é a aparência física exterior de uma pessoa num dado momento. O que se expressa é sua condição interior de *nuvem, árvore, coisas de que não há mais lembranças, ou coisas que não existem mas que um dia existirão*.

É significativa a presença das reticências em quatro dos versos. Por meio delas, abrem-se espaços para que tanto o eu lírico quanto o leitor se posicionem diante da estrofe/verso/quadro/desenho e, como sujeitos-contempladores, observem reflexivamente as formas de realizar a composição.

Nas duas últimas estrofes, materializam-se a definição do trabalho poético/ pictórico como *lida*, labuta incessante, e o questionamento sobre seus resultados. O sujeito lírico é exposto em sua busca pela *eterna semelhança*, pela procura de um *mesmo* que sempre se dá a ver como *outro*. A duração da busca, a temporalidade da construção e a passagem do tempo estão assinaladas, mais uma vez, pela inclusão visual por meio de travessões – *pouco a pouco* –. Esse elemento verbo-visual, conjunção de espaço e de tempo, adia o acabamento, o encontro da imagem buscada, e explicita a dúvida: *no final, que restará?*

À moda de um Juan Miró, de um Vincent van Gogh e de todos que têm no *traço*, obsessivamente buscado, a forma de libertar as forças criativas da mente do controle da lógica e da razão, a dúvida sobre o *final*, que pode referir-se à existência, à composição, ao objeto da busca, tem como resposta *Um desenho de criança/terminado por um louco!*

Esse poema-autorretrato, em que se buscou a contrapelo a verbo-visualidade, encontra em Mikhail Bakhtin, mais especificamente no texto "O autor e a personagem na atividade estética", uma síntese que situa a dimensão estética nos *discursos* que constituem os textos como objeto da visão estética e não nas materializadas isoladas:

> A criação verbalizada não constrói forma espacial *externa*, porquanto não opera com um material espacial como a pintura, a escultura, o desenho; seu material é a palavra [...]; no entanto, o próprio objeto estético, representado pela palavra, evidentemente não se constitui só de palavras, embora haja muito de puramente verbal, e esse *objeto da visão estética possui uma forma espacial interna artisticamente significativa*, representada pelas palavras da mesma obra (enquanto na pintura essa forma é representada pelas cores, no desenho pelas linhas, de onde tampouco se conclui que o objeto estético correspondente seja constituído apenas de linhas ou apenas [de] cores; trata-se precisamente de criar um objeto concreto de linhas ou cores).[14]

NOTAS

[1] F. A. Abrahão (org.), *Delícias das sinhás: história e receitas culinárias da segunda metade do século XIX e início do século XX*. Adaptação, produção e fotografia das receitas culinárias: F. Kassab, Campinas, Arte Escrita/CMU, 2007. A análise dessa obra, com modificações, foi objeto de dois artigos: B. Brait, "Dulce sabor a Brasil antiguo: perspectiva dialógica", em *Páginas de guarda* – Revista de lenguaje, edición y cultura escrita, n. 7, 2009, pp. 52-66; B. Brait, "Fronteiras do jornalismo", em *Revista Língua Portuguesa*, 35, 2008, pp. 34-5.

[2] Agradeço à amiga Célia Telles, professora titular de Filologia Românica da UFBA, especialista em manuscritos, a tradução das receitas.

[3] Marcos Augusto Gonçalves, Coluna social. *Folha de S.Paulo*, 20 jan. 1994. Caderno 1, p. 2.

Literatura e outras linguagens

4 Mikail Bakthin, "O problema do texto na linguística, na filologia e em outras ciências humanas", em *Estética da criação verbal*, trad. Paulo Bezerra, São Paulo, Martins Fontes, 2003, p. 314.

5 Tracy Chevalier, *Moça com brinco de pérola*, trad. Beatriz Horta, Rio de Janeiro, Bertrand Brasil, 2002.

6 Susan Vreeland, *O quadro da menina azul*, trad. Luciano V. Machado, Companhia das Letras, 2002, p. 15.

7 Idem, p. 167.

8 Idem, pp. 16-7.

9 José Paulo Paes, *Meia palavra: cívicas, eróticas e metafísicas* [1973], em *Um por todos (poesia reunida)*, São Paulo, Brasiliense, 1986, pp. 62-3

10 Idem, Entrevista a Rodrigo de Souza Leão, *em Jornal de Poesia*, jun. 1998. Disponível em: http://www.jornaldepoesia. jor.br/r2souza08c.html. Acesso em 6 jul. 2010.

11 Em edição mais recente (José Paulo Paes, *Poesia completa*, São Paulo, Companhia das Letras, 2008), os organizadores desprezaram o jogo de esconde, de meia palavra, empreendido pelo poeta, reorganizando, em três páginas seguidas, a epígrafe, o título e a foto da placa, que ocupa a página de maneira horizontal e não mais vertical.

12 Carlos Drummond de Andrade, "Nosso tempo", em *Rosa do povo. Poesia completa e prosa*, 4. ed., Rio de Janeiro, Nova Aguilar, 1977.

13 Mário Quintana, *Apontamentos de História Sobrenatural*, Porto Alegre, Globo/Instituto Estadual do Livro, 1976, p. 17.

14 M. Bakhtin, "O autor e a personagem na atividade estética", em *Estética da criação verbal*, trad. Paulo Bezerra, São Paulo, Martins Fontes, 2003, p. 85.

BIBLIOGRAFIA

ABRAHÃO, F. A. (org.). *Delícias das sinhás*: história e receitas culinárias da segunda metade do século XIX e início do século XX. Adaptação, produção e fotografia das receitas culinárias: F. Kassab. Campinas: Arte Escrita/CMU, 2007.

ANDRADE, Carlos Drummond de. Nosso tempo. *Poesia completa e prosa*. 4. ed. Rio de Janeiro: Nova Aguilar, 1977. [*Rosa do Povo*]

BAKHTIN, Mikhail. O problema do texto na linguística, na filologia e em outras ciências humanas. *Estética da criação verbal*. Trad. Paulo Bezerra. São Paulo: Martins Fontes, 2003, pp. 307-35.

_____. O autor e a personagem na atividade estética. *Estética da criação verbal*. Trad. Paulo Bezerra. São Paulo: Martins Fontes, 2003, pp. 3-192.

CHEVALIER, Tracy. *Moça com brinco de pérola*. Trad. Beatriz Horta. Rio de Janeiro: Bertrand Brasil, 2002.

GONÇALVES, Marcos Augusto. *Folha de S.Paulo*, 20 jan.1994, Caderno 1, p. 2.

PAES, José Paulo. *Um por todos (poesia reunida)*. São Paulo: Brasiliense, 1986. [*Meia Palavra: cívicas, eróticas e metafísicas*].

_____.Entrevista a Rodrigo de Souza Leão, *Jornal de Poesia*, jun. 1998. Disponível em: http://www.jornaldepoesia. jor.br/r2souza08c.html. Acesso em 6 jul. 2010.

_____. *Poesia completa*. São Paulo: Companhia das Letras, 2008.

QUINTANA, Mário. *Apontamentos de história sobrenatural*. Porto Alegre: Globo/Instituto Estadual do Livro, 1976.

VREELAND, Susan. *O quadro da menina azul*. Trad. Luciano V. Machado, Companhia das Letras, 2002, pp. 16-7.

A autora

Beth Brait

Crítica, ensaísta, docente, orientadora e coordenadora do Programa de Estudos Pós-Graduados em Linguística Aplicada e Estudos da Linguagem da Pontifícia Universidade Católica de São Paulo (Lael/PUC-SP) e docente aposentada da Faculdade de Filosofia, Letras e Ciências Humanas da Universidade de São Paulo (FFLCH/USP). Fez doutorado (1981) e livre-docência (1994) na USP e pós-doutorado na École des Hautes Études en Sciences Sociales de Paris, França. É pesquisadora nível 1 do CNPq. Foi crítica militante de Literatura no *Jornal da Tarde* e, atualmente, é colaboradora da revista *Língua Portuguesa*. Além de artigos em periódicos científicos, é autora, organizadora e colaboradora de várias obras. Pela Contexto, publicou *Bakhtin: conceitos-chave*, *Bakhtin: outros conceitos-chave*, *Bakhtin, dialogismo e polifonia* e *Bakhtin e o Círculo*.

Os colaboradores

Carlos Alberto Faraco

Professor titular (aposentado) da Universidade Federal do Paraná. Graduado em Letras Português/Inglês (PUC-PR); mestre em Linguística (Unicamp); doutor em Linguística (University of Salford); Pós-doutorado em Linguística (University of California). Membro da Comissão para Definição da Política de Ensino-Aprendizagem, Pesquisa e Promoção da Língua Portuguesa, designada pelo Ministro da Educação em outubro de 2005. Tem experiência na área de Linguística, com ênfase em Linguística Aplicada, atuando principalmente nos seguintes temas: Bakhtin, discurso, dialogismo, ensino de português e linguística. Pela Contexto publicou *Escrita e alfabetização*. E é coautor de *Bakhtin: conceitos-chave* e *Bakhtin, dialogismo e polifonia*.

Carlos Vogt

Professor titular (aposentado) da Unicamp, especialista em semântica argumentativa e membro atuante do Laboratório de Estudos Avançados em Jornalismo (Labjor/Unicamp). Em 2005, recebeu a ordem Nacional do Mérito Científico, Ministério da Ciência e Tecnologia e Presidência da República. Mestrado em Letras (França) e Linguística (USP); doutorado em Linguística e Ciências Sociais (Unicamp); pós-doutorado (MCGILL University e University of South Florida). Autor de vários livros acadêmicos e literários.

Cristovão Tezza

Premiado romancista catarinense, é autor de inúmeros romances, dentre eles *O filho eterno*, que recebeu os prêmios Jabuti de melhor romance e Portugal-Telecom de Literatura em Língua Portuguesa (1º lugar) em 2008, dentre diversas outras premiações. É de sua autoria também *O fotógrafo*, publicado em 2004, que recebeu no ano seguinte o Prêmio da Academia Brasileira de Letras de melhor romance do ano e o Prêmio Bravo! de melhor obra. Ex-professor de Língua Portuguesa da UFSC e da UFPR, Cristovão Tezza é também cronista semanal do jornal curitibano *Gazeta do Povo* e há vários anos publica eventualmente resenhas e textos críticos em revistas e jornais.

Dino Preti

Professor titular da PUC-SP e professor titular (aposentado) da USP. Graduado em Letras Clássicas (USP), mestre, doutor e livre-docente em Filologia e Língua Portuguesa pela USP. Tem experiência na área de Linguística, com ênfase em Análise da Conversação, atuando principalmente nos seguintes temas: variação linguística, gíria, língua falada, conversação e linguagem dos idosos.

Dominique Maingueneau

Professor de Ciências da Linguagem na Universidade de Paris 12-Val-de-Marne/França. Interessa-se pelos fenômenos da enunciação e seus trabalhos e pesquisas atuais versam sobre a análise do discurso, sua epistemologia e os discursos constituintes. Dentre suas obras está *Discurso literário* e a organização, juntamente com Patrick Charaudeau, do *Dicionário de análise do discurso*, ambas pela Contexto.

Francisco da Silva Borba

Professor titular (aposentado) da Universidade Estadual Paulista Júlio de Mesquita Filho. Graduado em Letras (USP), doutor em Letras (Unesp), livre-docente (USP). Tem experiência na área de Linguística, atuando principalmente nos seguintes temas: sintaxe, teoria gramatical e lexicografia.

Ignácio de Loyola Brandão

Romancista, contista, cronista, jornalista, autor de literatura de viagem, de livros infanto-juvenis, de biografias e de uma peça de teatro, Loyola nasceu em Araraquara (SP), estreou na literatura em 1965 com a coletânea de contos

Depois do sol e, em 1968, lança seu primeiro romance, adaptado para o cinema: *Bebel que a cidade comeu*. Com *Zero* (1975), editado primeiramente na Itália, ficou internacionalmente conhecido, consagrando-se em 1981 com *Não verás país nenhum*. Segue publicando até hoje, tendo obtido o Prêmio Jabuti Livro do Ano em 2008 com *O menino que vendia palavras*.

Ingedore Villaça Koch

Professora titular (aposentada) da Unicamp. Graduação em Letras/Português e Literatura pela Faculdade de Filosofia Ciências e Letras Castro Alves e em Ciências Jurídicas e Sociais pela USP. Mestre e doutora em Língua Portuguesa pela PUC-SP. Tem experiência na área de Linguística, com ênfase em Teoria e Análise Linguística, atuando principalmente nos seguintes temas: linguística textual, referenciação, argumentação, língua portuguesa e construção do sentido. Entre suas obras (autoria ou coautoria), contam-se: *Ler e compreender*, *Ler e escrever*, *A coesão textual*, *A coerência textual*, publicadas pela Contexto.

José Luiz Fiorin

Professor associado (aposentado) do Departamento de Linguística da FFLCH/USP. Licenciado em Letras (Faculdade de Filosofia Ciências e Letras de Penápolis); mestre, doutor e livre-docente em Linguística pela USP; pós-doutorado na École des Hautes Études en Sciences Sociales (Paris) e na Universidade de Bucareste (Romênia). Tem experiência na área de Linguística, com ênfase em Teoria e Análise Linguística, atuando principalmente em temas relacionados à enunciação. Medalha Isidoro de Sevilha, Círculo Fluminense de Estudos Filológicos e Linguísticos, 2008. Pela Contexto publicou, entre outros, *Elementos de análise do discurso*, *Em busca do sentido*, *Introdução à linguística I* e *Introdução à linguística II* (foi organizador dos últimos dois títulos).

Luiz Carlos Travaglia

Professor associado do Instituto de Letras e Linguística da Universidade Federal de Uberlândia. Mestre em Letras/Língua Portuguesa (PUC-RJ) e doutor em Linguística (Unicamp). Atua na área de Linguística, com ênfase em Linguística Textual e em Linguística Aplicada ao Ensino Aprendizagem de Língua Materna. Medalha Isidoro de Sevilha de Destaque em Linguística e Filologia, Círculo Fluminense de Estudos Filológicos e Linguísticos, 2009. Pela Contexto, é coautor de *A coerência textual*.

Maria Helena de Moura Neves

Professora (aposentada) da Unesp/Araraquara, atua na Universidade Presbiteriana Mackenzie. Licenciada em Letras/Português-Grego/Alemão (Unesp); doutora em Letras Clássicas/Grego (USP); livre-docente em Língua Portuguesa (Unesp). Desenvolve trabalhos na área de Linguística, com ênfase em Teoria e Análise Linguística, e especialmente nos temas Gramática de Usos, Texto e Gramática, História da Gramática, Descrição da Língua Portuguesa e Funcionalismo. É autora, dentre vários outros trabalhos, de *Ensino de língua e vivência de linguagem*, *Que gramática estudar na escola?*, *Texto e gramática* e *Gramática na escola* (os quatro pela Contexto).

Marisa Lajolo

Professora titular (aposentada) da Unicamp, onde é professora colaboradora. Docente da Universidade Presbiteriana Mackenzie. Recebeu, em 2009, o Prêmio Jabuti em Teoria/Crítica Literária e Livro do Ano de Não Ficção pelo livro *Monteiro Lobato livro a livro* (obra infantil). Bacharel e licenciada em Letras (USP); mestre e doutora em Letras/Teoria Literária e Literatura Comparada (USP). Pós-Doutorado: Brown University.

Mirna Pinsky

Nascida em São Paulo, Mirna Gleich Pinsky é jornalista, mestre em teoria literária pela USP, editora e uma das mais expressivas autoras brasileiras de literatura infanto-juvenil. Na década de 1970, escreveu para diversas revistas e jornais, entre eles *Movimento, Cadernos de Opinião, Cadernos de Pesquisa*. Com mais de 40 livros publicados, recebeu vários prêmios, entre eles dois Prêmios Jabuti (1981 e 1995). Publicou três títulos fora do Brasil.

Ondjaki

Ondjaki (que em umbundu significa "guerreiro") nasceu em Luanda, Angola, em 1977. Poeta, artista plástico e sociólogo, tem seus trabalhos traduzidos para diversas línguas. Em 2007, ele foi finalista do prêmio Portugal-Telecom. Vários livros seus foram publicados no Brasil e, entre eles, o romance *AvóDezanove e o segredo do soviético*.

Regina Zilberman

Professora do Instituto de Letras/UFRGS e professora do Programa de Pós-Graduação – Mestrado em Letras – do Centro Universitário Ritter dos Reis. Foi professora titular da PUC-RS. Graduada em Letras/ UFRGS e doutora em Romanistica/Universitat Heidelberg (Ruprecht-Karls). Experiência na área de Letras, com ênfase em História da Literatura, atuando principalmente nos seguintes temas: leitura, história da literatura, literatura do Rio Grande do Sul, formação do leitor e literatura infantil. Destaque para Prêmio FNLIJ Cecília Meireles – O Melhor Livro Teórico, Fundação Nacional do Livro Infantil e Juvenil, 2006, dentre os vários recebidos.

Roberto Gomes

Roberto Gomes nasceu em Blumenau em 1944 e reside em Curitiba desde 1964. Professor universitário, editor, autor de romances, contos, crônicas, literatura infantil e traduções, obteve, em 1979, o Prêmio José Geraldo Veira, com o romance *Alegres memórias de um cadáver*, e o Jonnart Moutinho Ribeiro, da Câmara Brasileira do Livro/São Paulo, com *O menino que descobriu o sol,* revelação de autor de literatura infantil em 1982. Seu último romance, *Júlia,* passa-se no século XIX, na ilha de São Francisco, litoral catarinense, e conta a história de uma mulher diferenciada, leitora que discutia política, publicava artigos em jornais, escrevia poemas e experimentava todos os desastres do amor romântico.

Sírio Possenti

Professor livre-docente (associado) do Departamento de Linguística da Unicamp. Graduado em Filosofia (PUC-PR). Atua na área de Linguística, com ênfase em Teoria e Análise Linguística, mais especificamente, em Análise do Discurso, em especial nos campos do humor e da mídia. Pela Contexto, publicou *Humor, língua e discurso*.

BAKHTIN E O CÍRCULO

Beth Brait (org.)

O pensamento bakhtiniano não é constituído apenas pelos escritos do filósofo da linguagem Mikhail Mikhalovich Bakhtin (1895-1975), mas também pela produção de intelectuais de diferentes áreas que com ele participaram, nas Rússias compreendidas entre os anos 1920 e 1970, de vários e produtivos Círculos de discussão e construção de uma postura singular em relação à linguagem e seus estudos.

Dessa forma, "Bakhtin e o Círculo" apresenta as especificidades pelo ângulo da rede de textos com dupla assinatura, que, dependendo da época e/ou da tradução, privilegiam uma delas ou ambas. O livro fornece, junto com "Bakhtin, dialogismo e polifonia", análises essenciais para se compreender o pensamento bakhtiniano.

Livro imperdível para pesquisadores, professores e estudantes de Letras e Linguística.

BAKHTIN DIALOGISMO E POLIFONIA

Beth Brait (org.)

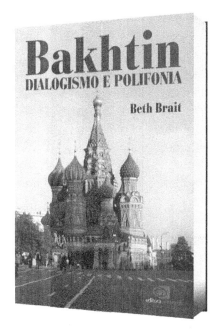

"Bakhtin, dialogismo e polifonia" dá continuidade à proposta contida em "Bakhtin e o Círculo". O objetivo é apresentar o que hoje se denomina pensamento bakhtiniano, constituído pelos escritos de Mikhail Mikhalovich Bakhtin (1895-1975), produzidos nas Rússias compreendidas entre os anos 1920 e 1970, gerados nos vários e produtivos Círculos de discussão e construção de uma postura singular em relação à linguagem e seus estudos.

O livro conta, ainda, com um texto inédito de Bakhtin: "Sobre Maiakóvski". Trata-se de um conjunto de notas sobre um dos mais importantes poetas russos do século xx, traduzido diretamente do russo. Obra imperdível para pesquisadores, professores e estudantes de Letras e Linguística.